银行数字化转型与货币政策传导有效性

汪 勇◎著

中国金融出版社

责任编辑：黄海清
责任校对：卓　越
责任印制：丁淮宾

图书在版编目（CIP）数据

银行数字化转型与货币政策传导有效性／汪勇著． ——北京：中国金融出版社，2025.6． —— ISBN 978 – 7 – 5220 – 2742 – 5

Ⅰ．F830.49；F820.1

中国国家版本馆 CIP 数据核字第 20250WK189 号

银行数字化转型与货币政策传导有效性
YINHANG SHUZIHUA ZHUANXING YU HUOBI ZHENGCE CHUANDAO YOUXIAOXING

出版
发行　中国金融出版社
社址　北京市丰台区益泽路 2 号
市场开发部　（010）66024766，63805472，63439533（传真）
网上书店　www.cfph.cn
　　　　　（010）66024766，63372837（传真）
读者服务部　（010）66070833，62568380
邮编　100071
经销　新华书店
印刷　北京七彩京通数码快印有限公司
尺寸　169 毫米×239 毫米
印张　16.375
字数　264 千
版次　2025 年 6 月第 1 版
印次　2025 年 6 月第 1 次印刷
定价　78.00 元
ISBN 978 – 7 – 5220 – 2742 – 5
如出现印装错误本社负责调换　联系电话（010）63263947

前　言

当前全球金融业态已经发生深刻变革，商业银行经营发展面临全新的经济、社会、技术和政策环境，原有高资本运营、高信贷投放、高成本消耗的"三高"运营模式已难以为继。一方面，2008 年国际金融危机爆发以来，为防范系统性金融风险，针对银行系统的金融监管规范标准日趋严格，倒逼商业银行不断加强业务经营的合规性。另一方面，由于大数据、人工智能、云计算等数字技术迅速发展，金融科技公司对商业银行产生负向的市场挤出效应，严重分流并占用了银行市场份额，进而通过客户群体、业务渗透、资产负债结构等路径影响商业银行的经营发展。在此背景下，商业银行净息差显著收窄，全球银行业收入增速显著下滑，整体净资产收益率连续 10 年低于 10%。基于此，商业银行推进自身转型已迫在眉睫，加快数字化转型成为商业银行生存与发展的必由之路。2022 年国务院颁布《"十四五"数字经济发展规划》，强调要加快推动金融领域数字化转型，合理推动人工智能、大数据、区块链等数字技术在银行领域的深度应用。同时，《金融科技发展规划（2022—2025 年）》提出了"金融机构数字化经营能力大幅跃升"的发展目标。可见，数字化转型已成为银行推动转型发展和提升经营能力的重要引擎。随着数字技术和数字经济的快速发展，全球顶尖银行早已开启数字化转型之路。我国无论是以国有银行和主要股份制银行为代表的大型银行，还是以地方性城市银行和农村商业银行为代表的区域性银行，都在有计划、分阶段、分层次地推动数字化转型进程，不断创新业务模式，提升业务价值，探索数字化转型路径。

货币政策有效性对于一国经济的平稳发展意义重大。从理论上看，货币政策传导渠道主要包括利率渠道、信贷渠道、汇率渠道、资产价格渠道和预期渠道。由于我国实行有管理的浮动汇率制度，债券市场有待进一步发展，股票市场投机性过强，银行贷款仍是社会主要融资方式，多数银行贷款利率往往与货币政策利率自动关联，因此，目前利率和信贷是我国货币政策传导的主要渠道。数字化转型会对银行经营效率和资产负债结构产生实质性影响，进而影响货币政策传导效率。目前，国内外关于金融科技、银行数字化转型与货币政策传导有效性的研究还处于起步阶段，对于银行数字化转型综合测度、银行数字化转型对货币政策传导效率的影响及其作用机理等问题仍缺乏系统深入分析，存在较大的研究空间。因此，开展银行数字化转型与货币政策传导有效性研究，不仅能为未来我国银行数字化转型明晰方向，还能为中央银行更好实施货币政策宏观调控和提高货币政策有效性提出政策建议。

本书分为上、中、下三篇共十个章节。

上篇围绕银行数字化转型的演进与评估展开。首先，本书介绍了银行数字化转型的背景与现实意义；其次，本书阐述了银行数字化转型的概念、特征与理论基础；再次，本书总结了我国银行数字化转型的发展进程，包括发展阶段、模式、主要措施等；最后，本书利用银行年报、六棱镜数据库、七麦数据库、银行官方网站、实地调研等数据源，使用 Python 语言、大数据与网络爬虫技术，构建了基于战略认知、组织架构、数字化产品、数字化技术和数字创新能力五个维度的银行数字化转型指标体系。在此基础上，基于时间、银行类型和分项指标开展多维度分析，对比各类银行转型的差异化进程，总结当前国内银行数字化转型面临的问题与挑战。本书上篇认为，我国银行数字化转型虽然取得了长足进步，但仍面临数字化复合型人才短缺、管理体制和组织架构敏捷化转型不到位、数字资产使用率低和数据治理能力不足、数字化技术基础不强、数字生态圈和场景建设不完善、展业模式转型和风险管理难度加大等发展问题和转型挑战。

中篇为银行数字化转型对货币政策传导效率影响的机制探讨、理论分析与实证研究。首先，本书分析了货币政策的工具、目标、传导渠道和传导路径，分别剖析了金融科技影响商业银行的作用机制、金融科技对货币政策传导效率的影响机制，进而深入分析了银行数字化转型对货币政策传导效率的影响机制。其次，本书进一步开展了银行数字化转型对货币政策传导效率影响的深层理论分析。在新凯恩斯动态随机一般均衡模型框架内，引入供需金融摩擦和银行贷款期限转换机制，模拟了货币政策冲击对企业投融资行为和产出的影响，对比分析了供需金融摩擦、贷款期限转换机制在其中发挥的作用，并考察了银行数字化转型对货币政策传导有效性的综合影响。最后，本书以银行与金融科技公司合作的互联网消费信贷（助贷模式）为例，考察了货币政策利率在互联网消费信贷市场上的传导有效性。本书中篇认为，第一，银行数字化转型对货币政策传导效率的影响具有非线性特征，呈现先减弱后增强的变化趋势；从社会福利角度来看，银行数字化转型初期仅会引起轻微的居民福利损失，但随着数字化转型的持续深入，其会导致居民福利损失大幅扩大。第二，相比银行传统贷款市场，货币政策利率在银行与金融科技公司合作的互联网消费信贷市场（助贷模式）上的传导效率更高；以中期借贷便利（MLF）为代表的中期政策利率相比短期货币市场利率对互联网消费信贷利率具有更高的传导效率；在互联网消费信贷市场，货币政策利率在自身紧缩期传导效率更高，但过大的利率波动会降低货币政策利率的传导效率；货币政策的风险承担渠道在互联网消费信贷市场上依然存在。

下篇提出以提升货币政策传导效率为目标推进银行数字化转型的政策建议。一方面，归纳了国际大型银行数字化转型的战略模式和有效措施，并以摩根大通数字化转型为例；在借鉴国际经验和梳理我国银行数字化转型实施路径的基础上，提出未来我国银行数字化转型的目标原则。另一方面，结合当前数字化转型面临的主要挑战，以及银行数字化转型与货币政策传导有效性的理论与实证研究结论，提出以提升货币政策传导效率为目标推进银行数字化转型的方向，以及未来银行进一步推进数字化转型的具体措施建议。本书下篇提出，第一，借鉴国际大型银行数字化转型的成功经验，我国银行应当基于服务能力、运营效率、新生态和创新模式、风险控制五个维度，分阶段、分层次推进数字化进程。第二，以提升货币政策传导效率为目标，我国要高度重视银行数字化转型对货币政策传导效率的非线性影响和差异化影响，优化货币政策工具组合提升政策传导效率；商业银行要明确稳健的数字化转型策略以应对货币政策冲击，同时采取积极的数字化转型措施以提升货币政策调控效果；中小银行要立足当地开展特色化经营、加快数字化转型以畅通货币政策传导渠道。第三，要进一步推进银行数字化转型，努力培育数字化增长新动力和新敏捷，打造数字化转型新引擎和新智能，筑牢数字化技术新底座和新基建，构建数字化革新新生态和新连接，完善数字化体系新安全和新风控，向全面深化数字化转型模式发展。

目 录

上篇 我国银行数字化转型的演进与评估

第一章 我国银行数字化转型的背景与意义 ………………………… 3
一、我国银行数字化转型的背景 ……………………………………… 3
二、我国银行数字化转型的现实意义 ………………………………… 9

第二章 银行数字化转型的概念、特征与理论基础 ………………… 11
一、银行数字化转型的概念 …………………………………………… 11
二、银行数字化转型的特征 …………………………………………… 12
三、银行数字化转型的理论基础 ……………………………………… 14

第三章 我国银行数字化转型的发展进程 …………………………… 17
一、我国银行数字化转型的发展阶段 ………………………………… 17
二、我国银行的数字化转型模式 ……………………………………… 20
三、我国银行数字化转型的主要措施 ………………………………… 21
四、我国银行数字化转型的差异化进程 ……………………………… 26

第四章 我国银行数字化转型的测度、评估与挑战 ………………… 37
一、我国银行数字化转型测度 ………………………………………… 38
二、我国银行数字化转型评估 ………………………………………… 49
三、我国银行数字化转型面临的挑战 ………………………………… 60

1

中篇　银行数字化转型与货币政策传导：理论与实证

第五章　银行数字化转型对货币政策传导有效性的影响机制 …………… 75
　　一、货币政策的工具、目标、传导渠道和传导路径 ………… 76
　　二、金融科技对商业银行的影响 …………………………… 85
　　三、金融科技对货币政策传导的影响 ……………………… 91
　　四、银行数字化转型对货币政策传导的影响机制 ………… 103

第六章　银行数字化转型与货币政策传导有效性的理论分析 ………… 112
　　一、文献综述 ………………………………………………… 114
　　二、理论模型 ………………………………………………… 115
　　三、参数校准与模型机制 …………………………………… 122
　　四、紧缩性货币政策的数值模拟和福利分析 ……………… 125
　　五、本章小结 ………………………………………………… 132

第七章　银行数字化转型与货币政策传导效率：来自助贷模式的证据 …… 134
　　一、文献综述 ………………………………………………… 136
　　二、互联网消费信贷市场助贷模式运行原理与特征化事实 …… 138
　　三、数据与研究设计 ………………………………………… 141
　　四、实证分析 ………………………………………………… 145
　　五、拓展分析 ………………………………………………… 149
　　六、稳健性检验 ……………………………………………… 160
　　七、本章小结 ………………………………………………… 165

下篇 以提升货币政策传导效率为目标推进银行数字化转型的政策建议

第八章 银行数字化转型的国际镜鉴与启示 …………………… 169
  一、国际大型银行的数字化转型策略 ………………………… 170
  二、国际银行数字化转型的成功经验 ………………………… 175
  三、摩根大通数字化转型的案例分析 ………………………… 182
  四、启示：进一步推进我国银行数字化转型的目标原则 …… 204

第九章 以提升货币政策传导效率为目标推进银行数字化转型的方向 …………………………………………………………………… 209
  一、高度重视银行数字化对货币政策传导效率的非线性影响 ……… 210
  二、高度重视银行数字化对货币政策传导的双重影响 ……… 210
  三、优化货币政策工具组合提升政策传导效率 ……………… 214
  四、以提升货币政策传导效率为方向加快推进银行数字化转型 …… 217

第十章 进一步推进银行数字化转型的措施建议 ……………… 221
  一、培育数字化增长新动力和新敏捷 ………………………… 221
  二、打造数字化转型新引擎和新智能 ………………………… 224
  三、筑牢数字化技术新底座和新基建 ………………………… 227
  四、构建数字化革新新生态和新连接 ………………………… 231
  五、完善数字化体系新安全和新风控 ………………………… 236

参考文献 ………………………………………………………………… 239

后记 ……………………………………………………………………… 251

上篇
我国银行数字化转型的演进与评估

　　本书上篇共包括四章,重点探讨我国商业银行数字化转型的演进历程和差异化进程,构建我国商业银行数字化转型的评价指标体系,对我国商业银行数字化转型进行多维度评估,在此基础上分析当前我国商业银行数字化转型面临的问题与挑战。

第一章 我国银行数字化转型的背景与意义

本章首先分析了我国商业银行开展数字化转型的驱动因素，包括数字经济增长、监管政策调整、客户需求变化、银行内生发展和新冠疫情冲击等。其次论述了商业银行积极开展数字化转型的现实意义。商业银行积极顺应数字化潮流和开展数字化转型，有助于贯彻新发展理念，提升金融服务实体经济能力，增强银行自身竞争力，对推动我国金融服务高质量发展具有重要的现实意义。

一、我国银行数字化转型的背景

（一）发展数字经济成为国家战略

习近平总书记 2021 年明确指出，数字经济"正在成为重组全球要素资源、重塑全球经济结构、改变全球竞争格局的关键力量"。"发展数字经济是把握新一轮科技革命和产业变革新机遇的战略选择"。[1] 2022 年 1 月，国务院《"十四五"数字经济发展规划》提出，"数字经济是继农业经济、工业经济之后的主要经济形态，是以数据资源为关键要素，以信息通信技术融合应用、全要素数字化转型为重要推动力，促进公平与效率更加统一的新经济形态"，数字经济"正推动生产方式、生活方式和治理方式深刻变革，成为重组全球要素资源、重塑全球经济结构、改变全球竞争格局的关键力量"。[2] 近年来，我国数字经济发展迅猛。《中国数字经济发展白皮书（2021 年）》显示，2020 年中国数字经济规模超过 39.2 万亿元，同比增长 3.4 万亿元；数字经济占 GDP

---

[1] 具体内容参见习近平总书记在 2021 年 10 月 18 日主持的中共中央政治局第三十四次集体学习时的讲话。

[2] 具体内容参见国务院印发的《"十四五"数字经济发展规划》。

的比重约为38.6%，同比上升2.6个百分点。中国社会科学院发布的《数字经济蓝皮书：中国数字经济前沿（2021）》显示，"十四五"时期中国数字经济将延续快速增长势头，预计年均名义增速将达到11.3%，到2025年，数字经济增加值规模将超过32.6万亿元。

当前，中国经济进入"三期叠加"的新发展阶段，从贯彻新发展理念和构建新发展格局的角度来看，数字经济正在成为中国经济增长的新驱动力，也逐渐成为推动包括商业银行在内的整个金融行业转型升级的新引擎。随着金融科技等新一代信息和数字化技术与人类经济社会深度融合，数字经济正在深刻改变产品与服务的生产、交付和使用方式，重新塑造包括整个金融行业的商业模式（丁蔚，2016）。而银行业属于典型的数据密集型行业，商业银行在处理海量业务和为客户提供金融服务的过程中，积累和运用了大量的信息要素与数据资源，对数字化技术运用和数字化业务处理具有天然的联系和内在的需求。由此，商业银行是数字经济发展的参与者、实践者和受益者。"十四五"规划指出要迎接数字经济时代，激活数据要素潜能，以数字化转型整体驱动生产方式、生活方式和治理方式变革。在数字经济的浪潮下，商业银行作为金融行业的重要组成部分，必须顺势而为，利用数字化技术推动自身转型升级，才能更好地运用信息要素和数据资源提供优质金融服务。

（二）监管政策调整引导金融生态变革

在金融科技发展引发金融行业技术变革的同时，监管政策也随之调整，引导金融行业生态变革。

一方面，近年来我国监管机构连续出台相关监管政策，指引支付、结算和代收等业务逐步回归本源。中国人民银行和国家金融监督管理总局（原银保监会）连续出台相关文件，整治无证经营支付业务，提高客户支付备付金比例，规范支付业务创新，规范条形码支付，加强互联网平台应用[①]；按月提高客户备付金集中缴存比例，在2019年1月14日之前实现100%集中交存[②]；

[①] 参见中国人民银行发布的银支付〔2017〕209号、银发〔2017〕217号、银办发〔2017〕248号、银发〔2017〕281号和银发〔2017〕296号文内容。

[②] 参见2018年《关于支付机构客户备付金全部集中交存有关事宜的通知》。

明确代收业务定义和应用场景,对代收业务管理进行细化的要求①;要求细化备付金存放、使用、划转等规定,明确各机构的职责和违规的处罚标准②;对支付机构实施机构监管,同时对支付机构业务经营、关联交易等实施全方位监管③;等等。随着国家层面持续加强互联网金融监管,支付、结算、代收等业务的监管要求更加规范、严格,为商业银行数字化转型创造了良好的监管环境。

另一方面,对互联网金融的规范监管并不意味着对金融科技创新的压制,近年来,监管机构针对数字金融领域开始探索"监管沙盒"框架,持续加强对互联网平台、金融科技公司和传统金融机构在金融科技创新下的监管,以有效平衡金融监管和金融科技创新之间的关系。2019年8月,人民银行印发《金融科技(FinTech)发展规划(2019—2021年)》;2020年1月,人民银行在北京公布了第一批中国版"监管沙盒"试点项目,标志着该监管框架首次上线,这将驱动商业银行积极开展数字化转型,以适应金融监管政策变化。同时,监管当局也积极鼓励银行类金融机构提升数字化效率和金融服务质量。党的"十四五"规划纲要明确提出"稳妥发展金融科技",要求金融机构加快数字化转型,提升金融服务效率;2022年1月,银保监会发布的《关于银行业保险业数字化转型的指导意见》,从战略规划与组织流程建设、业务经营管理数字化、数据能力建设、科技能力建设、风险防范等方面对银行业保险业数字化转型提出了明确要求。在此背景下,银行业将加速数字化转型,加大金融科技的有效运用,提升业务效率和客户体验,全面升级获客能力和服务能力。

(三)客户需求与经济行为显著变化

一方面,数字化技术不仅加强了经济个体的相互联系,也改变了经济个体的需求习惯,对于商业银行而言,客户的服务需求和经济行为越来越呈现网络化、自主化和个性化特征。首先,随着互联网的普及,截至2021年末我国互联网普及率已经攀升至73.0%④,网络既是信息交流平台,又是娱乐和消费平

---

① 参见2020年《中国人民银行关于规范代收业务的通知》。
② 参见2021年《非银行支付机构客户备付金存管办法》。
③ 参见2021年《非银行支付机构条例(征求意见稿)》。
④ 参见《中华人民共和国2021年国民经济和社会发展统计公报》。

台，彻底打破了时间和空间对客户经济行为的局限，叠加金融科技的运用，满足了客户随时随地利用网络开展金融服务的需求，呈现出网络化特征。其次，当前银行客户的自发检索意识和主动选择能力显著增强，特别是面对金融科技下迭代推出的各类创新服务和金融产品，客户需求随之提高、自主性选择得到加强。而互联网科技公司进一步强化了客户对这些创新服务和金融产品的感知能力，也提高了客户自主化服务需求。最后，客户服务需求自主化提升带来经济行为的个性化要求。数字化技术下金融科技公司和网络平台积累了大量的客户信息资源，在分析其服务需求的同时深入发掘潜在的金融需求，从金融产品设计开始便引入客户后续行为的变化，将金融产品和服务融入生活场景，为客户提供最匹配的金融产品，实现客户需求的个性化服务。

另一方面，客户的服务需求和经济行为越来越呈现网络化、自主化和个性化特征，倒逼商业银行开展数字化转型以适应客户需求的变化。在网络化特征下，客户选择商业银行产品时变得更加挑剔，在评价金融产品服务时，参照对象除了商业银行之外，还包括金融科技公司和网络平台。在自主化特征下，客户主动获取金融产品服务并进行决策的意愿更加强烈，过去商业银行提供金融服务时的权威性被削弱，其特许供应的地位也受到金融科技公司的强烈冲击。在个性化特征下，客户在选择商业银行产品时，不仅更加关注金融服务的过程体验，强调其个性化和趣味性，而且对服务交付效率的要求日益苛刻，期待金融产品和服务融入日常生活场景。同时，结合长尾效应来看，金融科技的应用使得一般个人和中小企业等长尾客户群体的价值日益显现。这也倒逼商业银行的金融服务覆盖呈现下沉客户群体的趋势，转变过去以产品为中心的发展理念，转向以客户为中心的发展路径，通过数字化转型促进业务与技术深度融合，以契合网络化、自主化和个性化客户需求，通过加强生态场景建设，为客户提供全渠道、全天候、智能化的优质服务。

可见，客户需求发生变化继而改变自身的经济行为，并越来越呈现网络化、自主化和个性化特征，是驱动商业银行转型的首要因素，这倒逼商业银行开展数字化转型以适应客户需求的变化。在未来的数字时代，商业银行需要将金融产品和服务全部融入客户的生活场景，提供满足其网络化、自主化和个性化需求的一站式服务体验。

（四）银行内生发展应对竞争环境

当前激烈的竞争环境对商业银行内生发展提出新的要求。一方面，金融科技的发展对商业银行的经营管理模式产生了显著影响。金融科技公司在资产负债结构路径下，沿着支付结算、财富管理、借贷融资的业务渠道向银行业渗透，不仅削弱了商业银行的金融中介功能，导致商业银行大量的潜在或存量客户和数以万亿元计的低成本存款被分流，而且引发了其资产负债结构的显著改变[①]。在负债端，金融科技导致商业银行资金成本较低的零售存款占比下降，资金成本较高的同业存款占比攀升，抬升了融资利率中枢。在资产端，金融科技导致价格竞争并降低了贷款利率的整体水平，上升的负债成本难以向资产端的贷款收益转嫁，共同造成商业银行的净息差收窄，以往过度依靠净利差收入为中心的传统盈利模式不复存在（张嘉明，2022）。

另一方面，金融供给侧结构性改革对商业银行的经营管理模式也产生了显著影响。当前各大商业银行延续稳杠杆、降风险的监管基调，从负债端和资产端深化金融供给侧结构性改革：在负债端，金融供给侧结构性改革调整靠档计息、压降高成本存款资金规模，以及严控结构性存款成为银行业务改革的主基调；在资产端，金融供给侧结构性改革要求商业银行让利实体企业，深化贷款市场报价利率（LPR）机制和利率市场化改革的完成，共同带动商业银行人民币贷款加权平均利率持续下降，不断降低了商业银行的资产盈利空间。

面对金融科技公司的激烈竞争和金融供给侧结构性改革要求，商业银行必须改变以往依靠净利差收入为中心的传统盈利模式，亟待通过数字化转型提高差异化和精细化的业务经营能力，以实现业务转换、内生增长和提高自身竞争力。商业银行既要基于数字化渠道，整合客户资源和洞察客群需求，设法触达目标客户群体，实现精准营销；又要利用数字化手段开展产品与服务创新，提升产品和服务的定制化能力，提供更有特色和更异质化的金融服务，实现差异化和个性化获客；还要强化大数据风险定价，提升精细化风险管理和成本控制能力。

---

① 参见本书第二章中，金融科技对商业银行经营影响路径的具体分析内容。

（五）疫情冲击加速业务线上化

新冠疫情的持续冲击，倒逼商业银行加速业务经营线上化。疫情期间，大量客户群体受制于疫情的封锁和管控措施，经过一波又一波的数字化金融宣传与普及，选择线上办理各种金融业务，同时感受到线上办理业务方便、快捷、安全的优势。随着疫情管控措施逐渐放松和调整，线上办理业务却正在固化成为大量客户稳定的金融服务选择。以支付业务为例，近年来中国网络支付业务持续增长。2021年末中国网络支付用户规模达到9.04亿个，占网民整体的87.6%，用户规模同比增加4929万个，占网民整体比重同比提高1.2个百分点；2021年全年中国银行机构处理网上支付业务的笔数和金额，分别较上年同比增长16.32%和8.25%，处理移动支付业务笔数和金额分别较上年增长22.73%和21.94%[①]。可见，应对疫情冲击使得非接触式金融服务成为商业银行的业务刚需，线上业务经营成为商业银行的必备能力。而疫情期间的广泛实践，证明了商业银行开展线上金融服务的可行性和安全性，形成了数字化转型的行业共识，叠加监管机构对于非接触式金融服务支持和规范并重的政策，为线上业务模式创新提供了良好的外部环境，共同驱动商业银行数字化转型。

疫情推动全社会经济活动的线上化，后者又为银行数字化转型提供更加丰富的业务场景。数字经济时代实现全社会经济活动的供需对接和资源整合，形成了C端客户、B端企业和G端政府的数字化业务格局。除了C端消费者主动选择，使得线上办理各种金融业务成为商业银行刚需之外，G端治理下各地政府部门主导的一网通办、异地可办、跨区通办等线上业务操作成为主流，为银行对接政务平台、服务民生场景和获取客户数据创造了有利条件。随着C端消费、B端生产和G端治理下的数字化服务进程加快，叠加疫情冲击，商业银行更加深刻地意识到远程网络和线上客户服务的重要性。商业银行不仅通过技术和场景输出增加客户触点，提高业务获客效率，而且注重累积大量客户数据信息和利用先进数字化技术，实现更加多元有效的线上流量渗透，加速线上办理业务和购买金融产品，探索智能机器人咨询等无接触线上服务。可见，疫情冲击加速业务线上化，驱动商业银行加速数字化转型，以增强线上化、智能化

---

① 参见中国支付清算协会发布的《中国支付产业年报2022》。

和个性化的金融服务能力。

二、我国银行数字化转型的现实意义

商业银行积极顺应数字化潮流，把握数字化机遇和开展数字化转型，对推动我国金融服务高质量发展具有重要的现实意义。

（一）有助于贯彻新发展理念

银行业开展数字化转型，是在新形势下全面贯彻新发展理念的重要举措。习近平总书记强调，加快数字中国建设，就是要适应我国发展新的历史方位，全面贯彻新发展理念，以信息化培育新动能，用新动能推动新发展，以新发展创造新辉煌。"十四五"规划则对打造数字经济新优势作出明确部署："迎接数字时代，激活数据要素潜能，推进网络强国建设，加快建设数字经济、数字社会、数字政府，以数字化转型整体驱动生产方式、生活方式和治理方式变革。"这指明了我国数字化转型发展的目标与前景。2019年，银保监会印发的《关于推动银行业和保险业高质量发展的指导意见》提出"坚持科技赋能。转变发展方式，为银行保险机构创新发展提供有力支撑"。2025年3月，国务院发布《关于做好金融"五篇大文章"的指导意见》，强调"加快推进金融机构数字化转型，增强数字化经营服务能力。"可见，在新发展格局下商业银行开展数字化转型，是打造高质量发展新引擎的必然要求，也是建设网络强国和构筑数字化时代竞争新优势的现实需要。

（二）有助于提升金融服务实体经济能力

近年来，如何提升服务实体经济的能力和水平是整个金融行业探讨的一大核心问题，而商业银行积极开展数字化转型，则是提升金融服务实体经济能力的重要举措之一。一是商业银行以服务实体经济为主线，以客户为中心，结合自身发展战略，充分应用人工智能、大数据、云计算、区块链等金融科技技术，构建新生态和服务新领域，满足多元化、差异化和个性化的客户需求。二是商业银行运用数字化技术开展业务流程再造，在提升金融产品和创新服务的同时，推动了金融业务全面线上化。特别是在新冠疫情持续冲击的影响下，数字化技术降低了银行的运营成本和客户交易成本，提高了金融服务的可得性、便利性和普惠性，使得金融服务变得随时随地和触手可及，在一定程度上满足了所有客户需求。三是随着数字化转型的推广，长尾效应理论将在银行业务经营和客户管理中得到广泛应用。商业银行借助数字化技术，聚焦资产规模较小、风险承受能力较低的长尾客户，充分释放长尾客户市场潜力，能够为广大群众和小微企业提供更充分、更优质、更高效的金融服务，进一步提升普惠金融服务实体经济的能力。

（三）有助于提升银行自身竞争力

开展数字化转型是商业银行适应金融市场变化提升自身竞争力的必然要求。数字化技术快速发展引发金融市场显著变化，金融市场的服务渠道和产品类型不断丰富，客户选择自由度大幅提高，客户需求更加趋向于个性化和差异化。同时，支付、信贷、投资等金融领域的竞争格局被彻底打破，金融科技公司和互联网平台对商业银行经营产生负向的市场挤出效应。金融科技公司不仅可以将平台用户转化为金融产品与服务的消费者，而且依托信息平台技术优势持续向平台用户渗透关联性金融产品和金融服务，引导更多潜在消费者主动转换金融产品，对银行的垄断地位持续造成冲击（陈红等，2020）。越来越多的金融交易与客户消费或生活场景相关联，大量平台用户数据被提供此类场景的金融科技公司所掌握，不仅弱化了商业银行原有的信息优势，而且导致商业银行尾部潜在客户的流失，增加了商业银行对长尾效应的挖掘难度。当前，银行面临来自同业和金融科技公司的激烈竞争，客户黏性受到跨业竞争而下降，信息资源、服务场景、资金成本等领域的传统优势被削弱，盈利空间受到挤压，亟待推动数字化转型以应对负向的市场挤出冲击，提高在数字经济时代的核心竞争力。

第二章　银行数字化转型的概念、特征与理论基础

本章首先分析了数字化转型和银行数字化转型的概念。银行数字化转型是银行利用金融科技和数字化技术，推动数字化转换和结构优化升级，继而重塑其业务模式、运营模式和风险管理模式的高层次转型过程。其次阐述了商业银行数字化转型的独特特征，表现为业务模式综合化、运营体系数字化和组织架构敏捷化三个方面。最后探讨了支撑商业银行开展数字化转型的相关理论基础，包括金融创新理论、技术溢出效应理论、银行再造理论和长尾效应理论。

一、银行数字化转型的概念

（一）数字化转型的概念

数字化转型的概念来源于数字经济的发展。数字经济是以信息通信技术和数字化科技作为关键生产要素，以互联网和物联网作为主要载体，以大幅提升经济效率和推动经济结构优化升级为目的开展的一系列经济活动的统称[①]。数字化转型以互联网、云计算、人工智能、区块链等技术为推动力，围绕企业信息化管理为核心，开展企业的经营数据智能化、产品开发自主化和服务销售精确化，从而提升企业自身运行效率和构建数字经济体系。新一代信息技术是数字化转型的驱动力，数据及其运作系统是数字化转型的基础，企业经营智能化、精准化、智慧化则是数字化转型的实现路径。

---

① 数字经济概念来源于 2016 年 9 月的二十国集团（G20）领导人峰会。

（二）商业银行数字化转型的概念

在金融科技快速发展和数字化技术广泛应用下，数字经济推动了金融领域的巨大变革，银行业也开启了数字化转型浪潮。可以说，数字经济是商业银行数字化转型的经济背景和实践基础，移动互联网、新一代信息技术和数字化等创新浪潮正在颠覆银行业，商业银行也正在主动适应数字化浪潮。

广义上讲，商业银行数字化转型是银行首先推动数字化转换和结构优化升级，在此基础上进一步触及银行核心业务，继而重塑新的业务模式、运营模式和风险管理模式的高层次转型。狭义上讲，银行数字化转型是银行基于自身资源和技术能力，借助数字化技术，提供数字化程度更高的金融产品和金融服务以满足客户多元化需求、开展数字化营销提升业务能力、优化业务流程重塑客户体验、推进数字化风控、提升风险管理能力等。

二、银行数字化转型的特征

近年来，商业银行数字化转型发展迅速。银行业务线上化运行的实践表明，只有重新定义银行核心业务系统，提升数字化及线上化能力，才能在激烈的金融市场和行业竞争中获得比较优势。特别是新冠疫情暴发之后，商业银行加速了数字化转型的步伐。商业银行数字化转型具有其独特特征，表现为业务模式综合化、运营体系数字化和组织架构敏捷化三个方面（见图2-1）。

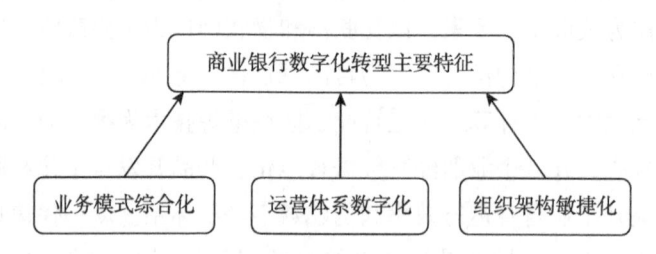

图2-1　我国商业银行数字化转型的主要特征

（资料来源：作者自制）

（一）业务模式综合化

近年来，银行业务逐步呈现平台化管理和一站式服务，而随着金融科技和数字化技术的应用，商业银行业务综合化趋势越发明显，可满足客户一站式办理理财、消费、投资、支付等业务的综合性需求。在风险可控的前提下，数字化转型推动了商业银行业务模式综合化发展，如创新构建综合平台、交易银行、开放银行等模式的广泛应用，提高了银行自身的经营效率。由此来看，业务模式综合化成为银行数字化转型的重要特征。

（二）运营体系数字化

金融科技为银行业务的开展提供全新的技术支持，而数字化趋势则使得银行运营体系迎来全面变革。运营体系数字化能够显著提高银行对客户多元化需求的准确洞察力，在客户和金融产品或服务之间建立敏捷有效的链接，实现客户需求和金融产品供给之间更加便捷和精细化的双重对接，充分体现以客户为中心的服务理念。一方面，银行通过搭建包括流程设计、产品研发、数据支持、运行维护、品牌经营等在内的数字化运营体系，能够提供针对客户的专业化、定制化的场景化服务，实现数据应用与运营体系紧密融合，为客户提供跨渠道的一致性服务体验，显著提升运营体系效率（周雷等，2021）。另一方面，数字化运营体系能够支持全业务流程安全协作，提高银行自身的数据治理和风险控制能力，增强数据分析的精准性，为构建多层次金融智慧数据风险安全防控体系提供技术支撑。

（三）组织架构敏捷化

敏捷、快速、有效的组织架构是商业银行数字化转型的重要载体。商业银行通过搭建敏捷化的组织架构，优化人力资源配置，减少业务流程和中间环节，简化决策程序和缩减信息反馈节点，能够更加明确工作目标和明晰工作内容。这不仅能充分调动员工积极性和激发其内在价值，而且为数字化、智能化的管理体系和运营机制奠定了组织基础。实现敏捷化的组织架构离不开数字化中台的搭建。数字化中台是集合了存储、资源、研发、管理、服务和应用六大职能的协同平台，通过强化协同效应为银行敏捷组织架构赋能。商业银行打造数字化中台，能够推动内部数据的标签建设和标准化、规范化管理，丰富外部数据来源，强化数据治理能力，提升数据信息安全。

三、银行数字化转型的理论基础

（一）金融创新理论

创新理论最早由经济学家熊彼特（Joseph Schumpeter）在《经济发展理论》中提出：创新是在现有条件下，开展生产要素重组和新一轮融合，并构造全新生产函数的过程；企业家是经济发展的"带头人"，是实现生产要素重新组合的创新者。金融创新理论是利用新的信息技术和科技，融合各类资源要素，调整现有金融体制，引入新型金融工具和产品，促进金融市场下的金融主体与各类产品、金融工具等之间的协同创新发展，从而使得金融主体获得当前的金融体制和产品所无法取得的潜在收益的行为。商业银行通过加强金融创新能力，能够提高其为客户提供更具个性化的金融产品和服务的能力。

商业银行将金融创新作为业务经营和产品开发的重要方式，通过创新金融产品、服务和应用场景来增加业务利润，而技术创新能够进一步提升利润率。随着金融科技的快速发展，提升金融创新水平也成为商业银行面临的重大挑战。特别是在线上业务普及率不断攀升的背景下，金融创新通过与数据深度融合，在凝聚发展新动能和深化银行数字化转型中发挥着至关重要的作用，是提升自身竞争力和引领行业变革的关键要素。

（二）技术溢出效应理论

技术溢出理论下技术领域的领先者，通过技术的非自愿或者无意识扩散的方式，使得新技术创新在商业环境中加以应用，并经过推广直到被社会普遍使用，继而对同行业企业及其他相关企业的技术进步产生积极影响，最终产生技术溢出的经济外部性，同时促进当地技术水平和生产力能力提高的外部效应（Arrow，1972）。技术溢出的外部效应，主要体现在企业之间相互促进的竞争效应、示范效应和模仿效应，以及由于技术信息差异所产生的经济增函数等方面。

在金融科技兴起叠加整个金融行业加速转型的外部环境下，技术溢出的外部效应将会加快推动商业银行数字化转型并提升其绩效水平，主要体现在以下三个方面：一是互联网金融公司对商业银行的示范效应。银行可以借鉴互联网金融公司的数字化经营模式和业务流程，以及信息产品服务理念，以完成数字化转型和实现经营绩效增长。二是金融科技发展为商业银行带来的竞争效应。当前技术创新已经成为银行同业与非同业之间开展竞争的关键要素，银行传统经营模式受到多元化的客户需求和不断增多的线上业务的剧烈冲击。金融科技带来的竞争效应不仅能够推动商业银行传统经营模式快速转型，而且互联网金融科技公司的高技术人才从技术创新程度较高的主体转向银行业，利用技术信息差异为商业银行带来新的经济增函数和利润增长点（马名杰等，2019）。三是商业银行对金融科技公司的模仿效应。商业银行通过向金融科技公司模仿、学习与合作，弥补自身科技短板，融合数字化资源，可以更快地提高自身科技水平和加快数字化转型步伐。

（三）银行再造理论

银行再造理论是指商业银行面临激烈的行业竞争，积极开展管理创新和价值重构活动，依托信息技术和外部资源，以推动流程再造和系统变革为核心的转型发展。其中，流程再造是一种全新理念，是指企业基于降低运营成本、提高产品品质和创新服务质量的目标，从本质上变革管理、业务、经营等工作流程，使之达到提高企业绩效的行为（Beam，1993）。商业银行的流程再造，需要运用创造性思维突破原有的运营模式，实现管理理念创新，通过对经营战略、业务流程和组织结构的彻底转变，继而推动体系变革。商业银行的流程再造，本质上基于业务流程、组织架构和企业文化三大要素，通过上述要素的集中整合、共同调整和有效链接，从而产生联动效应形成巨大潜力，进而推动银行转型再造以满足客户的个性化、差异化和多元化需求。

在银行再造理论下，数字化转型是推动银行流程再造的内生动力。新一代信息技术催生了商业银行在经营战略、团队结构、业务流程等方面的深刻变革。数字化转型下的银行再造，本质上就是商业银行运用金融科技和信息技术，对以往传统的经营战略、管理模式、业务流程和组织架构等要素进行拆分解构和资源重新整合，再采用新理念、新技术、新方法对其进行再造的过程（杜莉等，2022）。这就要求商业银行重新调整自身的业务流程、经营管理、组织架构和企业文化等基本要素，以匹配数字化转型的再造要求。

（四）长尾效应理论

长尾效应理论是现代化网络时代下由安德森（Chris Anderson）提出的新商业和经济模式理论，是针对统计学中的幂律（Power Laws）和经济学中的帕累托分布特征的一个应用。长尾效应理论指的是在企业生产活动过程中，由于成本和效率因素的存在，当产品的储存和流通渠道足够充裕，在生产成本和销售成本都急剧下降的时候，即使是原先市场份额较低和需求极低的产品，只要有供给就会有需求，甚至会引发较大需求的现象（Anderson，2004）。结合帕累托分布曲线来看，企业的少数大客户和重要客户往往集中在头部需求较大的部分，企业为了实现自身的经济效益最大化，在有限成本预算约束的前提下，将会更加聚焦头部客户的需求，却忽视需求曲线尾部客户的价值。尾部客户需求的经济效益随着数字化时代的到来而持续增强，大量小客户为企业带来的经济利益不断提高，开始接近甚至可以超过少量大客户和重要客户提供的利润。例如，亚马逊和 Netflix 等网站的商业模式表明，企业除了关注头部客户的经济价值外，还要高度重视需求曲线中的长尾人群。这种长尾效应挖掘是数字化信息时代给企业带来新的盈利模式。

长尾效应理论在商业银行的经营理念和客户管理中得到集中体现。以往银行通常会根据客户的资产规模和风险偏好等标准对其进行分类。在对公业务中，资产规模较大、风险承受能力较强、具有政府背景的企事业单位被视为重要客户甚至是头部客户，如国企、具有盈利性质的事业单位等。资产规模较小、风险承受能力较低的小微企业和民营企业，由于存在一定的经营风险则被视为尾部客户而不被重视。在零售业务中，财富总值较大、收入稳定的个人被视为重要客户，而财富总值较少、风险波动性较大的个人用户则被视为尾部客户而不被重视。随着金融科技的发展和数字化转型的推进，长尾效应理论将会在商业银行的业务经营和客户管理中得到广泛的应用。商业银行借助数字化技术提供智能化、个性化金融产品与服务，实现需求曲线尾部客户的利益增值（陈瑶雯等，2022）。长尾效应的挖掘将会使得这部分尾部客户市场得到高度重视，数字化转型助力"小利润大市场"将成为推动商业银行绩效增长的新引擎。

第三章　我国银行数字化转型的发展进程

本章首先梳理了我国商业银行数字化转型的三个发展阶段，即萌芽创始阶段、快速发展阶段和内生变革阶段。其次概述我国商业银行数字化转型的三种主要模式，包括针对业务重构的外部合作、探索数字化产品的创新服务和全面深化数字化转型三种转型模式。再次阐述了我国银行当前开展数字化转型的主要措施，主要包括提高数字化转型战略定位、提升组织架构敏捷化、加大资金和人才投入、提升技术支撑能力、完善面向客户数据系统、提升全面链接能力、强化数字化风控等措施。最后将我国商业银行划分为大型银行和区域性银行两大类型，分别阐述符合大型银行和区域性银行数字化转型发展的特有化措施，以及两大类银行分别取得的差异化进展。一方面，我国大型银行已率先开启全面数字化探索，推动业务模块数字化由零售端全面扩展到对公和金融市场业务，推动场景布局数字化由既有线上业务扩展至各类生态场景，成立金融科技子公司或研究院，开启由业务和风控数字化向管理数字化的尝试，数字化转型措施走在了整个银行业的前列。另一方面，我国区域性银行数字化转型开始起步，逐步将数字化转型纳入全行战略规划，逐步加速数字化能力建设，在三大业务模块领域数字化转型仍以零售业务为主。尽管区域性银行数字化转型进程仍相对落后于大型银行，但是区域性银行正持续努力融入数字化经济浪潮之中，不断加大数字化转型的资金投入和能力建设。

一、我国银行数字化转型的发展阶段

本章通过分析我国银行的业务开展阶段和经营管理变化，结合金融科技发展下自身技术的演进过程，以及在商业银行业务领域的迭代应用情况，将我国银行的数字化转型进程划分为萌芽创始阶段、快速发展阶段和内生变革阶段三个阶段。

（一）萌芽创始阶段

1985年至2013年是我国商业银行金融科技发展和数字化转型的萌芽创始阶段。20世纪80年代后期，信用卡和自动取款机（ATM）开始在我国商业银行出现并在全国范围内推广，为之后金融科技发展奠定了基础。商业银行纷纷开展针对银行卡和ATM的信息识别技术和数据传输技术的研发探索，将国内银行业引入数字化转型的萌芽创始阶段。1990年之后，商业银行开始探索网上银行业务。1993年11月，党的十四届三中全会提出实现银行系统计算机网络化，积极推行信用卡，减少现金流通量[①]。这标志着我国金融电子化时代大幕正式拉开。进入新千年，各大商业银行纷纷开展手机银行业务，利用数字化技术大大提高了商业银行的内部管理水平和服务客户效率。经过30多年的努力，我国金融电子化实现了从无到有、由小到大的跨越式发展，其业务规模不断赶超发达国家先进水平，推动我国商业银行的金融服务从以账户管理为中心向以服务客户为中心转变，同时也推动了社会征信体系的建立完善，从制度层面约束和规范市场主体的信用行为，为改善金融市场运行环境发挥了积极作用。

（二）快速发展阶段

2013年至2018年是我国商业银行金融科技发展和数字化转型的快速发展阶段。2013年4G网络开启商业应用阶段，为基于移动互联网的金融科技发展奠定了技术基础，以互联网为代表的现代数字化技术对整个金融行业产生了根本影响，引入了互联网金融模式。2013年第二季度，中国人民银行发布的《中国货币政策执行报告》首次使用了"互联网金融"的概念，此后此概念被写入国务院政府工作报告，标志着互联网金融正式进入金融领域。互联网金融加速了金融科技创新，以余额宝等为代表的网络化金融产品大量涌入金融市场，银行在支付结算、财富管理、借贷融资等方面的业务不断面临金融科技公司和网络平台的激烈竞争。金融业务与客户生活场景的多样化融合布局越发得到重视，商业银行纷纷加快数字化转型进度，积极开展网点转型、在线经营、

[①] 参见党的十四届三中全会通过的《中共中央关于建立社会主义市场经济体制若干问题的决定》相关内容。

线上支付结算、自助服务网络构建等。

在快速发展阶段，我国商业银行加大了对创新金融产品和提供金融服务的数字化转型力度，加快了人工智能、大数据等数字化技术应用，但其自身的组织架构、经营模式和管理理念尚未发生内生性变革。可以说，在此阶段，商业银行开展数字化转型的动力更多来自外部竞争和倒逼机制，其金融科技应用场景的广度和深度仍然有待提升。同时，金融科技引发一系列新的金融风险，加大了金融监管的难度，监管科技（RegTech）也越发得到重视[①]。监管科技是通过数字化技术应用，以数据监管为核心，采取有效的数据收集、管理和分析流程，有效降低金融市场的信息不对称，提高金融产品定价与风险管理能力，实现金融科技与金融风险监管的有机结合，推动金融监管模式转型升级，实现由监管客户向数据监管转变。

（三）内生变革阶段

2018年至今是我国商业银行金融科技发展和数字化转型的内生变革阶段。在新的信息技术推动下，整个银行业出现了巨大变革，货币形态由实物货币转向电子化货币，相关业务从实体银行转向虚拟电子银行，金融服务从人人对话和柜台服务转向人机对话和线上办理，资金支付结算从纸质凭证转向电子渠道。我国各类商业银行也纷纷从战略高度重新规划数字化转型，主动从组织架构、经营模式和管理理念等方面推动其内生性变革，积极开展针对组织架构、业务流程、信息科技系统和人员结构的深度调整，以适应数字化转型的新发展要求（王勋等，2022）。同时，多家银行均成立金融科技子公司，信息科技部门由此前的后台支持终端转变为科技赋能银行经营管理转型的主导部门。数字化转型与应用也由此前的前台产品应用和业务服务创新，溯源至中后台的业务流程再造、整体组织架构和科技人才团队构建。可见，在内生变革阶段下，我国银行已经从顶层设计入手，引领经营管理全面迈向开放融合，创新技术的研发和应用不断加速，围绕客户需求搭建全场景的开放生态圈成为行业共识和现实举措，为其数字化转型提供内生动力。

---

① 监管科技（RegTech）的概念，最早由英国金融市场行为监管局（FCA）正式提出。

二、我国银行的数字化转型模式

当前各类商业银行根据自身规模和经营特点，探索符合自身发展的数字化转型之路，整体上可将我国商业银行数字化转型模式归为三大类型，即针对业务重构的外部合作模式、探索数字化产品的创新服务模式和全面深化数字化转型模式。

（一）针对业务重构的外部合作模式

当前面对多元化、个性化和线上化的客户要求，许多银行的传统业务模式和经营理念已无法满足。面对金融科技公司的竞争压力，许多中小银行受制于自身规模实力和科技人才数量，出于降低经营成本和弥补技术短板的考量，主动选择了外部合作模式。中小商业银行通过与外部科技公司或互联网平台开展技术合作，针对传统业务开展系统性重构，继而推动业务模式的数字化转型，有效改变了中小银行的传统业务模式，形成了数字化流程再造（刘少波等，2021）。这不仅降低了银行的决策成本和缩短了执行周期，而且有效提升了业务领域的金融服务水平，继而带动整体数字化转型。例如，西安银行既与专业技术平台服务商开展深度合作，又推动自主研发，创新业务模式线上化和数字化，推动金融科技创新；自贡银行引入金融科技公司的专项服务和软件平台，开展业务流程重构，为数字化转型提供业务支撑。

（二）探索数字化产品的创新服务模式

客户对金融产品的网络化、自主化和个性化需求特征，倒逼银行主动开展针对金融产品服务的数字化创新，不仅需要参照金融科技公司的相关产品，而且需要关注产品与服务的个性化、趣味性以及对日常生活场景的融入性。同时，长尾效应也倒逼商业银行的金融产品覆盖下沉客户群体，最终将转变以客户为中心创新金融产品。因此，更多商业银行开始将大量数字化因素引入自身产品，以契合网络化、自主化和个性化的客户需求变化。部分银行选择了通过探索特定金融产品的数字化创新服务，实施线下向网上推广，强化产品创新迭代，加强可视化功能和简化操作流程，不断提升客户视觉体验和交互功能，继而推动自身银行的数字化转型。如部分银行从线上贷款直销产品入手推动产品迭代，面向客户直接推出政采贷、e抵快贷、经营快贷和税务贷，以及数字供应链等多项线上化、数字化产品，并采用网上银行和手机银行等无接触服务，为客户提供贷款申请、审批、提款等多项金融服务。这些金融创新产品和服务，不仅有效提升了客户互联网沉浸式体验，也通过数字化产品创新探索推动银行自身的数字化转型。

（三）全面深化数字化转型模式

在业务重构和产品创新的两种数字化转型模式下，商业银行依然面临管理体系和业务流程烦琐、线上化程度不足、员工数字化意识薄弱、业务营销模式滞后、系统架构落后和数据孤岛现象等突出问题，而全面深化数字化转型模式能够有效缓解上述困境。当前以国有大型商业银行和主要股份制商业银行为代表的大型银行，率先开启了全面数字化转型的探索。一是国内大型银行积极推动组织变革和简化流程与架构，提升线上化程度和员工意识能力，消除数据孤岛，构建数字化营销体系。二是国内大型银行在业务模式领域，推动数字化转型由零售端全面扩展到对公和金融市场业务。三是国内大型银行在场景布局领域，推动数字化转型由既有线上业务扩展至各类生态场景。四是国内大型银行开启由业务数字化和风控数字化向管理数字化迈进的探索，通过全面转型适应数字经济时代的新要求。

三、我国银行数字化转型的主要措施

随着金融科技的发展，我国银行持续加大对各类平台及移动支付等领域的金融科技资金投入和科技人员数量的投入，推出具有创新性的金融产品，多措并举推动自身数字化转型。

（一）提高数字化转型战略定位

当前银行普遍将数字化转型提升到战略发展的新高度，在战略层面普遍重视金融科技对银行自身发展的重塑力，积极制定全流程、全部门、全业务的数字化转型战略，从顶层设计入手推动针对传统经营模式、管理方法和文化理念的积极深度变革。许多银行立足自身竞争优势和差异化发展，延展客户需求、前台响应、中台赋能、后台驱动的价值路径，进行能力建设继而推动组织变革，实现组织能力与客户需求的有效对接，向着数字化、敏捷化、场景化方向加速转型。如中国工商银行提出"科技强行"战略，打造"数字工行"第五代数字化系统，构建实现开放应用的大数据平台和深度感知的人工智能服务系统，打造全面数字化新业态战略；中国建设银行提出"金融科技自立自强"的发展战略，打造"建行云工作室"，实现基于"建行云工作室"的线上云化、弹性敏捷的金融基础设施战略；招商银行提出"招行云+中台"的金融科技战略，推动面向未来的金融科技基础设施与金融服务能力的架构转型，致力于实现金融科技银行的质变。

（二）提升组织架构敏捷化

伴随着数字化转型提升到战略新高度，与之对应的是商业银行纷纷推动组织架构变革，提升自身组织架构的敏捷化。数字化转型发展战略要求商业银行提升对各类金融服务需求的敏捷应对能力，继而要求打造能够与之发展相匹配的敏捷化组织架构。而商业银行以往以业务盈利为核心的部门制组织架构模式，虽然在过去的信息化时代发挥了积极作用，但是面对当前线上化、智能化和开放化的数字化转型要求，则显得难以为继（徐阳洋等，2022）。为此，一方面，各类商业银行努力打破各个部门之间、各个业务条线之间的组织边界，开展跨越多部门、跨越多条线的组织创新融合模式，彻底改变业务部门与金融科技信息部门之间相互分离的"两张皮"局面。另一方面，各类商业银行努力形成业务经营、金融科技、数据信息的三方板块联动架构，推动三者之间的深度融合，协同推进商业银行数据服务能力扎实落地，提升敏捷化数字服务能力。例如，招商银行打造开放型 IT 结构，以实现对金融产品和服务需求的敏捷性反馈；中信银行推动全流程、全业务的商业级敏捷化组织架构体系，持续推进以领域制为核心的金融科技敏捷组织转型。

（三）持续加大金融科技资金和人才投入

各类商业银行不断加大针对金融科技相关的资金和人才投入，成为推动其数字化转型的一致性选择。一方面，根据银行业协会统计数据，2020 年我国各类商业银行金融科技和数字化总投入资金规模约为2080亿元，同比增长接近20%。其中，工行、农行、中行、建行、交行和邮储银行六大国有银行金融科技投入规模接近960亿元，约占银行业金融科技和数字化总投入的46.2%。工行以超过238亿元的总规模位居榜首，招商银行和中信银行等银行2020年在金融科技能力建设方面的资金投入量也超过100亿元。2020年六大国有银行和上市股份制银行平均金融科技信息投入占总营业收入的比重攀升至3.19%。其中，渤海银行、招商银行信息科技投入分别占其总营业收入的比重高达5.60%和4.45%。2021年，工行、农行、中行、建行四大行的金融科技投入分别达到259亿元、205亿元、186亿元和235亿元，均创历史新高（见图3-1）。

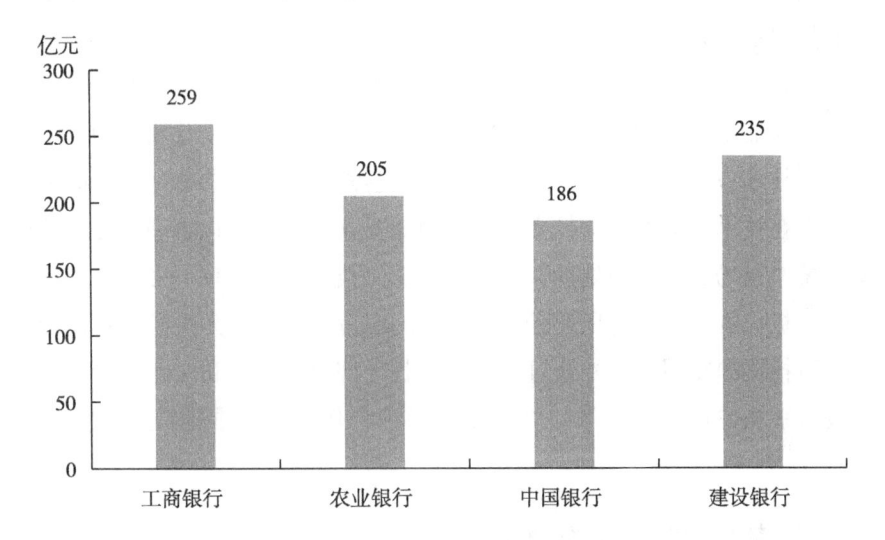

图3-1 2021年工行、农行、中行、建行四大行金融科技投入总规模
（数据来源：中国银行业协会统计）

另一方面，2020年整个银行业吸纳的金融科技人才规模，保持较快的增长速度，已经形成了具备一定规模的金融科技人才储备。其中，金融科技研发人员占银行业员工总规模的比重上升至5.6%。一是国有大型商业银行金融科技人员平均占比在稳步提高，如工行2020年末金融科技人员总规模增长至3.5万人，位居银行业第一。二是股份制商业银行吸纳人才的表现也较为突出，如招商银行、浦发银行和杭州银行的金融科技研发人员占其总员工的比重，分别攀升至9.77%、10.0%和12.45%①。

（四）提升技术支撑能力

在数字经济时代，信息技术是银行数字化转型的核心竞争力和实现保障。一是商业银行需要突破传统技术系统平台的线上云化、多元化、服务化和数字化中后台，才能提供差异化的金融产品，满足现代客户的个性化金融服务需求。二是商业银行需要开展对金融产品功能的标准化拼装和积木式封装，才能实现科技能力和信息数据沉淀，以及金融资源有效整合，为前端前台的敏捷创新和产品迭代提供有力的技术支撑。三是商业银行需要利用云化网络基础设施所提供的高弹性、便捷有效性和可延展性，才能够满足现代客户的按需随享功能，利用科技研发能力提升技术支撑能力。

为此，当前商业银行纷纷加大金融科技资源和人才投入以提升技术支撑能力。一是业业融合的技术支撑，加强了各项业务条线在多元化场景的创新，统筹推进新技术应用。二是业技融合的技术支撑，数字化转型的核心根源在业务，重点在技术推动，借助技术实现各项业务条线的数字化转型，推动业务和技术的统一布局、统筹规划和共同推进。三是技技融合的技术支撑，对内加强金融科技板块各单元与各项业务条线之间的统筹协调，大力推进场景建设，实现金融科技资源复用；对外通过引进和吸收外部成熟技术和实践经验，推动自身科技水平加快提升，扩展与外部生态系统合作深度，推动数字化生态体系协同。

（五）完善面向客户的数据系统

以往商业银行凭借业务的长期累积，拥有海量的客户数据和信息资源，但是在当前的数字经济时代，其数据系统存在一定的标准不一致、质量参差不齐和断点较多等问题，成为阻碍银行推动数字化转型的一大短板。数据是信息化的最基本要素，完善的数据体系是保障商业银行实现数字化转型的前提和基础。当前，各类银行努力建设面向用户的基础数据服务平台，加强数据治理和信息资源整合，统一数据标准并维护数据质量，开展全生命周期数据管理，疏

---

① 参见中国银行业协会发布的《中国上市银行分析报告2021》相关内容。

通通用平台和私域平台数据断点,构建统一的数据底座(宋首文,2022)。

近年来,各类银行一是强化内容运营,搭建依托手机银行APP、生活服务APP等应用平台和小程序的线上流量矩阵,构建和梳理用户数据流量,形成面向用户的稳定且颇具规模的线上流量池,显著提升了数字化获客能力。二是各类银行通过构建内容开放平台和客户专属频道,以数据驱动健全多元化用户需求体系,不断推动私域平台数据信息内容的精细化和开放化运营。这些开放平台和客户专属频道,满足了客户需求从基础性需求向个性丰富、多元化、极致体验、极简操作的方向转变,不断提升了客户视觉体验和交互功能,从而联动更多金融产品和金融服务,提升客户黏性及活跃度(齐晔,2022)。

(六)提升全面链接能力

链接能力是商业银行实现数字化转型的价值变现路径。以往商业银行通过铺设物理网点的运营模式连接客户,随着数字化转型的深入,银行改变了过去铺设网点的运营模式,依托数字化手段加速平台化转型,构建数字场景金融生态,提升全面链接能力。在经历了早期开放自身端口的简单链接阶段之后,各大银行纷纷以数据信息为核心,以各类场景生态系统为切入点,建立和疏通B端企业、C端客户、P端互联网平台、G端政府和E端生态场景的数字化渠道、场景链接和全产业链条,充分发挥好全产业链条中间方商业银行的平台撮合和场景链接作用。商业银行通过推动针对现金支取、支付结算、投融资、财富管理、国际业务和风险管控等业务的数字化转型,提供一揽子定制化产业数字金融综合服务方案,使其无缝嵌入B端企业、C端客户、P端互联网平台和G端政府的生活和工作场景,借助平台化发展路径推动数字化连接价值释放,共建共享数字生态圈。

(七)强化数字化风控能力

数字化在推动银行转型发展的同时,也会引发数据安全和网络保护等方面的新风险,如模型构建和算法漏洞、第三方供应链中断、系统故障和瘫痪、数据资源和客户信息泄露等风险(李瑛,2022)。而安全有效是开展数字化转型的底线原则,这要求商业银行在信息技术创新与数字化风控之间实现有效平衡。

一是商业银行积极应用新技术和新手段，构建事前预防、事中控制、事后审计、全程可溯源的一体化数据资源和客户信息平台，持续全面防护网络平台、数据资源和客户信息安全。二是商业银行积极构建覆盖金融产品和服务，实现技术创新与安全运营管理相结合的全流程、跨部门的安全防护操作系统，提升适应数字经济时代要求的信息化风险防控能力。三是商业银行积极应对数字伦理问题，自觉在数字化转型中遵循数字伦理的道德规范，充分考虑客户群体的知识水平和金融素养，努力降低应用门槛，提高数据使用和算法规则的透明度，避免通过无感化诱导居民非理性负债与投资。四是商业银行需要对标《中华人民共和国数据安全法》《中华人民共和国个人信息保护法》等金融监管法规政策，共同筑牢银行数字化风控安全底线。

四、我国银行数字化转型的差异化进程

我国各类商业银行结合自身规模和实力，以及数字化转型的不同发展阶段，制定不同转型措施。基于此，本章将银行划分为以国有大型商业银行和主要股份制商业银行为代表的大型银行，以及以地方性银行和农商行为代表的区域性银行两大类，分别阐述大型银行和区域性银行在数字化转型方面的不同措施和差异化进展。

（一）大型银行数字化转型的独特措施和取得进展

以国有大型商业银行和主要股份制商业银行为代表的大型银行，已经深刻认识到数字化转型的重要意义，数字化转型走在了国内银行业的前列。

1. 推动业务数字化转型由零售全面扩展到对公和金融市场业务

银行业务总体可以划分为零售业务、对公业务和金融市场业务三大领域。由于零售业务本身就具有大数据特性，为银行数字化转型提供了天然的应用场景，大型银行的业务数字化转型探索最初都从零售业务端开始（侯晓，2021）。例如，招商银行作为国内的零售业务佼佼者，充分利用了数字化信息技术，不断扩大自身零售业务规模和提升利润率。随着业务数字化措施的不断深入，大型银行转型开始从零售业务端，进一步全面延伸到对公业务、资金理财和金融市场业务领域，对公服务和金融市场业务条线数字化转型已经取得较

大进展。下面以建设银行为例，进行简要说明。

一是在零售业务方面，建设银行利用云端智能推出手机银行并不断升级至5.0版本，针对年轻与老年客户群体、城市与乡村客户群体、贷款与理财客户群体，持续推出差异化和精细化的主题专版和金融产品服务。二是在对公业务方面，建设银行不仅推出网上银行海外操作版，而且推出线上发票操作系统，以及新增跨境e汇等业务，极大提高了企业客户对公业务的便捷性。三是在金融市场业务方面，建设银行推出大财富管理网上系统1.0版，既构建客户直接营销、客户经理管理和投研投顾三大线上工作平台，实现经营团队数字化赋能，又将手机银行龙财富和投资理财频道充分融合，壮大资产配置客户群体。到2021年末，建设银行平台财富客户数量已超过3500万。

2. 推动场景布局数字化转型由线上业务扩展至各类生态场景

大型银行针对生态场景布局，最初从实现既有业务的线上覆盖展开。近年来，随着对数字化生态内涵的逐步深入了解，生态场景布局逐步转向以客户为中心，实现线上和线下结合、金融服务和非金融活动相融合的多元化生态场景体系。以建设银行为例，该行大力推动数字人民币、线上发票、跨境e汇等金融服务APP，随着数字人民币试点的推广，该行不断拓展数字生态场景外延。2021年，该行个人钱包总数、商户门店总数等指标位居国内银行业第二，对公母钱包总数、对公落地场景总数和年度累计交易规模等指标，则高居国内银行业第一。同时，该行还陆续推出建行生活、智慧工商联、智慧政务等非金融活动平台，构成多元化生态场景循环。2021年，建行生活小程序覆盖全国326个城市，累计注册建行生活用户超过3500万户，16万家商户门店实现平台上架，数字信用卡日均新开超过1万张，相当于3000多个物理网点的工作量。

3. 成立金融科技子公司或研究院为智慧银行转型提供动力

最早成立的银行金融科技子公司是兴业银行于2015年11月成立的兴业数金，到2022年7月全国已有十几家大型银行成立了金融科技子公司（见表3-1），完善了市场化探索数字化转型的新架构。大型银行成立金融科技子公司，能够更加深入地了解客户对金融产品和金融服务的需求、金融监管和金融科技的相关政策要求，以及未来银行数字化转型的发展方向，实现在产品创新和程序开发上的实践优势（袁康等，2021）。金融科技子公司对内可以共享信息技术基础设施和客户数据资源，提高母公司开展金融产品和业务数字化的转化能力，对外可强化与互联网金融科技公司和同业金融机构合作，提供和完善信息科技解决方案，为智慧银行转型提供动力支持。

表3-1　　　　　我国大型银行金融科技子公司成立情况

注册时间	金融科技子公司	银行母公司
2015年11月	兴业数金	兴业银行
2015年12月	金融壹账通	平安银行
2016年2月	招商云创	招商银行
2016年12月	光大科技	光大银行
2018年4月	民生科技	民生银行
2018年4月	建信金科	建设银行
2018年5月	龙盈智达	华夏银行
2019年3月	工银科技	工商银行
2019年5月	北银金科	北京银行
2019年6月	中银金科	中国银行
2020年2月	易企银	浙商银行
2020年7月	农银金科	农业银行
2020年8月	交银金科	交通银行

资料来源：作者整理。

注：表3-1为截至2022年7月，我国国有大型商业银行和主要股份制商业银行成立下属金融科技子公司的统计情况，此外，少部分中小银行也成立了下属的金融科技子公司，如2016年5月深圳农商行成立了前海金信子公司，2020年11月厦门国际银行成立了集友科技子公司，2020年12月广西农村信用社成立了桂盛金科子公司。

例如，2019年工商银行率先成立金融科技研究院，搭建"三中心、一研究院"的新架构。同年，招商银行将战略规划部改革为金融科技办公室，实现金融科技办公室负责总体规划与决策，拆分信息科技部和研发中心为四个细分研发中心，分别精准对接各项业务模块和部门条线，为经营层面的数字化转型提供更加敏捷性的支撑。2020年，交通银行成立了金融科技与产品创新委员会、金融科技创新研究院、交银金科子公司，并将信息技术部和数据管理应用中心，分别升级为金融科技部、数据管理与应用部，形成"一委、一院、一子公司、两部"的智慧银行新架构。

4. 开启由业务和风控数字化向管理数字化迈进的探索

如果说业务数字化和风控数字化是银行数字化转型的核心基础，那么管理数字化则是数字化转型的升级版。相较于业务和风控数字化，管理数字化技术难度更大，所涉及的内部流程和体制机制转变要求更高。大型银行在科技人才、技术储备和资金投入等方面资源相对丰富，业务和风控数字化水平也显著领先于区域性中小银行，因此，大型银行率先开始了管理数字化的探索。

一方面，在业务领域，大型银行从更广的生态场景下技术应用的升级迭代出发，在管理数字化领域展开金融科技赋能的新思路。部分大型银行已经引入成熟的机器人流程自动化技术（RPA），将工作流程、客户信息和业务交互通过智能化软件系统或智能机器人实现有效融合，将机器人流程自动化技术嵌入生态应用场景与业务流程，按照设计的规定流程执行操作。这不仅提升了物理网点的运营管理效率和自动智能化水平，高效解决复杂流程和节约人工成本，而且提升了金融市场交易业务流程的线上化水平和自动化处理程度，降低了操作交易员线下工作量。以建设银行为例，到2021年末建设银行RPA系统已运行应用累计达到1162项，应用上线完成760项，年度节约超过271万工时。

另一方面，在风险管理领域，大型银行对风险评估和识别模型、应用数据的研究较早继而基础较好。面对日益复杂的外部风险和不确定性，大型银行需要开启更高效的风险管理数字化的进程，部分银行已经开始尝试构建风险识别、监测和评估自动化，运营成本核算精细化，以及资产与负债质量可视化的风险管理数字化系统。例如，建设银行面向多家金融机构，共享建行慧系列风险识别与管理工具，输出数字化风控方案和智能化技术，在强化银行业内合作的同时推动了风险数字化管理共治。

总体来看，大型银行的数字化转型走在数字时代的前列，覆盖了全部业务模块，构成了多元化的生态场景布局，成立金融科技子公司助力智慧银行转型，并逐步开启管理数字化的探索，进入了数字化、生态化、智能化阶段。

（二）区域性银行数字化转型的独特措施和取得进展

近年来，新冠疫情冲击、客户需求变化、大型银行和互联网公司的竞争挤压，使得以地方性商业银行和农村商业银行为代表的区域性银行观念发生巨大转变，努力融入数字化经济浪潮，但其数字化转型进程相较于大型银行仍相对缓慢。

1. 区域性银行数字化转型开始起步

结合毕马威中国和腾讯云项目组的调查研究显示[①]：在2021年被问卷调查的46家区域性银行中，只有9%的银行尚未开始数字化转型，已有91%的银行开启了数字化转型之路，但在91%的银行中，有52%的银行仍然处于起步阶段，即初步形成了数字化规划或开始局部数字化；仅28%的银行处于加速阶段，即在部分业务领域展开数字化实践并获取一定效果；仅11%的银行进入沉浸阶段，即在全部业务领域开展了不同程度的数字化转型实践，同时尚无一家区域性银行发展到全面数字化的成熟阶段（见图3－2）。可见，在46家区域性银行中，80%处于数字化转型的起步阶段和加速阶段。

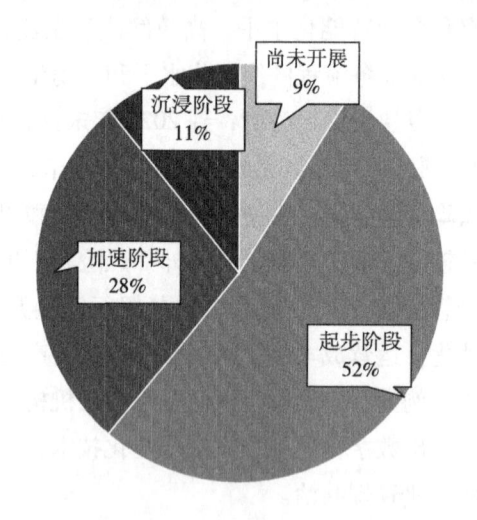

图3－2 2021年我国区域性银行数字化转型进程调研结果

（数据来源：毕马威中国和腾讯云项目组调研报告）

同时，在被调研的区域性银行中，总资产规模越大的银行整体实力相对更强，其数字化转型的相关资金和科技人才投入更多，其数字化转型进展相对更快：总资产规模超过5000亿元的区域性银行，全部开展了数字化转型活动，处于起步阶段、加速阶段和沉浸阶段的比重分别为27%、37%和36%，但是尚未有一家进入成熟阶段（见图3－3）；而被调研的总资产规模小于2000亿

---

① 2021年，毕马威中国和腾讯云成立专门项目组，开展了针对我国区域性银行数字化转型的调查研究，项目组对全国46家区域性银行进行了翔实的问卷调研，并对部分区域性银行展开了实地调研。

元的小型区域性银行,其数字化转型进程相对落后,7%的小型银行尚未开展数字化转型,处于起步阶段和加速阶段的比重分别为79%和14%,尚未有一家进入沉浸阶段(见图3-4)。

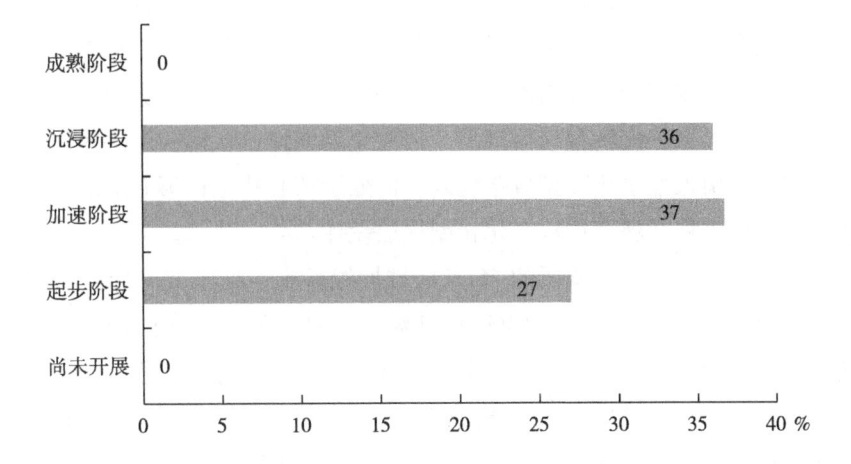

图3-3 总资产超过5000亿元的区域性银行数字化转型进程调研结果
(数据来源:毕马威中国和腾讯云项目组调研报告)

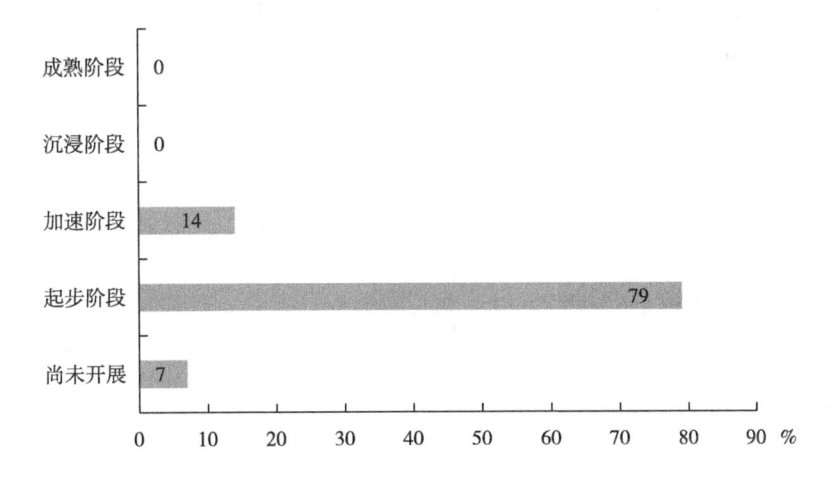

阶段	比重(%)
成熟阶段	0
沉浸阶段	36
加速阶段	37
起步阶段	27
尚未开展	0

图3-4 总资产低于2000亿元的区域性银行数字化转型进程调研结果
(数据来源:毕马威中国和腾讯云项目组调研报告)

阶段	比重(%)
成熟阶段	0
沉浸阶段	0
加速阶段	14
起步阶段	79
尚未开展	7

2. 区域性银行逐步将数字化转型纳入全行战略规划

近年来，部分区域性银行对数字化转型的重视程度不断提高，将其纳入全行战略规划，但是也有尚未规划数字化转型的区域性银行。结合毕马威中国和腾讯云项目组的调查研究，将区域性银行数字化转型战略推进程度由低到高依次划分为五个层次：第一层次为尚无推进数字化转型的全局规划；第二层次为在信息科技战略规划中同步引入数字化转型战略规划；第三层次为在业务战略规划中同步引入数字化转型战略规划，但处于辅助地位；第四层次为在业务战略规划中同步引入数字化转型战略规划，但处于核心地位；第五层次为通过数字化转型专项规划开展全行数字化转型顶层设计。

调研结果显示：在被调研的46家区域性银行中，处于五个层次的银行占比分别为19%、11%、33%、13%和24%，即81%的区域性银行将数字化转型纳入战略规划，24%的银行将数字化转型专项规划作为全行数字化转型顶层设计（见图3-5）；同时，总资产规模越大的区域性银行整体实力相对越强，其数字化转型战略实施的程度越高，在被调研的总资产超过5000亿元的银行中，处于五个层次的占比分别为0、19%、27%、27%和27%，即被调研的规模以上区域性银行全部引入数字化转型规划，已经有27%的银行将数字化转型专项规划作为全行数字化转型顶层设计（见图3-6）。

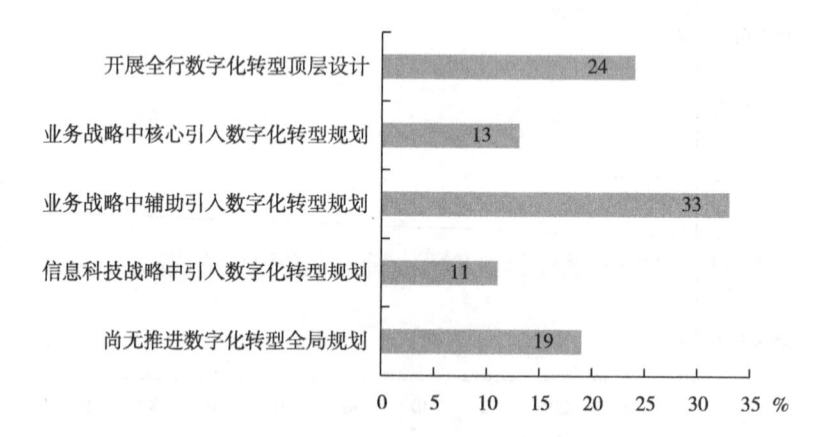

图3-5 被调研区域性银行数字化转型战略推进程度

（数据来源：毕马威中国和腾讯云项目组调研报告）

开展全行数字化转型顶层设计	27
业务战略中核心引入数字化转型规划	27
业务战略中辅助引入数字化转型规划	27
信息科技战略中引入数字化转型规划	19
尚无推进数字化转型全局规划	0

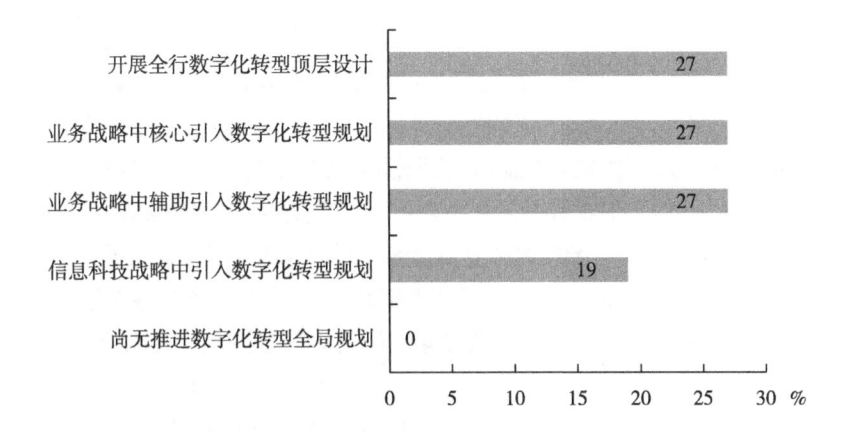

图 3-6 被调研规模以上（5000 亿元以上）区域性银行数字化转型战略推进
（数据来源：毕马威中国和腾讯云项目组调研报告）

3. 区域性银行数字化能力建设逐步加速

银行数字化转型能力，涉及客户应用分析、数字化渠道、产品创新、数据基础能力、智能营销、技术与基础设施、数字化组织机制和智能风控八个领域。相较于大型银行较全面的转型能力，区域性银行近年来在逐步加快这八大领域的能力建设。为了更好地描述区域性银行数字化转型能力，本章将这八大领域能力建设程度由低到高依次划分为四个层次：第一层次为尚未开展建设；第二层次为已经完成规划即将重点推进；第三层次为小范围试点并初见成效；第四层次为大范围推广并效果显著。

结合毕马威中国和腾讯云项目组的调查研究，在46家调研对象中，当前客户应用分析、数字化渠道、数据基础能力、技术与基础设施和智能风控，是区域性银行数字化能力建设的热门领域，50%以上的银行在这五大领域已经进行了试点并取得成效。其中，15%的区域性银行在数字化渠道和智能风控两大领域已经取得显著成效；而在产品创新、智能营销和数字化组织机制三大领域，区域性银行数字化转型能力建设相对不足，如70%的被调研银行没有开展产品创新的数字化转型试点，76%的被调研银行没有开展数字化组织机制的尝试，未来区域性银行继续在这些领域加速发力以构建全面数字化能力体系（见图 3-7）。

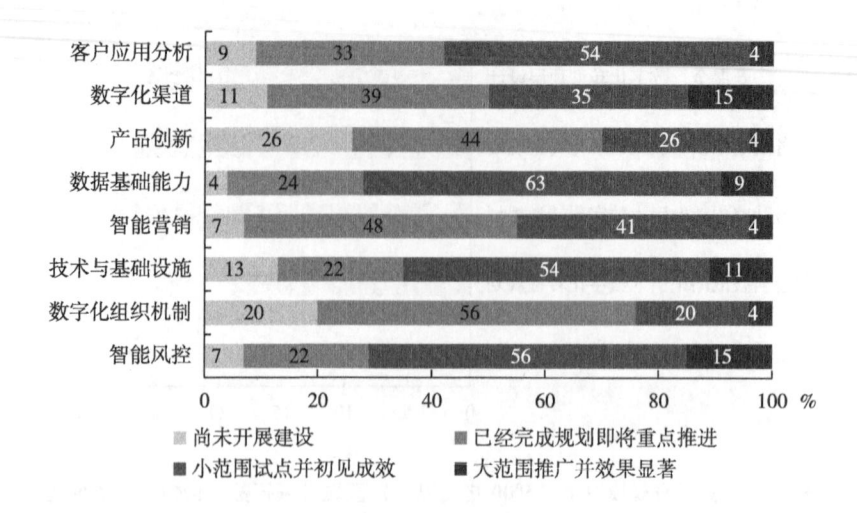

能力	尚未开展建设	已经完成规划即将重点推进	小范围试点并初见成效	大范围推广并效果显著
客户应用分析	9	33	54	4
数字化渠道	11	39	35	15
产品创新	26	44	26	4
数据基础能力	4	24	63	9
智能营销	7	48	41	4
技术与基础设施	13	22	54	11
数字化组织机制	20	56	20	4
智能风控	7	22	56	15

图 3-7 区域性银行数字化转型能力建设

（数据来源：毕马威中国和腾讯云项目组调研报告）

4. 业务模块数字化转型仍以零售业务为主

当前银行业务总体可以划分为零售业务、对公业务和金融市场业务三大领域：零售业务主要包括小微普惠、零售信贷、信用卡、互联网金融；对公业务涵盖公司银行、交易银行和供应链业务；金融市场业务涉及财富管理、同业资管和投资银行业务。数字化转型核心是金融科技赋能业务发展，而相较于大型银行业务模块的数字化转型已经从零售端全面扩展到对公业务和金融市场业务，区域性银行业务模块的数字化仍以零售业务为主，对公业务和金融市场业务进展较慢。

为了更好地描述区域性银行业务数字化情况，本章将零售、对公和金融市场三大业务领域数字化程度由低到高依次划分为五个层次：第一层次为尚未开展建设；第二层次为完成规划计划推进；第三层次为小范围试点；第四层次为大范围推广；第五层次为全面开展。结合毕马威中国和腾讯云项目组的调查研究，在46家区域性银行中，针对零售业务，78%的被调研银行实际开展了小微普惠和互联网金融的数字化转型，74%的被调研银行实际开展了零售信贷业务数字化，63%的被调研银行实际开展了信用卡数字化（见图3-8）；针对对公业务，52%的被调研银行实际开展了公司银行业务数字化，仅有39%的被调研银行实际开展了交易银行和供应链业务数字化（见图3-9）；针对金融市场业务，42%的被调研银行实际开展了财富管理数字化转型，33%的被调研银行实际开展了同业资管业务数字化转型，仅17%的被调研银行实际开展了投资银行业务数字化转型（见图3-10）。

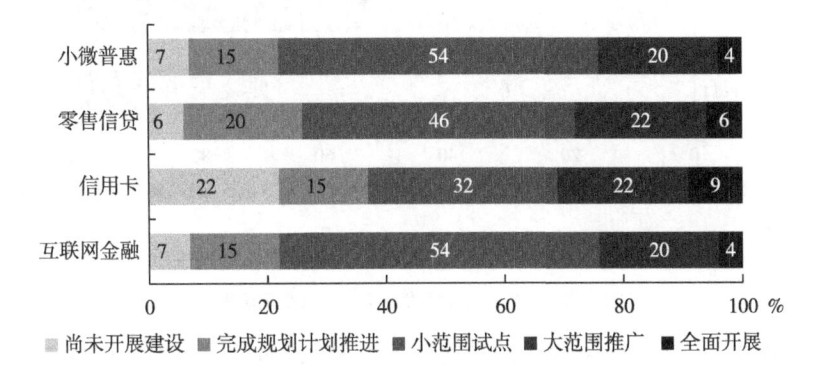

业务	尚未开展建设	完成规划计划推进	小范围试点	大范围推广	全面开展
小微普惠	7	15	54	20	4
零售信贷	6	20	46	22	6
信用卡	22	15	32	22	9
互联网金融	7	15	54	20	4

图3-8　区域性银行零售业务数字化转型进度

（数据来源：毕马威中国和腾讯云项目组调研报告）

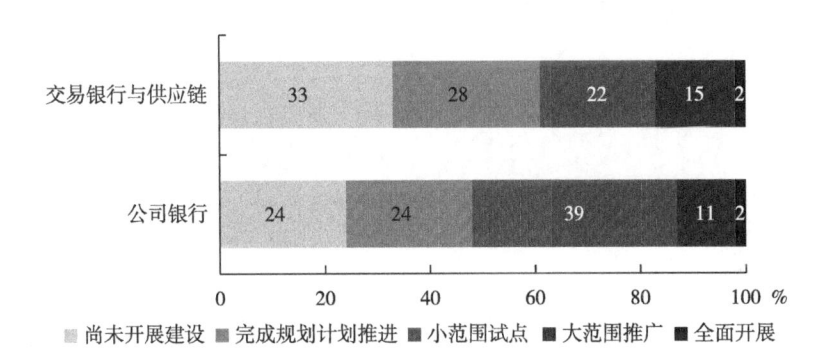

业务	尚未开展建设	完成规划计划推进	小范围试点	大范围推广	全面开展
交易银行与供应链	33	28	22	15	2
公司银行	24	24	39	11	2

图3-9　区域性银行对公业务数字化转型进度

（数据来源：毕马威中国和腾讯云项目组调研报告）

当前我国区域性银行数字化转型开始起步，并逐步将数字化转型纳入全行战略规划，数字化能力建设逐步加速，在三大业务模块领域数字化转型仍以零售业务为主。总体来看，尽管开展数字化转型已经成为大多数区域性银行的普遍共识，但由于其自身实力、资金和科技人才的规模都相对较小，其数字化转型进程仍相对落后于大型银行。区域性银行针对数字化转型中的资金投入，无论总规模还是占营业收入比重，相较于大型银行仍存在一定差距。例如，大型

银行数字化转型与货币政策传导有效性

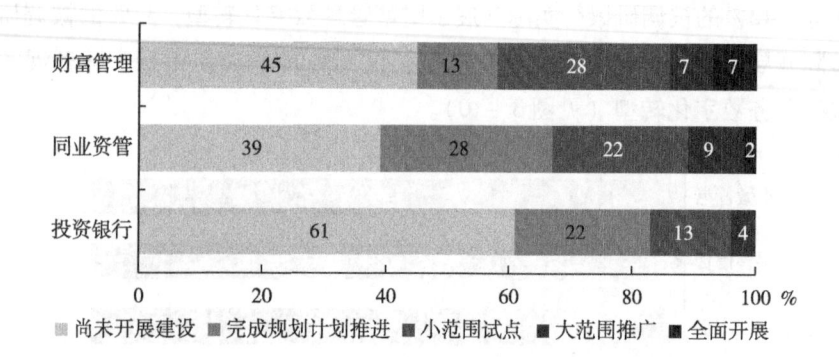

业务	尚未开展建设	完成规划计划推进	小范围试点	大范围推广	全面开展
财富管理	45	13	28	7	7
同业资管	39	28	22	9	2
投资银行	61	22	13	4	

图 3-10 区域性银行金融市场业务数字化转型进度
（数据来源：毕马威中国和腾讯云项目组调研报告）

银行金融科技投入占营业收入的平均比重为 3%，而被调研的区域性银行投入占比不足 3%，低于大型银行平均水平。但是被调研的区域性银行中有 90% 表示，在未来 3 年内将持续加大数字化转型的资金投入，预计其年平均增长率将达到 21%，以提高其数字化转型能力。

第四章　我国银行数字化转型的测度、评估与挑战

目前银行数字化转型的相关研究,以理论分析和案例探讨居多,但涉及其指标评价体系构建与评估的量化研究相对较少。因此,分析当前银行数字化转型程度,构建数字化转型指标体系,对于科学、准确、定量地刻画银行数字化转型程度,以及为其提供测量参考工具具有重要意义。同时,我国银行数字化转型开展得如火如荼,越来越多的银行投入数字化转型浪潮中,在取得不错成绩的同时,数字化发展也已进入革新的"深水区",但是一些阻碍因素和问题挑战开始显现,因此,分析国内银行数字化转型面临的问题与挑战具有重要的现实意义。

首先,本章探讨了银行数字化转型进程的传统测度方法,并引入了文本分析方法和量化分析方法,以实现对银行数字化转型进程的准确测度。本章选取国内 165 家商业银行在 2011 年至 2021 年的相关数据,构建了银行数字化转型指标体系。

该指标评价体系引入了大数据搜集、文本分析、Python 分词等技术,构建数字化关键词词频词库。同时,本章利用数据量化分析方法,结合之前论述的银行数字化转型的发展模式、措施方向和差异化进程,基于战略认知、组织架构、数字化产品、数字化技术和数字创新能力维度构建 5 项一级指标和 15 项二级指标。针对相关指标采取无量纲化处理,本章使用熵值法计算分项指标指数权重,继而计算分项指标和总体指标得分,从而实现客观、全面、准确刻画国内商业银行数字化转型程度,同时展现其发展趋势与变化特征。

其次,本章利用数字化转型指标体系下分项指标和总体指标的得分,开展多维度分析,比较各类银行数字化转型的差异化进程。一是时间维度分析表明,平均综合指数得分反映出我国银行数字化转型始终保持逐年增长态势,目

标银行对应年报的关键词词库词频反映出其数字化转型变化趋势。二是分项指标维度分析表明，国内银行的战略认知、组织架构和数字化技术指数总体呈现出持续增长态势；数字化产品指数前期处于快速增长，在 2018 年之后进入平稳增长阶段；数字创新能力指数则在 2017 年之后进入快速增长阶段。三是银行类型维度分析表明，国有大型商业银行、股份制商业银行、城商行和农商行四类银行均加快了数字化转型进程；国有大型商业银行借助自身规模、技术和研发人员等优势，在五类分项指标和总体指标均始终处于第一梯队，引领国内银行数字化主导方向；股份制商业银行有效调整了组织架构，加大金融科技和研发人员投入，在一定程度上缩小了与国有大型商业银行的差距；城商行和农商行目前在数字化转型领域已取得长足进步，但受到科技人才短缺、组织架构敏捷化转型不到位、数字化技术薄弱等因素的制约，相较于国有大型商业银行和股份制商业银行仍有一定差距。

最后，本章结合前文的银行数字化转型的发展过程、措施方向和差异化进程，参考构建的数字化转型指标体系和指标得分多维度分析，分析了当前国内银行数字化转型面临的主要问题与挑战。本章认为，当前数字化复合型人才短缺，管理体制和组织架构敏捷化转型不到位，数据资产使用率低和数据治理能力不足，数字化技术基础亟待提升，数字生态圈和场景建设能力有待提升，展业模式转型和风险管理能力有待提高，已经成为未来我国银行数字化转型面临的主要问题和挑战，特别是以城商行和农商行为代表的区域性银行，上述问题显著阻碍了其数字化转型进程。

一、我国银行数字化转型测度

（一）商业银行数字化转型测度方法

1. 数字化转型进程的传统测度方法

银行数字化转型是一个全面的系统化过程，准确测度该进程具有较大难度，目前已经得以应用的数字化转型测度方法主要包括案例分析、问卷调查和量化统计测度三种。

一是案例分析法，主要通过开展对相关商业银行的案例分析，从而对其数字化转型进程开展全面比较和系统化总结。案例分析法的优势在于，能够深入挖掘数字化转型的各类具体要素，从而实现对其数字化转型进程影响作用机制的全面评估；其缺点是普适性较弱，往往是个别案例的分析，同时其分析结果也具有较强的主观性。

二是问卷调查法，主要通过调查表格和数据填充来描述数字化转型进程。问卷调查法的优势在于，能够深入开展数字化转型的细节刻画，在一定程度上提升了转型的数据集成能力，实现对转型技术水平和数字化应用范围的测度；其缺点在于数据样本容量较小，相关科目指标的制定和填充具有主观性，且无法实现追踪研究和动态分析。

三是量化统计测度法，运用文本资料和档案数据，通过银行年报和业绩发布报告等公开文本资源，抓取数字化和转型等相关信息，打造数字化关键词词库，筛选得到一系列关键词组，继而统计银行年报文本中相关关键词的提及频率。在此基础上，本章构建数字信息化系统等指标，用于分析、研究和测度银行数字化转型进程。量化统计测度法的优势在于，能够较为客观地刻画数字化转型行为，但无法达到量化分析目标，缺乏指标体系下分项指标的权重计算，不能实现分项指标对整体综合指数的影响程度分析。

2. 文本分析法和量化分析测度法的引入

银行数字化转型属于系统性变革过程，不仅运用了多种数字化技术，还涉及战略认知、组织架构、数字化产品与数字化技术的深度融合。本章在之前传统测度方法的基础上，引入了文本分析法和量化分析测度法，以实现对数字化转型进程的准确测度。

一方面，相较于量化统计测度法，文本分析法具有更强的时效性和客观性。本章将文本分析法引入商业银行微观主体的分析，针对战略认知、组织架构、数字化产品、数字化技术和数字创新能力这五大分项指标，运用大数据搜集、Python 分词、爬虫抓取、人工识别等技术，识别数字化和转型等相关关键词，并对关键词在年报、业绩报告等文本中出现的频率进行有效统计，从而搭建银行数字化转型关键词词库，统计相关词频，为分项指标指数的量化计算奠定基础。

另一方面，相较于传统测度，量化分析测度法推动了银行数字化转型进程研究，从定向分析上升至定量测度的高度。熵的概念最早以信息熵引入信息理论，目前已经在经济学和管理学领域得到广泛应用，熵值（Entropy Method）是通过信息熵指标大小变化，进而改变综合指标客观权重的对应值（Weight）。信息熵的指标越小，其对应指标变异性越高，对样本反馈的信息量越多，该信息熵指标在综合指标的权重也就越高；与之相反，信息熵指标越大，在综合指标中所占的权重也就越低。本章选择熵值法（Entropy Method）作为量化分析测度方法，将熵值法引入银行数字化转型进程的测度，实现了对战略认知、组织架构、数字化产品、数字化技术和数字创新能力五大维度分项指标的指数权重计算，继而实现对指标评价体系的总指数计算和整体测度。同时，熵值法基于指标权重可以科学判断分项指标的离散程度，以有效评估该分项指标对于综合指数的影响程度。

（二）我国银行数字化转型指标体系

本章通过梳理银行数字化转型的理论研究和测度方法，结合我国银行数字化转型的发展模式、措施方向和差异化进程，选取国内165家商业银行在2011—2021年的相关数据，不仅引入大数据搜集、文本分析、Python分词、爬虫抓取等技术，构建银行数字化关键词词频词库，而且将熵值法引入银行数字化转型分项指标的指数权重计算，最终基于战略认知、组织架构、数字化产品、数字化技术和数字创新能力五大维度，构建银行数字化转型的指标评价体系，以实现科学、准确、定量地刻画银行数字化转型程度的目标。同时，本章展现了国内银行数字化转型的趋势和特征，为银行数字化转型提供测量工具，也为进一步分析国内银行数字化转型的问题与挑战提供参考依据。

我国银行数字化转型的发展模式和措施方向的研究表明，国内银行主要从战略定位、组织架构、资金和人才投入、技术支撑、数据系统、链接能力和风险防控能力等多方面入手，采取多项措施推动业务重构和探索数字化产品创新服务，继而推动银行数字化转型。本章结合上述分析，基于分项指标的全面性和数据可得性，选取了战略认知、组织架构、数字化产品、数字化技术和数字创新能力五大维度作为分项指标。其中，战略认知和组织架构是银行推动数字化战略的基础，数字化产品和数字化技术是实施数字化转型的保障，数字创新能力则促进了数字化技术和数字化产品发展迭代，也进一步强化了数字化战略思维。可见，上述五个维度能够形成相互促进的统一整体，本章也将基于这五大维度，全面、客观、准确地衡量国内银行数字化转型的进程和发展趋势。

1. 战略认知维度

当前国内大部分商业银行都将数字化转型提升至战略认知的新高度，在战略层面普遍重视数字化转型对其自身发展的重塑力，从顶层设计入手推动针对传统业务、经营模式和管理方法的深度变革。战略认知维度体现了商业银行对数字化转型的战略重视程度，本章也将战略认知纳入数字化转型指标体系的一级指标。

为了更好地反映战略认知维度，本章将该一级指标细分为数字化意识和数字化认知两项二级指标。针对数字化意识指标，本章面向国内 165 家目标银行，搜寻其官方网站和银行年报等公开文本资源，采用人工识别方法，分析目标银行有无数字化转型改革的表态，将有、无数字化转型改革表态的目标银行分别标注为 1 和 0，以此为依据构建数字化意识指标。

针对数字化认知指标，本章面向目标银行在 2011 年至 2021 年的年报、业绩报告等公开文本资源，搜寻"数字化转型""数字化战略、数字化改革"等关键词，统计上述关键词的提及频率，以此为依据构建数字化认知指标。虽然已有研究采用了统计量化测度下的关键词统计技术方式来测度数字化转型，但关键词选取方面存在主观意识较强、关键词数量较少、难以覆盖有效词组等问题。为此，本章引入了文本分析方法，通过文本收集、中文分词、人工识别筛选等方式，实现了对数字化认知指标关键词的客观构造，在相关关键词列表的基础上，面向年报正文和公开业绩报告使用 Python 分词，计数上述关键词在相应年度的提及次数和统计总词数，从而计算各目标银行对应年度下的数字化认知指标关键词提及频率，提及频率越高，说明目标银行对数字化认知的战略关注程度越高（见表 4-1）。

表 4-1　商业银行数字化转型测度下战略认知指标描述性统计

一级指标	二级指标	指标类型	指标测度方法	平均值	最小值	最大值
战略认知	数字化意识	分类变量	有数字化转型改革表态的标注为1，否则标注为0	0.23	0	1
	数字化认知	连续变量	对应年份下目标银行的年报、业绩报告等公开文本资源中，"数字化转型、数字化战略、数字化改革"等关键词搜寻统计的提及频率	4.17	0	72

数据来源：作者根据 165 家目标银行的官方网站和公司年报等整理。

2. 组织架构维度

随着数字化转型上升至战略发展的新高度，其要求商业银行需要提升面向各类金融服务需求的敏捷应对能力，打破各部门、各业务条线的组织边界，努力开展跨越多部门、跨越多条线的组织创新融合模式，继而要求打造能够与之发展相匹配的敏捷化组织架构。组织架构维度体现了商业银行向业务经营、金融科技和数据信息的三方联动方向发展，本章也将组织架构纳入数字化转型指标体系的一级指标。

在组织架构方面，本章关注商业银行组织架构在内部和外部的两种变化类型：在组织架构内部调整方面，如增设数字金融部和金融科技部等；在组织架构外部创新方面，如组建金融科技子公司等。为此，本章也将组织架构维度一级指标细分为数字金融部门和金融科技子公司两项二级指标。针对上述两项分项指标，本章面向国内165家目标银行，搜寻其官方网站、公司年报和业绩公告等公开文本资源，采用人工识别方法，分析目标银行有无成立数字金融部门和金融科技子公司，将有、无成立数字金融部门和金融科技子公司，分别标注为1和0，以此为依据构建二级指标（见表4-2）。

表4-2　商业银行数字化转型测度下组织架构指标描述性统计

一级指标	二级指标	指标类型	指标测度方法	平均值	最小值	最大值
组织架构	数字金融部门	分类变量	有数字金融部门的标注为1，否则标注为0	0.19	0	1
	金融科技子公司	分类变量	有金融科技子公司的标注为1，否则标注为0	0.03	0	1

数据来源：根据作者165家目标银行的官方网站、公司年报和业绩公告等整理。

3. 数字化产品维度

数字经济时代下客户对银行金融产品的需求，呈现网络化、自主化和个性化特征，更加关注产品和服务对日常生活场景的融入性，从而倒逼银行主动开展金融产品与服务的数字化创新，形成以客户为中心的产品创新发展路径。数字化产品维度体现了商业银行积极探索产品的数字化创新服务，强化产品创新迭代，不断提升客户体验和金融产品交互功能，以满足客户多元化需求，本章也将数字化产品纳入数字化转型指标体系的一级指标。同时，为了更好地反映数字化产品指标，本章将该一级指标细分为产品创新数量和产品覆盖业务类型两项二级指标,从而分别从数量和类型两个维度来准确刻画数字化产品指标(见表4-3)。

表4-3　商业银行数字化转型测度下数字化产品指标描述性统计

一级指标	二级指标	指标类型	指标测度方法	平均值	最小值	最大值
数字化产品	产品创新数量	离散变量	文本收集定位和人工识别、筛选统计165家目标银行在对应年份下的各类APP数量	3.18	0	56
	产品覆盖业务类型	离散变量	面向目标银行对应年度的各类APP按照业务类型进行科学分类	1.21	0	5

数据来源:七麦数据智能分析平台和Wind数据库等。

一是针对数量维度的产品创新数量指标,基于数字化渠道,利用七麦数据智能分析平台和Wind数据库,引入文本分析方法,通过文本收集定位和人工识别筛选等方式,面向165家目标银行的APP,统计上述银行在对应年度下推出的,包括手机银行、微信银行、互联网理财、数字货币、互联网信贷、数字供应链、电子商务、政采贷、生活缴费、政务服务等在内的各类APP数量,以实现对目标银行数字化产品和业务模块的客观准确描述。产品创新数量越多,代表目标银行数字化创新产品越多。二是针对类型维度的产品覆盖业务类型指标,本章在产品创新数量指标的基础上,面向目标银行对应年度的各类APP,按照业务类型进行科学分类分组,形成数字化产品覆盖业务类型的准确刻画,以体现近年来国内银行的数字化产品创新由数量到质量的提升。

4. 数字化技术维度

数字化技术能力不仅是商业银行有效整合金融资源、科技能力和信息数据,实现线上云化、多元化、服务化和数字化中后台的重要保障,也是银行加强各项业务条线多元化场景创新,打造数字化生态体系,推动各项业务条线数字化转型的重要保证。数字化技术维度体现了商业银行提供差异化金融产品和个性化金融服务的能力,为银行前端前台的敏捷创新和产品迭代提供技术支撑,是银行实现数字化转型的重要基础,本章也将数字化技术纳入数字化转型指标体系的一级指标。同时,为了更好地反映数字化技术指标,本章将该一级指标细分为数字化、智能化、区块链、云计算、互联网和信息系统六项二级指标,用于详细刻画数字化技术指标。

针对上述六项二级指标，本章引入了文本分析方法，面向目标银行在2011年至2021年的年报、业绩报告等公开文本资源，通过文本收集、中文分词、人工识别筛选等方式，实现了对数字化技术下六项二级指标的相关关键词词组的客观构造（见表4-4）。

表4-4 数字化技术指标下六项二级指标的相关关键词构造

类别	关键词	关键词数
数字化	数字化产品、数字化场景、数字化风控、数字化服务、数字化管理、数字化获客、数字化零售、数字化模式、数字化渠道、数字化生态、数字化信贷、数字化业务、数字化营销、数字化应用、数字化运营、数字化中台、数字证书、数字银行、数字经营、数字风控、数字赋能、数字渠道、数字中台、数字营销、数字画像、数字信用卡、大数据、数据管理、数据化、数据挖掘、数据中心	31
智能化	智能化、人工智能、机器学习、神经网络、深度学习、机器人、人脸识别、生物识别、声纹识别、模式识别、影像识别、刷脸支付、虚拟现实、知识图谱、智慧存款、智慧柜台、智慧金融、智能风控、自然语言处理、智能投顾	20
区块链	区块链、分布式账本、供应链、数据加密、数字货币、区块链应用、区块链平台、区块链技术、区块链项目、区块链金融、区块链资产、区块链创新、区块链产品、区块链业务、区块链服务、区块链贸易、区块链跨境、区块链合作、区块链交易	19
云计算	分布式架构、分布式存储、分布式计算、分布式数据库、金融云、私有云、可信计算、虚拟化、云端、云服务、云架构、云系统、云IT、云平台、云生态	15
互联网	互联网平台、互联网金融、物联网、电子金融、电子渠道、电子商务、网络化、网络银行、网上支付、网银、在线支付、互联网存管、互联网贷款、互联网反欺诈、互联网服务、互联网个贷、互联网获客、互联网技术、互联网监测、互联网交易、互联网经营、互联网科技、互联网客户、互联网理财、互联网零售、互联网模式、互联网融资	27
信息系统	信息共享、信息管理、信息科技、信息平台、信息系统、信息中心、信息化办公、信息化工程、信息化管理、信息化管控、信息化架构、信息化建设、信息化平台、信息化系统、信息化项目、信息化银行、信息化应用、信息化支持、信息化支撑、数字化平台、数字化系统	21

资料来源：作者自制。

在相关关键词列表的基础上，本章面向年报正文和公开业绩报告使用 Python 分词，搜寻统计上述关键词在相应年度的提及次数和统计总词数，从而计算各目标银行对应年度下的"数字化""智能化""区块链""云计算""互联网""信息系统"相关关键词提及频率，以此为依据构建数字化技术指标（见表 4-5）。相关关键词提及频率越高，反映目标银行对数字化技术的运用程度越高。

表 4-5　商业银行数字化转型测度下数字化技术指标描述性统计

一级指标	二级指标	指标类型	指标测度方法	平均值	最小值	最大值
数字化技术	数字化	连续变量	采用文本收集定位、Python 分词和人工识别筛选，统计目标银行年报在对应年份下的数字化的相关关键词词频	4.98	0	51
	智能化	连续变量	统计目标银行年报在对应年份下的智能化的相关关键词词频	5.18	0	93
	区块链	连续变量	统计目标银行年报在对应年份下的区块链的相关关键词词频	0.26	0	8
	云计算	连续变量	统计目标银行年报在对应年份下的云计算的相关关键词词频	0.33	0	8
	互联网	连续变量	统计目标银行年报在对应年份下的互联网的相关关键词词频	9.75	0	106
	信息系统	连续变量	统计目标银行年报在对应年份下的信息系统的相关关键词词频	17.24	0	68

数据来源：165 家目标银行的公司年报和业绩公告等。

5. 数字创新能力维度

商业银行借助数字化转型和数字化技术，通过自主研发，以及与专业技术平台服务商开展深度合作等方式，提升了自身的金融产品和服务的创新能力，也创新了业务模式的线上化和数字化，彻底改变了银行的研发创新方向。数字创新能力维度体现了银行的创新投入和产出，是银行实现数字化转型的内在动力之一，本章也将数字创新能力纳入数字化转型指标体系的一级指标（见表 4-6）。同时，为了更好地反映数字创新能力指标，本章将该一级指标细分为专利数量、软件著作权数量和研发人员数量三项二级指标，用于详细刻画数字创新能力指标。各目标银行对应年度下的专利、著作权和研发人员的数量数据,均来源于六棱镜数智科创服务平台。这三项二级指标对应的数量越大,表明目标银行的数字创新能力越强。

表4-6 商业银行数字化转型测度下数字创新能力指标描述性统计

一级指标	二级指标	指标类型	指标测度方法	最小值	最大值
数字创新能力	专利数量	连续变量	六棱镜数智平台统计	0	5265
	软件著作权数量	连续变量	六棱镜数智平台统计	0	565
	研发人员数量	连续变量	六棱镜数智平台统计	0	4333

数据来源:六棱镜数智科创服务平台。

注:由于之前年份缺乏商业银行关于专利数量、软件著作权数量和研发人员数量的数据,上述三项数据的统计近年来才出现,故此处只保留三项数据的最大值和最小值,不进行平均值的描述性统计。

(三)我国银行数字化转型指标体系指数计算

1. 数据来源

本章针对数字化转型指标体系所使用的数据,主要来源于各商业银行的官方网站、银行年报和业绩公告等公开渠道可获得的文本资源,以及 Wind 数据库、七麦数据智能分析平台和六棱镜数智科创服务平台等外部数据。为了保证数据真实性、可得性和及时性,本章选取 2011 年至 2021 年的时间区间,最终进入指标体系的国内目标银行共有 165 家,包括 6 家大型国有商业银行、12 家股份制商业银行、103 家城市商业银行、44 家农村商业银行。所有目标银行的总资产规模占国内商业银行总资产规模的比重,在选取的时间区间内均超过了 93% 以上,说明本章选取的目标银行具有较强的代表性。

2. 指标无量纲化处理

由于构建的指数体系共有五个维度,涉及数据类型较多,且不同数据具有不同的单位和量纲,必须进行各类指标的无量纲化处理,以便实现指标间对比融合和指数化计算。结合指标数据特征,本章采用线性功效函数法,对指标数据进行无量纲处理。针对指标数据阈值的考量,如果各类指标的上限、下限均基于每年指标的变化情况而定,会导致不同年份之间各目标银行的指标比较基准发生变化,无法实现指标结果的纵向比较。因此,为了同时实现各目标银行数字化转型水平的横向比较和纵向比较,本章使用如下的指标转换式(4-1)进行处理。

$$x_{i,j,k,t}^* = \frac{x_{i,j,k,t} - x_{j,k,2011}^l}{x_{j,k,2011}^h - x_{j,k,2011}^l} \qquad (4-1)$$

其中，$x_{i,j,k,t}$ 表示 t 期 i 银行在 j 维度的 k 指标上的值，$x_{i,j,k,t}^*$ 表示无量纲化后的对应值。在各年指标的计算中，下限 $x_{j,k,2011}^l$ 及上限 $x_{j,k,2011}^h$ 均以 2011 年对应目标银行的固定值代入进行计算。下限 $x_{j,k,2011}^l$ 取 2011 年各目标银行 j 维度 k 指标数据实际值的最小值，上限 $x_{j,k,2011}^h$ 为 2011 年实际值的最大值。这样，在基准年 2011 年各目标银行的各指标的数值范围都将在 0 和 1 之间。$x_{j,k,2011}^h$ 取值越高，就说明该银行 2011 年在相应指标上表现得越好。对于 2011 年之后年份的数据，各银行的各维度指标数值有可能小于 0 或大于 1。

3. 熵值法下指标权重和指数综合得分计算

在经济学、信息论和管理学中，熵值是不确定性的一种测度方法。信息量越大，不确定性就越小，熵值越小；信息量越小，不确定性越大，熵值就越大。根据熵值的特征，可以用熵值来判断某个指标的离散程度，指标的离散程度越大，该指标对综合评价的影响，即权重越大，该熵值也就越小。在指标无量纲化处理的基础上，本章选取熵值法进行指标的权重计算，具体步骤如下：

（1）选取 n 个样本，共 m 个指标，则 x_{ij} 为第 i 个样本的第 j 个指标的数值（$i=1, 2, \cdots, n; j=1, 2, \cdots, m$）。

（2）指标的归一化处理以实现异质指标同质化：由于各项指标的计量单位并不统一，因此在用它们计算综合指标前，先要对它们进行标准化处理，即把指标的绝对值转化为相对值，从而解决各项不同质指标值的同质化问题。由于正向指标和负向指标数值代表的含义不同（正向指标数值越高越好，负向指标数值越低越好），因此，对于高低指标使用不同的算法进行数据标准化处理。其具体方法如下。

正向指标计算：

$$x'_{ij} = \frac{x_{ij} - \min\{x_{ij}, \cdots, x_{nj}\}}{\max\{x_{ij}, \cdots, x_{nj}\} - \min\{x_{ij}, \cdots, x_{nj}\}} \qquad (4-2)$$

负向指标计算：

$$x'_{ij} = \frac{\max\{x_{ij}, \cdots, x_{nj}\} - x_{ij}}{\max\{x_{ij}, \cdots, x_{nj}\} - \min\{x_{ij}, \cdots, x_{nj}\}} \qquad (4-3)$$

则 x'_{ij} 为第 i 个样本的第 j 个指标的数值（$i=1, 2, \cdots, n; j=1, 2, \cdots,$

m)。为了方便起见,归一化后的数据仍记为 x_{ij};

(3) 计算第 j 项指标下第 i 个样本占该指标的比重:

$$p_{ij} = \frac{x_{ij}}{\sum_{i=1}^{n} x_{ij}}, i = 1, \cdots, n; j = 1, \cdots, m \quad (4-4)$$

(4) 计算第 j 项指标的熵值:

$$e_j = -k \sum_{i=1}^{n} p_{ij} \ln(p_{ij}) \quad (4-5)$$

其中,$k = 1/\ln(n) > 0$,满足 $e_j \geq 0$;

(5) 计算信息熵冗余度:

$$d_j = 1 - e_j \quad (4-6)$$

(6) 计算各项指标的权值:

$$w_j = \frac{d_j}{\sum_{j=1}^{m} d_j} \quad (4-7)$$

(7) 计算银行数字化转型的综合得分:本章引入加权平均合成方法,通过自下而上逐级加权平均,从而对分项指数和总指数开展计算,通过各指标的加权求和,可以得到战略认知、组织架构、数字化产品、数字化技术和数字创新能力五大维度的数字化转型分项指数,继而再加总计算得到目标银行在对应年度下的数字化转型综合得分(见表4-8)。

$$s_i = \sum_{j=1}^{m} w_j \cdot p_{ij} \quad (4-8)$$

表4-7　　商业银行数字化转型指标体系权重(熵值法)

一级指标	一级指标权重	二级指标	二级指标权重
战略认知	0.384	数字化意识	0.820
		数字化认知	0.180
组织架构	0.363	数字金融部门	0.663
		金融科技子公司	0.337
数字化产品	0.116	产品创新数量	0.329
		产品覆盖业务类型	0.671

续表

一级指标	一级指标权重	二级指标	二级指标权重
数字化技术	0.099	数字化	0.201
		智能化	0.154
		区块链	0.175
		云计算	0.167
		互联网	0.159
		信息系统	0.144
数字创新能力	0.038	专利数量	0.246
		软件著作权数量	0.520
		研发人员数量	0.234

二、我国银行数字化转型评估

本章引入文本分析法和量化分析熵值法，根据所构建的银行数字化转型指标体系，计算得出五项一级指标指数和数字化转型综合指数得分，在此基础上开展商业银行数字化转型的多维度分析，从时间、商业银行类型和分项指标维度入手，阐述了数字化转型的积极效果，比较数字化转型的差异化进程。

（一）时间维度

如图4-1所示，我国商业银行数字化转型的年度平均综合指数得分，始终保持逐年增长态势。从增长幅度来看，年度平均综合指数得分从2011年的0.118增长至2021年的0.576，总体增幅达到388.13%；2020年平均综合指数得分的同比增幅最大，达到28.24%；2012年平均综合指数得分的同比增幅最小，不过依然达到7.59%。

从变化趋势来看，我国商业银行的数字化转型可以划分为三个阶段：2011年至2013年属于起步探索阶段，国内银行业数字化转型整体水平较低，平均增长速度较慢；2014年至2017年属于稳步发展阶段，国内银行业数字化转型进入稳定发展阶段，数字化转型开始加速，这也与余额宝诞生、互联网金融等金融科技的加速发展密切相关；2018年至2021年进入快速发展阶段，国内商业银行的线上化开发基本完成，线上渠道基本实现全行业覆盖，在数字金融时

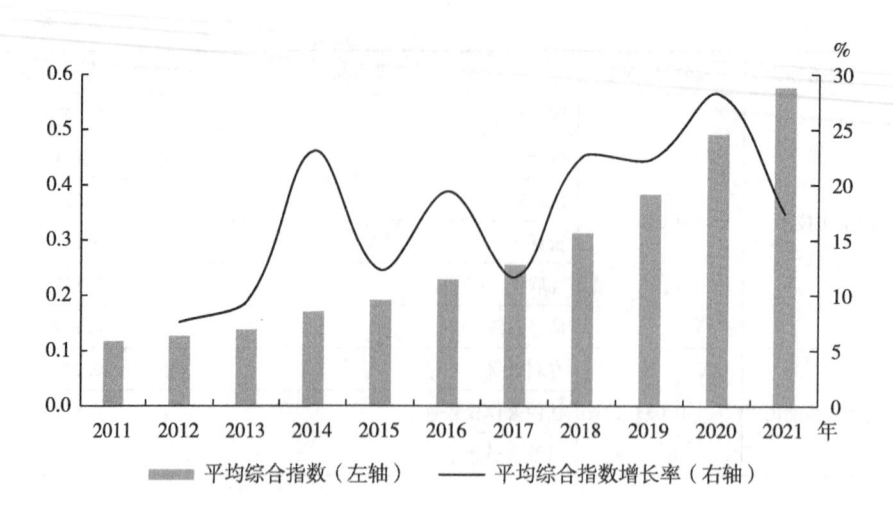

图 4-1 我国商业银行数字化转型的年度平均综合指数及增长率

(数据来源：作者计算)

代下国内银行数字化转型增速出现大幅增长。

本章利用 Python 分词技术，从目标银行相应年报的数字技术关键词的提及频率中，也可以发现商业银行数字化转型的变化趋势：在起步探索阶段，目标银行年报中提及最多的数字技术关键词为电子银行、网上支付、网上银行、智能网点等，表明该阶段国内商业银行数字化转型仍处于电子化时代；在稳步发展阶段，随着互联网金融的兴起，互联网金融、互联网交易、互联网平台、互联网融资、互联网科技等成为高频的关键词，标志着国内银行数字化转型进入线上化阶段；在快速发展阶段，随着数字化发展下金融科技运用日益成熟，大数据、区块链、人工智能、云计算、数字赋能等关键词出现的频次显著提升，标志着商业银行数字化转型进入了金融科技阶段。提及频率变化趋势也从侧面反映了商业银行数字化转型的变化趋势，与近年来国内数字化金融科技在我国的发展情况保持一致。

（二）银行类型维度

本章构建的商业银行数字化转型指标体系一共包含165家目标银行，分为国有大型商业银行、股份制商业银行、城市商业银行和农村商业银行四大类。本章利用指标体系内数据，选取2011年和2021年，计算四类商业银行分别在期初年份和期末年份的数字化转型年度平均综合指数得分,通过横向和纵向对比,更好地分析不同类型商业银行的差异化数字化转型进程(见图4-2)。

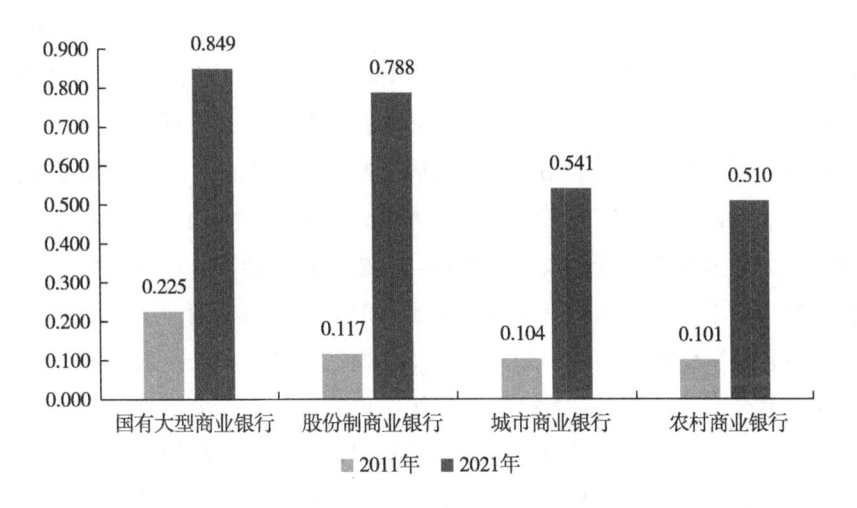

图4-2 我国银行数字化转型的银行类型维度分析

(数据来源:作者计算)

从横向对比来看,2011年国有大型商业银行、股份制商业银行、城市商业银行和农村商业银行的年度平均综合指数得分分别为0.225、0.117、0.104和0.101,国有商业银行在数字化转型程度上显著高于其他三类银行,股份制商业银行转型程度处于中间水平,城市商业银行和农村商业银行转型水平则较为接近;后三类银行的数字化转型程度,相较于处于领先地位的国有大型商业银行具有较大差距。而在2021年,国有大型商业银行、股份制商业银行、城市商业银行和农村商业银行的年度平均综合指数得分,分别为0.849、0.788、0.541和0.510,国有大型商业银行在数字化转型程度上仍然领先于其他三类银行,股份制商业银行数字化转型程度依然处于中间水平,城市商业银行和农村商业银行数字化转型水平仍较为接近;后三类银行的数字化转型程度,相较于处于领先地位的国有大型商业银行仍有差距,但是2021年城市商业银行和农村商业银行数字化转型水平与国有大型商业银行的差距有所扩大,而股份制商业银行近年来的数字化转型进程显著加快,与国有大型商业银行的差距明显缩小。

从纵向对比来看，2021年国有大型商业银行、股份制商业银行、城市商业银行和农村商业银行的年度平均综合指数得分，相较于2011年均出现明显增长，表明四类银行均加快了自身的数字化转型进程。从增长幅度来看，国有大型商业银行的增长幅度最小，增幅为277.3%；其次为城市商业银行和农村商业银行，增长幅度为420.2%和405.0%；增幅最大的是股份制商业银行，增幅达到573.5%。近年来，国有大型商业银行借助自身的规模优势、技术优势和研发人员优势，借鉴国际大行的成功经验，始终处于数字化转型第一梯队，引领着国内银行数字化转型的主导方向；股份制商业银行有效调整了组织架构，加大了金融科技和研发人员的投入，极大地推动了其自身的数字化转型进程，并显著缩小了其与国有大型商业银行的差距；城市商业银行和农村商业银行目前在数字化转型领域，相较于起步阶段已经取得了长足的进步，但是受到数字化复合型人才短缺、管理体制和组织架构敏捷化转型不到位、数字化技术基础薄弱、数字生态场景建设能力不足等因素的制约，相较于国有大型商业银行和股份制商业银行的数字化转型程度仍有一定差距。

（三）分项指标维度

本章分析了我国商业银行数字化转型下战略认知、组织架构、数字化产品、数字化技术和数字创新能力五大层面的年度平均指数得分，以此对比不同指标维度下银行数字化转型进程。

1. 战略认知

从图4-3来看，国内银行数字化转型的战略认知指数得分[①]，从2012年的0.128持续增长至2021年的0.701，整体呈现增长态势。从增长幅度来看，2020年国内银行战略认知指数得分的同比增幅最大，达到38.95%；2017年战略认知指数得分的同比增幅最小，不过依然达到了10.04%。从变化趋势来看，战略认知指数在2012年至2017年属于平稳增长阶段，在2018年至2021年属于快速增长阶段，表明国内银行对于数字化转型的战略认知和重视程度持续提升，强化数字化转型对银行自身发展的重塑力，从顶层设计入手推动针对传统业务、经营模式和管理方法的深度变革。

---

① 2012年的战略认知维度得分为0.128，相较于2011年的0.223出现了下降。

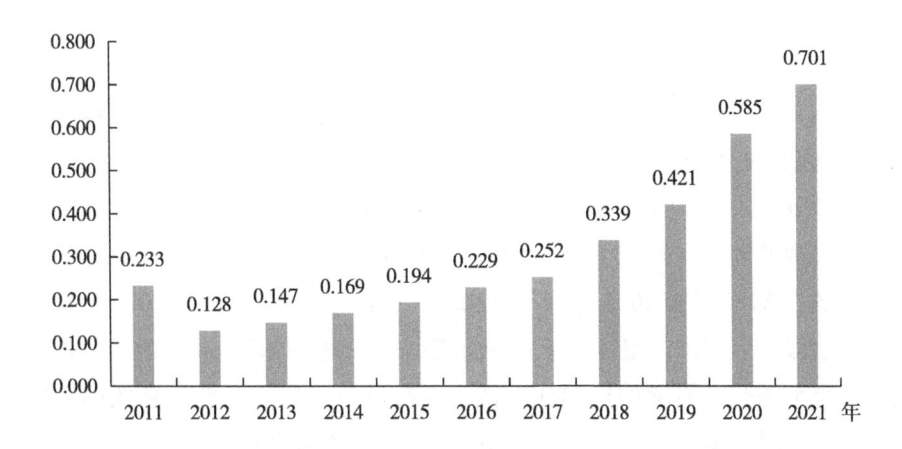

图 4-3 我国商业银行数字化转型下战略认知维度年度平均指数

（数据来源：作者计算）

针对战略认知下的银行类型维度分析，从图 4-4 可以发现，从横向对比来看，国有大型商业银行对于战略认知的重视程度显著高于其他三类银行，股份制商业银行对于数字化转型的重视程度处于中间水平，城市商业银行和农村商业银行与前两类银行相比仍有一定差距，这在一定程度上阻碍了国内区域性商业银行的数字化转型进程。从纵向对比来看，近年来四类商业银行对于数字化转型的重视程度持续显著提升，国有大型商业银行对于数字化转型的重视程度处于领先地位，后三类银行与之相比仍有差距，其中股份制商业银行与国有

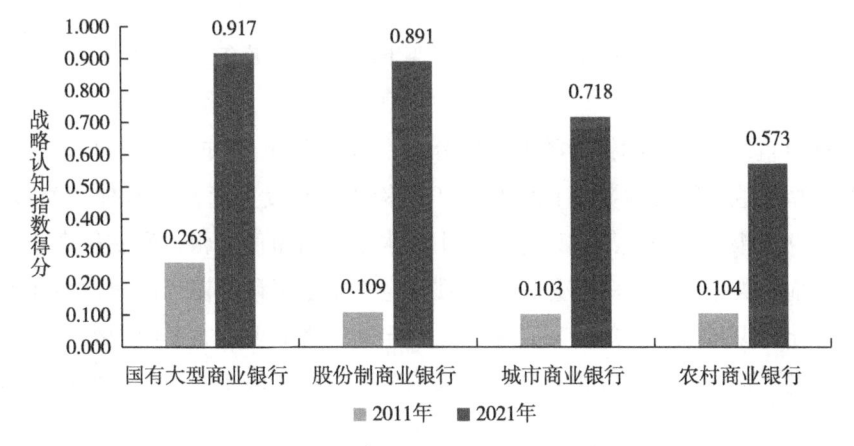

图 4-4 战略认知维度下的银行类型维度分析

（数据来源：作者计算）

大型商业银行的差距明显缩小。

2. 组织架构

从图4-5来看，国内银行数字化转型的组织架构指数得分[①]从2012年的0.100持续增长至2021年的0.523，整体呈现增长态势。从增长幅度来看，2020年国内银行组织架构指数得分的同比增幅最大，达到37.86%；2015年组织架构指数的同比增幅最小，不过依然达到了8.8%。从变化趋势来看，组织架构指数在2012年至2015年属于平稳增长阶段，在2016年至2021年属于快速增长阶段，表明国内银行对于数字化转型的组织架构改造持续发力，以提升面向各类金融服务需求的敏捷应对能力，打破各部门、各业务条线的组织边界，努力开展跨越多部门、跨越多条线的组织创新融合模式。

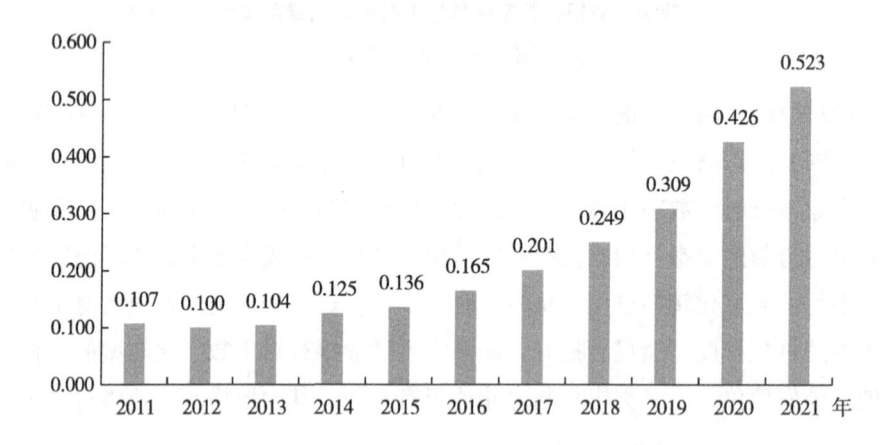

图4-5 我国商业银行数字化转型下组织结构维度年度平均指数
（数据来源：作者计算）

针对组织架构下的银行类型维度分析，由图4-6可知，从横向对比来看，国有大型商业银行针对数字化转型组织架构改革程度显著高于其他三类银行，股份制商业银行的组织架构改造处于中间水平，城市商业银行和农村商业银行相对于前两类银行仍有一定差距，这在一定程度上阻碍了国内区域性商业银行的数字化转型进程。从纵向对比来看，近年来四类商业银行的组织架构改造进程都有显著提升，后三类银行的组织架构改造力度相较于处于领先地位的国有

---

① 2012年的组织结构维度得分为0.100，相较于2011年的0.107出现了下降。

大型商业银行仍有差距，其中股份制商业银行与国有大型商业银行的差距明显缩小。

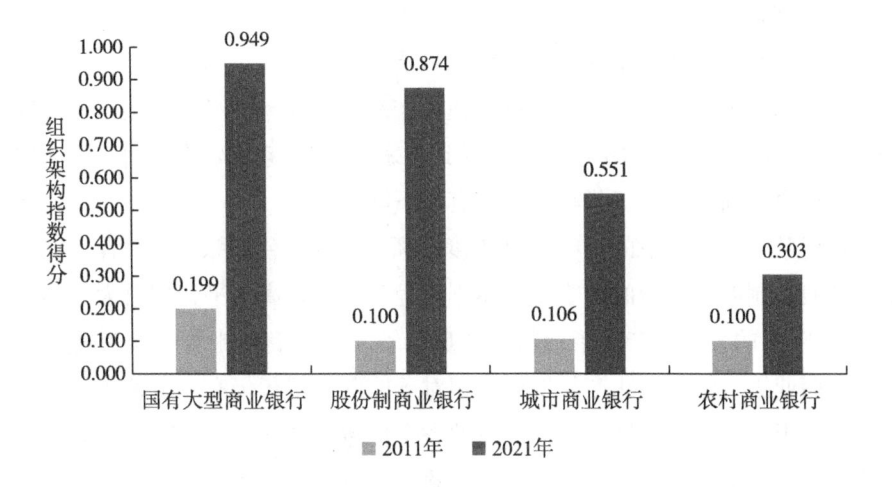

图4-6 组织架构维度下的银行类型维度分析

（数据来源：作者计算）

3. 数字化产品

从图4-7来看，国内银行数字化转型的数字化产品指数得分从2011年的0.121持续增长至2021年的0.342，整体呈现增长态势。从增长幅度来看，2014年国内银行数字化产品指数得分的同比增幅最大，达到32.14%；2021年数字化产品指数得分的同比增幅最小，只有0.29%。从变化趋势来看，数字

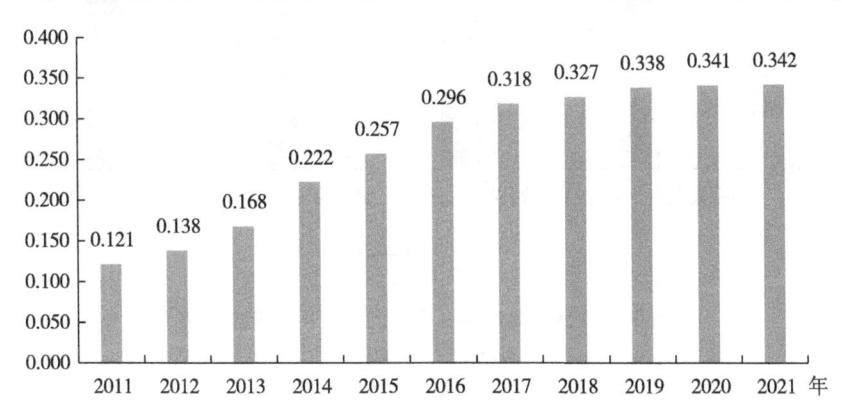

图4-7 我国商业银行数字化转型下数字化产品维度年度平均指数

（数据来源：作者计算）

化产品指数在 2011 年至 2017 年属于快速增长阶段，在 2018 年至 2021 年属于平稳增长阶段。这表明，国内商业银行积极打造符合网络化、自主化、场景化和个性化特征的数字化产品，形成以客户为中心的产品创新发展路径。不过近年来，数字化产品指数增速有所放缓，可能原因包括：一是国内银行创新的数字化产品基本覆盖了各种业务类型，使得产品覆盖业务类型的二级指标反映的增速出现下降；二是 2018 年以后，受到技术革新速度下降的影响，国内银行数字化产品创新数量二级指标的增幅有所下降。

针对数字化产品下的银行类型维度分析，如图 4-8 所示，国有大型商业银行和股份制商业银行的数字化产品创新程度处于较高水平，国有大型商业银行在 2021 年的数字化产品指标得分还反超了股份制商业银行；城市商业银行和农村商业银行的数字化产品推广，相对于前两类银行仍有一定差距，这在一定程度上阻碍了国内区域性商业银行的数字化转型进程。近年来四类商业银行的数字化产品推广都有显著提升，城市商业银行和农村商业银行的数字化产品创新力度相较于国有大型商业银行和股份制商业银行仍有差距，其中农村商业银行近年来的数字化产品推广力度还超过了城市商业银行。

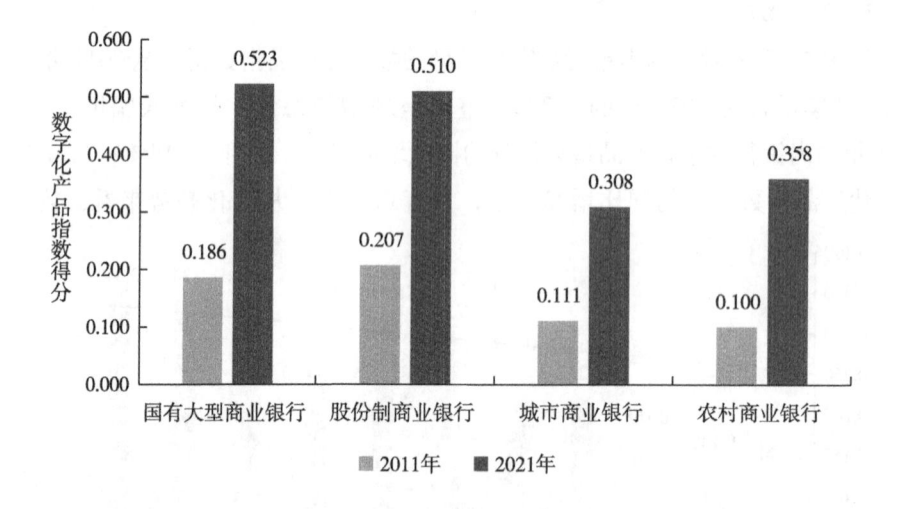

图 4-8 数字化产品维度下的银行类型维度分析

（数据来源：作者计算）

4. 数字化技术

从图4-9来看，国内银行数字化转型的数字化技术指数得分从2011年的0.119持续增长至2021年的0.241，整体呈现增长态势。从增长幅度来看，2015年国内银行数字化技术指数得分的同比增幅最大，达到9.66%；2016年数字化技术指数的同比增幅最小，不过依然达到了3.77%。从变化趋势来看，数字化技术指数在2011年至2021年始终呈现平稳增长趋势，表明国内银行始终高度重视数字化技术在数字化转型过程中能够发挥的积极作用，这不仅有助于国内银行有效整合金融资源、科技能力和信息数据，提升线上云化、多元化、服务化和数字化能力，而且也为银行前端前台的敏捷创新和产品迭代提供强力的技术支撑。

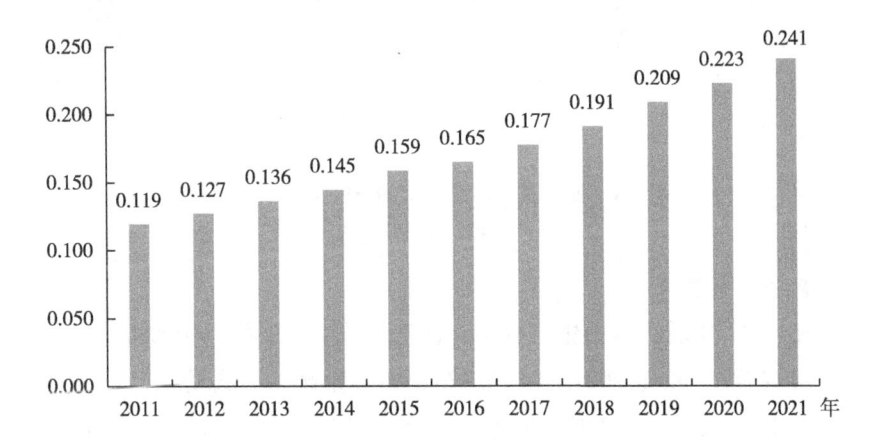

图4-9 我国商业银行数字化转型下数字化技术维度年度平均指数

（数据来源：作者计算）

针对数字化技术下的银行类型维度分析，由图4-10可知，从横向对比来看，国有大型商业银行的数字化技术能力显著高于其他三类银行，股份制商业银行的数字化技术运用处于中间水平，城市商业银行和农村商业银行相对于前两类银行仍有较大差距；四类银行的数字化技术得分变化趋势与数字化转型总体得分趋势也最为接近，表明数字化技术水平和应用能力上的差距，是造成四类银行在数字化进程中的差异化进程的重要因素之一；拥有全面数字化技术的国有大型商业银行，其数字化转型表现也最好，数字化技术相对落后的银行，其数字化转型进程也相对落后。从纵向对比来看，近年来四类商业银行的数字化技术能力都有提升,但是后三类银行的数字化技术能力相较于处于领先地位的国有大型商业银行仍有差距,特别是城市商业银行和农村商业银行的数字化技术提升速度相对较慢,阻碍了自身的数字化转型进程。

银行类型	2011年	2021年
国有大型商业银行	0.140	0.547
股份制商业银行	0.134	0.425
城市商业银行	0.115	0.221
农村商业银行	0.112	0.181

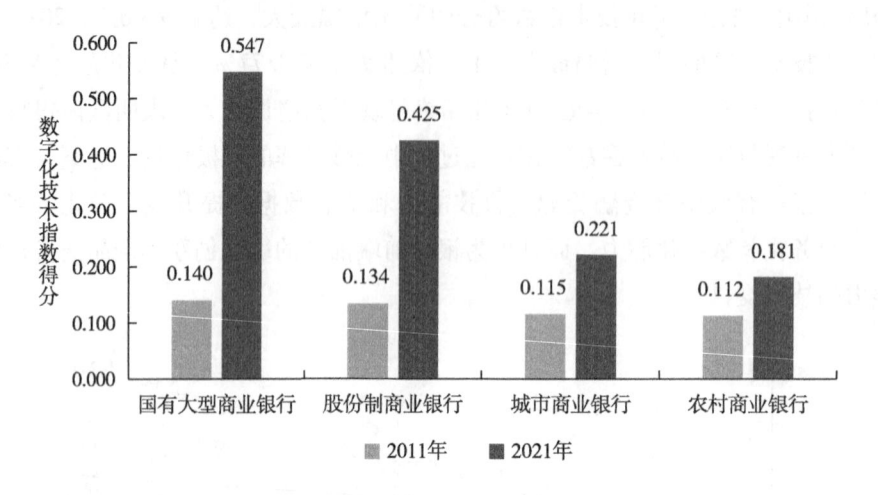

图 4-10　数字化技术维度下的银行类型维度分析

(数据来源:作者计算)

5. 数字创新能力

从图 4-11 来看,国内银行数字化转型的数字创新能力指数得分,从 2011 年的 0.100 持续增长至 2021 年的 0.123,整体呈现增长态势。从增长幅度来看,2021 年国内银行数字创新能力指数得分的同比增幅最大,达到 7.89%;2015 年该指数得分的同比增幅最小。从变化趋势来看,数字创新能力指数在 2011—2016 年属于平稳增长阶段,而在 2017—2021 年属于快速增长阶段。这表明,2017 年以来,国内商业银行数字创新投入力度持续加大,专利数量、软件著作权数量和研发人员数量均出现显著增长,特别是股份制商业银行和城市商业银行,其数字创新能力维度下的二级指标增长幅度尤为明显。

针对数字创新能力下的银行类型维度分析,从图 4-12 可以发现,国有大型商业银行的数字创新能力显著高于其他三类银行,股份制商业银行、城市商业银行和农村商业银行与前者具有较大差距;数字创新能力上的差距,是造成四类银行在数字化进程中的差异化进程的重要因素之一;拥有较强数字创新能力的国有大型商业银行,其数字化转型表现也更好;数字创新能力相对落后的

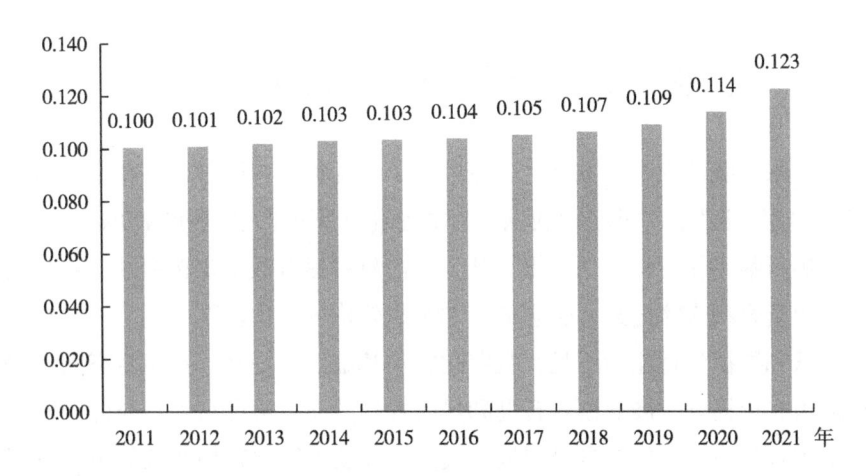

图 4-11　我国商业银行数字化转型下数字创新能力维度年度平均指数
（数据来源：作者计算）

银行，其数字化转型进程也相对落后。近年来，国有大型商业银行的数字创新能力显著提升，但是后三类银行受到研发人员数量较少等因素的制约，其数字创新能力的提升力度较小，相较于国有大型商业银行仍有较大差距，特别是城市商业银行和农村商业银行，数字创新能力的不足显著阻碍了自身的数字化转型进程。

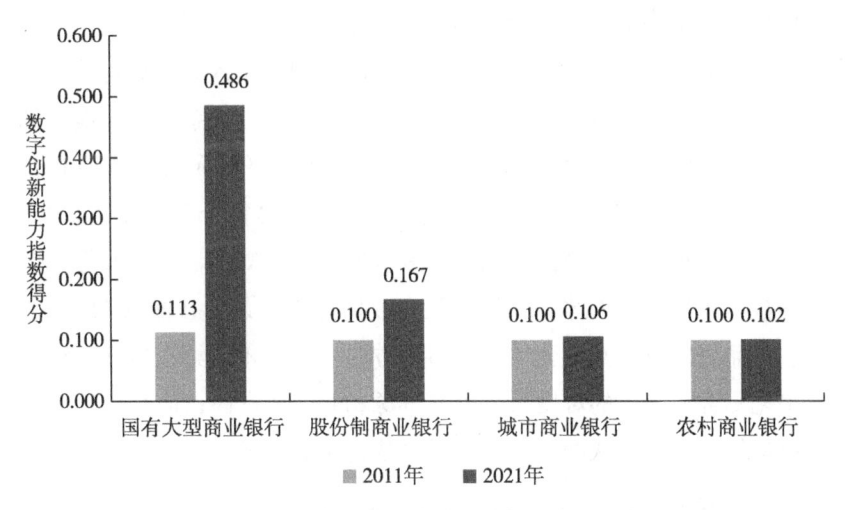

图 4-12　数字创新能力维度下的银行类型维度分析
（数据来源：作者计算）

三、我国银行数字化转型面临的挑战

近年来，我国银行业数字化转型取得了长足进步，同时数字化发展也进入革新的"深水区"，一些阻碍我国银行数字化转型的问题与挑战开始显现。本章根据银行数字化转型评估结果，认为当前阻碍银行数字化转型的主要挑战包括数字化复合型人才短缺、管理体制和组织架构敏捷化转型不到位、数据资产使用率低和数据治理能力不足、数字化技术基础亟待提升、数字生态圈和场景建设能力有待提升、展业模式转型和风险管理能力有待提高等。与此同时，考虑到我国各类商业银行的自身规模和实力，以及数字化转型所处的不同发展阶段，本章将商业银行划分为以国有大型商业银行和主要股份制商业银行为代表的大型银行，和以地方性银行和农商行为代表的区域性银行两大类，以此为基础分析两大类银行数字化转型面临的问题和挑战。

（一）数字化复合型人才短缺

未来银行成功转型的抓手是大数据挖掘整合、数字化产品、金融服务创新等，依赖与之相匹配的专业技术人才队伍，尤其是拥有金融知识基础、具备先进互联网思维、掌握大数据分析和金融科技能力的数字化复合型人才。尽管近年来，我国商业银行加大了对金融科技人才的招聘和引入，但银行传统员工结构中，具有数字化专业背景的人才占比本就不高，兼具数字化运营能力的则相对更少。同时，由于培养和储备数字化创新人才需要投入大量资源和较长时间，导致我国银行业整体面临金融科技人才，尤其是复合型人才短缺的问题。从人才需求结构视角看，当前我国银行紧缺兼具金融知识、业务操作和金融科技能力的数字化复合型人才，具体涉及大数据分析、人工智能（AI）、金融科技应用、产品研发以及数字化体验等多个方向。从人才供给视角看，银行自主培养数字化复合型人才的难度大，投入资源和时间成本高；而基于外部引进渠道，商业银行需要与互联网平台等金融科技公司展开激烈的竞争，面临数字化人才供给不足的难题。

一方面，结合之前章节构建的数字化转型指标体系，选取研发人员数量作为数字创新能力指标下的二级指标，从开展的银行类型的维度分析来看（见

图4-12），研发人员数量上的差距，是造成四类银行在数字化进程中的差异化进程的重要因素之一。拥有大量研发人员的国有大型商业银行，其数字创新能力指数得分从2011年的0.113大幅增长至2021年的0.486，其数字化转型表现最好；研发人员数量相对较少的股份制商业银行、城市商业银行和农村商业银行，其数字创新能力的提升力度较小，对应的数字创新指数得分从2011年到2021年分别仅增长了0.067、0.006和0.002；后三类银行相较于国有大型商业银行仍有较大差距，数字化复合型人才和创新能力的不足，显著阻碍了银行自身的数字化转型进程。

另一方面，针对大型银行而言，尽管近年来加大了科技人才的培养和投入，数字化人才数量出现显著提升。但从整体上看，无论是数据挖掘与整合、系统建模、组织和流程敏捷化，还是全生态场景拓展、平台运营、产品迭代等方面，我国大型银行目前都缺乏推动深度数字化转型的复合型人才。从长远来看，技术人才的知识背景、行事风格各有不同，人才积聚后如何有效配置和使用也较为关键，大型商业银行还需要形成一套完整的科技人才培养体系。

相较于大型商业银行，区域性银行整体规模和资金实力更小，其数字化复合型人才不足问题则表现得更为显著。毕马威中国和腾讯云项目组的调查研究显示[①]：在被调研的46家区域性银行中，超过70%的银行表示数字化复合型人才紧缺是制约其数字化革新的最主要阻碍（见图4-13）；其中38家银行表示缺少大数据分析和业务研发的数字化人才，26家银行表示技术架构人才紧缺，22家银行表示人工智能人才不足；尽管表示缺乏云技术、区块链、开发测试的技术人才的银行，分别只占被调研银行的30%、17%和13%，但这并不代表区域性银行在这些领域不缺乏数字化人才，而是因为部分区域性银行的数字化转型进展较慢，对上述新兴技术领域的人才需求并没有得到完全的释放（见图4-14）。

---

① 2021年，毕马威中国和腾讯云成立专门项目组，开展了针对我国区域性银行数字化转型调查研究，项目组对全国46家区域性银行进行了翔实的问卷调研，并对部分区域性银行展开了实地调研。

银行数字化转型与货币政策传导有效性

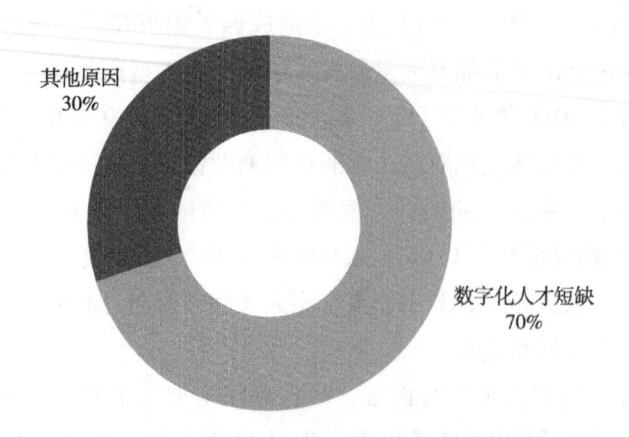

图 4-13 被调研区域性银行数字化转型最主要因素分析

（数据来源：毕马威中国和腾讯云项目组调查报告）

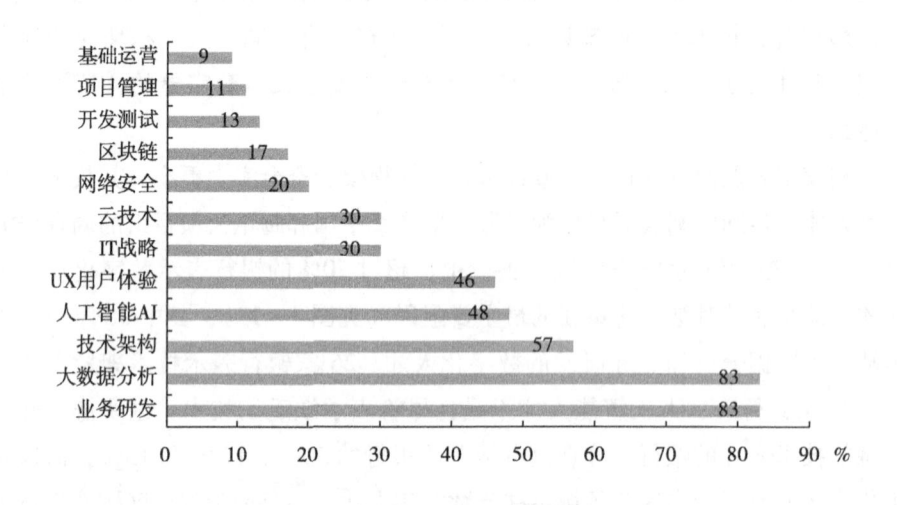

图 4-14 被调研区域性银行数字化人才短缺的相关领域

（数据来源：毕马威中国和腾讯云项目组调查报告）

（二）管理体制和组织架构敏捷化转型不到位

在我国银行实践过程中，尽管有较为成功的中信银行案例，努力推进面向全流程和全业务的领域制组织架构敏捷化转型，但我国大部分银行现存的管理体制和组织架构，其敏捷化转型程度不够，仍未达到数字化革新要求。

一是尽管当前大多数银行已经制定了较为明确系统的数字化转型战略，但其管理体制和经营理念仍不适应敏捷化转型要求。首先，部分银行对转型目标、原则、路径和措施缺乏统一认知，简单地将数字化转型定义为传统意义上的金融业务线上化，仅寄希望于金融科技公司等合作伙伴的客户引流行为，未结合自身优势挖掘数字经济下的市场机遇，实际转型效果有限。其次，部分银行仍然延续着同质化的管理经营理念，为了转型而转型盲目抄袭同行经验，战略目标不明确和盲目跟风等现象较为突出，导致数字化渗透率偏低和转型成果投产转化率不高，未形成结合自身特色的数字化革新路径，反而增加了自身经营风险。最后，部分商业银行的金融业务开展和IT科技建设不同步，业务部门与科技部门的数字化转型步伐脱节，难以有效衔接，造成数字化资源错配和浪费。

二是部分银行由于自身组织架构、工作协作模式、产品创新和考核激励机制的敏捷化转型程度仍不到位，不能满足数字化革新要求，导致转型战略具体实施落地难度增大。这类问题主要表现如下：缺乏行之有效的整体规划，各部门实施执行经验欠缺、数字化转型不同步，各条线利益协调困难，资金和人才等资源配套不足，等等。可见，我国银行能否推动管理机制和组织架构敏捷化转型，继而有效落实金融科技战略规划仍有待观察。同时，相较于大型银行，区域性银行这一问题更加突出。毕马威中国和腾讯云项目组的调查研究显示：一方面，在被调研的46家区域性银行中，76%的银行表示缺乏推动业务、数据、技术等多部门高效协同的组织架构或工作融合机制（见图4-15）；另一方面，仅4%的银行大规模推广了敏捷型组织架构转型，56%的银行已完成规划并计划在下一阶段实施，20%的银行尚未开展该规划（见图4-16）。

三是结合之前章节构建的数字化转型指标体系，开展针对组织架构维度的银行类型维度分析（见图4-17）。近年来，四类商业银行的组织架构改造进程都有一定提升：国有大型商业银行和股份制商业银行的组织架构改革提升程度较大，显著高于后两类银行；城市商业银行和农村商业银行的组织架构提升力度较小，对应的数字创新能力指数得分从2011年到2021年，分别仅增长了0.445和0.203，相较于国有大型商业银行和股份制商业银行仍有较大差距，这在一定程度上阻碍了国内区域性商业银行的数字化转型进程。

具备多部门高效协同的
组织架构和工作融合机制
24%

缺乏多部门高效协同的
组织架构和工作融合机制
76%

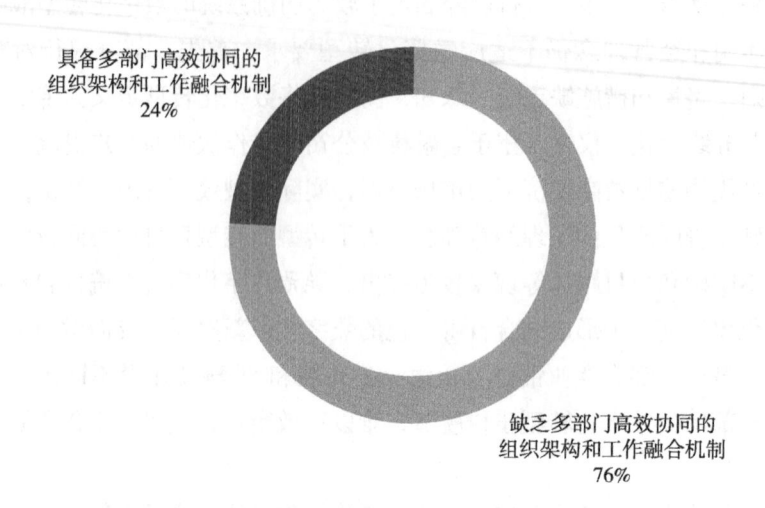

图 4-15 被调研区域性银行组织架构或工作融合机制分析

（数据来源：毕马威中国和腾讯云项目组调查报告）

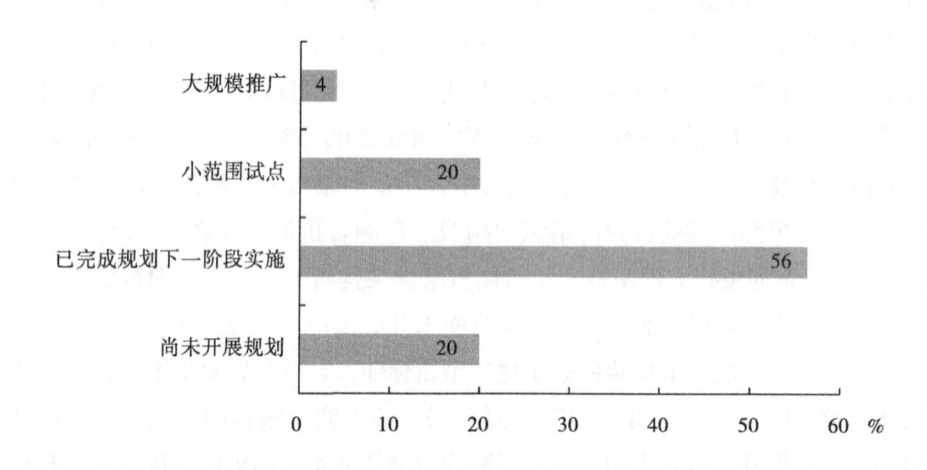

类别	百分比(%)
大规模推广	4
小范围试点	20
已完成规划下一阶段实施	56
尚未开展规划	20

图 4-16 被调研区域性银行敏捷型组织架构转型工作开展情况

（数据来源：毕马威中国和腾讯云项目组调查报告）

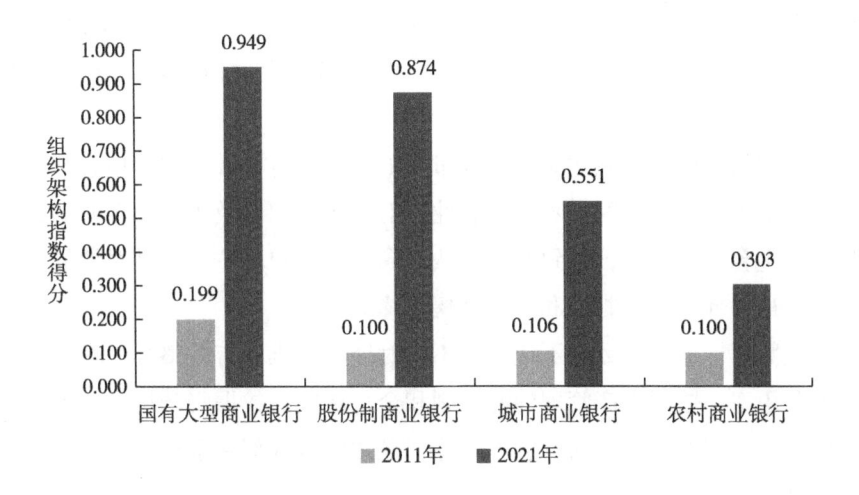

图 4-17 组织架构维度下的银行类型维度分析

(数据来源：作者计算)

(三) 数据资产使用率低和数据治理能力不足

在数字时代，海量数据是宝贵的数据资产和要素资源，而商业银行凭借着长期的业务经营累积，掌握了客户资金交易、资产负债、信用履约、金融产品和金融服务需求、财富管理，以及企业经营相关的海量数据。但由于以往对数据资源的重视程度不够，大数据分析和数字化技术人才储备不足，商业银行的多源异构数据容量较大，导致数据资源常年分散存储在前台网点和分支机构。数据资产缺乏有效管理，数据使用、治理和共享能力不足，成为商业银行推动进一步数字化转型的一大阻碍，主要表现在以下几个方面。

一是银行前台网点和分支机构搜集保存的客户信息和数据资源不完整、数据质量不高、未快速上传，内部沉睡数据较多；金融业务和数据管理部门的数字化复合型人才不足，数据挖掘技术不强，企业级整合力度欠缺；数据资源难提取和可视化程度较低，使得后台大数据和 IT 技术等部门未能充分分析和利用客户信息，最终导致数据断层、碎片化和数据孤岛现象严重（段永兴，2018）。

二是数据资源颗粒度细化程度和数据管理精细化程度不够，导致客户数据资源分析整合的整体利用率不高，未能充分利用立体化数据开展客户精准画像，未能充分应用于具体业务和各类生态场景，难以实现面向客户的精准化营销金融产品和金融服务，使得数据资产价值难以充分识别和高效利用。

三是银行未能充分利用金融科技带来的长尾效应，针对客户信息和数据资源的搜集更多倾向于大客户和大型企业，对长尾客户以及中、小企业的信息搜集和资源整合明显较少，导致银行无法面向长尾客户群体提供针对性的金融服务方案，最终导致客户黏性和市场规模下降。

四是数据标准不一致和不统一，不同时期数据难以有效整合，降低了各部门数据利用率，数据生产管理的部门制和全行层面的数据资产目录缺失，引发数据生产与使用部门之间的信息不对称，导致银行内部和银行同业之间的数据信息共享不充分。

五是新业态和新技术加剧商业银行的数据安全挑战，大部分银行数据安全保障能力不足，不仅缺乏基于后台数据的批量业务审核和风险控制模型，而且缺乏基于数据应用的反洗钱、反欺诈、打击虚假交易和虚假贸易的全场景的风险防范模型，亟待构建整体性数据安全框架（卫晓峰，2019）。

此外，相较于大型银行，区域性银行数据基础建设整体上仍处于起步阶段，数据资产使用率低和数据治理能力不足问题更加突出。毕马威中国和腾讯云项目组的调查研究显示：在被调研的 46 家区域性银行中，52% 的银行面临明显的数据基础薄弱问题（尚未开展数据搜集和平台化建设，或正在建设），显著缺乏数据分析、应用和治理能力。被调研银行中，已经完成数据搜集和平台化建设的银行占比达到 48%，但已经具备数据分析和挖掘能力的银行仅为 28%，完成数据中台建设的银行甚至只有 7%，具备数据治理能力的银行仅为 21%，而 57% 的银行正在建设和完善自身的数据治理能力，50% 的银行将数据中台建设提上日程，借此打通数据价值链条的"最后一公里"（见图 4 - 18）。

（四）数字化技术基础不强

当前我国银行数字化技术基础不强，集中体现在应用程序技术、数据处理能力、前沿技术探索和数字化技术合作等领域。

一是应用程序技术有待提升。当前客户对金融服务需求呈现自主化和个性化特征，不仅对比金融科技公司和网络平台的相关产品，而且聚焦产品和服务

数据搜集和平台化建设	15	37	48
数据分析和挖掘能力	20	52	28
数据中台	43	50	7
数据治理能力	22	57	21

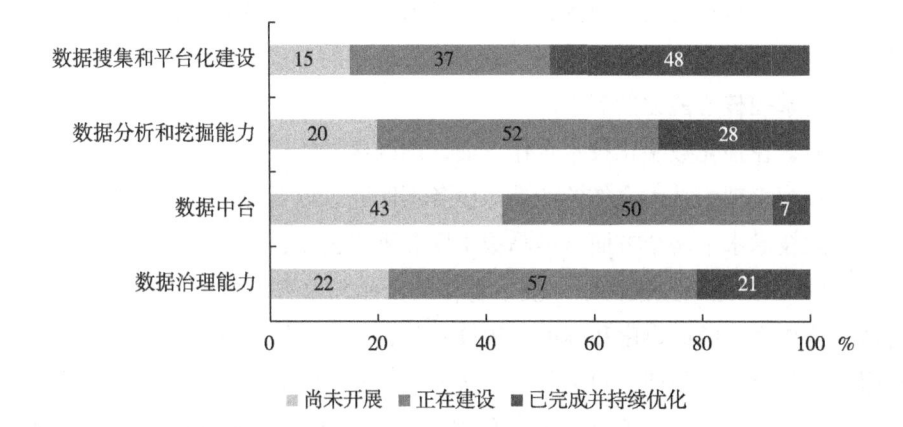

■ 尚未开展　■ 正在建设　■ 已完成并持续优化

图 4-18　被调研区域性银行数据搜集、分析和治理能力情况

（数据来源：毕马威中国和腾讯云项目组调查报告）

的个性化、趣味性和生活场景融入性。但当前我国银行的应用程序开发程度不足，许多手机应用程序的评分都明显低于金融科技公司和网络平台，移动端相关应用程序卡顿、断点，甚至页面设计不符合客户习惯等问题较为普遍，应用程序等金融服务在技术上的不足已经影响到用户体验。

二是数据处理技术有待提升。在数字化生态圈和全场景布局下，我国银行将会从外部得到大量多源异构数据，数据管理要求持续提高；同时内部沉睡数据较多，而多数国内银行的数据管理精细化程度不够，缺乏有效的企业级整合能力，共同导致数据要素价值无法充分发挥，亟待提升数据处理技术和能力（宋晓迪，2022）。

三是前沿技术探索和应用相对落后。当前我国多数银行在数字化前沿技术应用领域相较于国外领先银行依然处于学习状态和跟随位置，前沿技术短板削弱了金融科技在数字化转型中的应用成效，在数据和技术驱动业务发展新趋势下，前沿技术问题更加突出。对比摩根大通等领先大行，国内银行在大数据分析平台建设、人工智能技术提升、区块链和云计算技术应用等领域都存在不足。

四是数字化技术合作有待加强。当前国际领先大行纷纷加强与金融科技公司的深度技术合作，通过战略合作伙伴、外延收购、服务外包等各种手段深度融合互联网科技平台，将数字化技术快速引入应用到银行业务模式之中。但国内银行与金融科技公司的技术合作力度较低，技术架构的开放性、兼容性以及知识产权的共享均存在一定阻碍，双方技术合作的开放性不足，难以满足国内银行自主掌控核心能力的需求。

同时，在强化数字化技术合作方面，国内区域性银行相较于大型银行难度更大，集中表现为技术合作的产品与服务不匹配，以及外部合作不能提升银行自身金融技术水平两个方面。毕马威中国和腾讯云项目组的调查研究显示：在被调研的46家区域性银行中，技术合作的产品与服务不匹配方面，67%的银行认为合作产品的成熟度和标准化程度不足，50%的银行认为合作的金融产品和服务不符合客户预期，39%的银行认为合作方后续服务支持能力不够，33%的银行认为合作方需求理解与定制化服务能力存在不足（见图4-19）；外部合作不能提升银行自身金融技术水平方面，74%的银行认为外部合作技术架构的开放性和兼容性不足，67%的银行认为知识产权转移和共享不充分，30%的银行认为合作方技术水平先进性不高，26%的银行认为合作方技术产品绑定性过高（见图4-20）。

项目	百分比
合作方需求理解与定制化服务能力不足	33
合作方后续服务支持能力不够	39
合作的金融产品和服务不符合客户预期	50
合作产品的成熟度和标准化程度不足	67

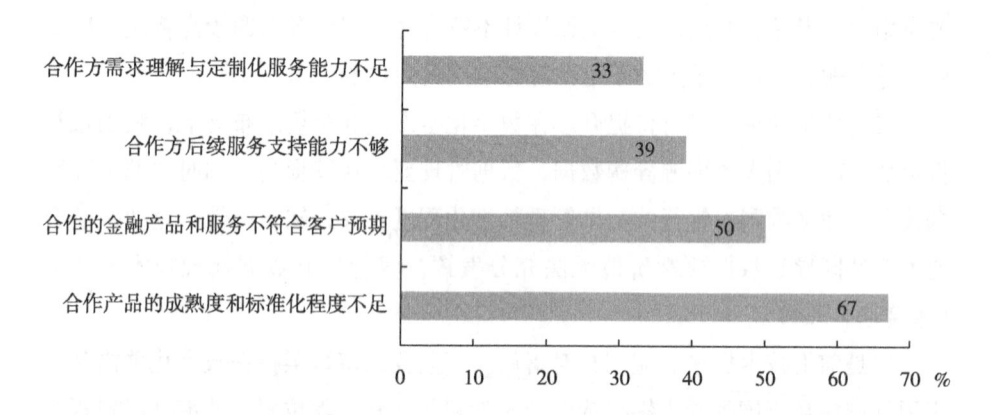

图4-19 被调研区域性银行技术合作的产品与服务不匹配情况分析

（数据来源：毕马威中国和腾讯云项目组调查报告）

结合之前章节构建的数字化转型指标体系，开展针对数字化技术维度的银行类型维度分析（见图4-21）：近年来四类商业银行的数字化技术水平均有一定程度的提升；国有大型商业银行和股份制商业银行的提升程度较大，显著快于后两类银行；城市商业银行和农村商业银行的数字化技术和运用能力提升

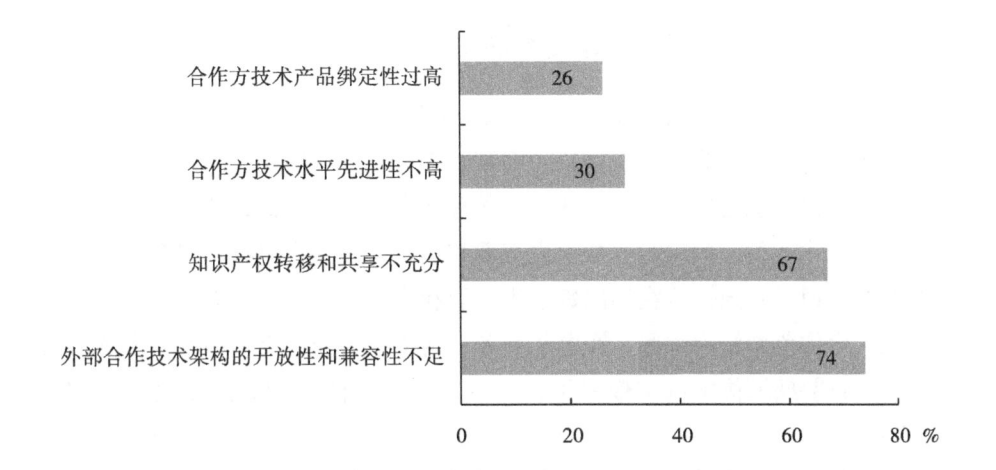

图 4-20 被调研区域性银行外部合作与提升自身金融技术水平分析

（数据来源：毕马威中国和腾讯云项目组调查报告）

合作方技术产品绑定性过高　26
合作方技术水平先进性不高　30
知识产权转移和共享不充分　67
外部合作技术架构的开放性和兼容性不足　74

较慢，对应的数字化技术指数得分从 2011 年到 2021 年分别仅增长了 0.106 和 0.069，相较于国有大型商业银行和股份制商业银行仍有较大差距，这在技术层面上阻碍了国内区域性银行的数字化转型进程。

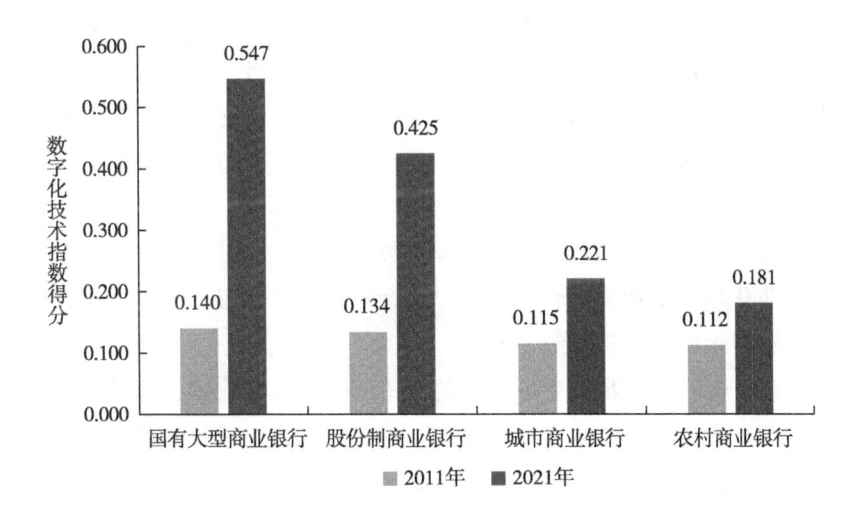

银行类型	2011年	2021年
国有大型商业银行	0.140	0.547
股份制商业银行	0.134	0.425
城市商业银行	0.115	0.221
农村商业银行	0.112	0.181

图 4-21 数字化技术维度下的银行类型维度分析

（数据来源：作者计算）

（五）数字生态圈和场景建设不完善

金融科技的快速发展得益于数字生态圈的构建，而金融科技公司的兴起，也得益于契合支付结算、消费信贷、财富管理等业务开展的金融生态场景。当前我国商业银行也已经突破了以往成立物理网点的链接模式，依托金融科技手段加速平台化转型，但银行业数字生态圈和场景建设能力仍有待提升。相较于金融科技公司，我国银行在构建数字生态圈和完善全场景建设能力方面处于后发地位，模仿色彩较为浓厚，在电子商务、网络平台和社交领域难以发挥自身优势，导致前期模仿实践的效果不佳，特别是区域性银行更是如此（孟娜娜等，2020）。

一是部分银行的手机银行、个人电子银行、企业网上银行等金融生态场景功能，日常应用仍聚焦转移、支付和结算等功能，对生活缴费等民生场景、办理缴纳等政务功能和对公电子银行交易业务的重视度不足、开发程度不够。

二是部分银行金融场景有待完善，在生活场景布局方面处于起步探索阶段，生态场景建设的设计、开发和运营仍以总部为主，亟待提升属地化落地效率和明确未来数字生态圈发展方向。

三是部分银行未能满足集成式金融服务需求，随着5G、二维码、生物识别等金融科技发展，客户行为越来越倾向于一站式服务和业务无缝衔接模式解决金融服务需求。这就要求银行未来更加重视提供系统化集成式金融服务，以客户数据信息为资源，构建数字生态圈，提供一站式、打包式服务。

四是部分银行与金融科技公司的外部合作效果不佳，金融科技公司为银行打造的金融产品和金融服务未能完全契合数字生态圈，其产品和服务的非标准化导致商业化场景应用程度较低，部分金融科技公司和银行共同合作开发的数字化产品和后续服务支持延续性不佳。

五是部分银行针对数字生态场景的商机部署、资源配置、建设能力、运营成效等方面，未能向着搭建B端企业、C端客户、P端互联网平台、G端政府和E端生态场景的数字化链接方向发展，未建立有效的考核评价管理机制，导致投入未达到预期产出的不利局面。

（六）展业模式转型和风险管理难度加大

一方面，展业模式转型速度较慢，是我国银行当前数字化转型过程中面临的一个显著问题。多年来，许多国内银行均采取自上而下的展业方式推进业务，即以"总行向分行向支行向网点"的方式向下传导。这种传导方式导致银行的业务部门，相较于 IT 技术部门，其对金融科技和数字技术的学习速度相对较慢，在应用业务领域和推动展业模式转型方面难度更大，从而导致对客户端的信息回流与需求反馈机制相对迟钝，使业务部门的产品设计和客户营销难以快速敏捷地反馈客户与市场需要。同时，在此展业模式背景下，业务部门更加注重硬件设施设备的改造和升级，而忽视了模块化设计、数字生态圈和场景化展业的转型工作，最终可能阻碍银行针对业务流程、产品服务模式和经营管理等方面的数字化转型进程。

  另一方面，数字化转型对我国银行风险管理能力提出了全新的挑战，银行面临的战略风险、信用风险和操作风险等都发生显著变化。一是在战略风险方面，国内银行面临数字经济时代的全新竞争形势，转向过去不熟悉的数字化业务模式和运营管理，但本身并不具备相应的风险管理能力，是其当前需要积极应对的最大的战略风险。二是在信用风险方面，国内银行利用大数据应用、数字化技术和场景建模等手段，提升了对客户的尽职调查和目标筛选的自动化和模型化程度，但也引发了"技术黑箱"问题，使输入数据和信用风险导出结果之间的决策逻辑和因果关系更加难以准确判断和定位（张晓燕等，2022）。同时，过度依赖第三方科技平台技术支持的导流与助贷，不仅弱化了银行自身信用风险管理能力，而且导致授信审查和风险控制等核心环节外包，容易造成信用风险外部积聚。三是在操作风险方面，当前国内银行在产品开发、技术运营和场景布局等领域，积极与金融科技公司和网络平台开展深度技术合作，双方合作已从简单外包延展至多层次和多类型的关联交互，容易导致外部操作风险直接传导至银行内部。同时，随着金融业务的线上化和开放化程度不断提升，网络安全风险敞口持续增加，数据管理与保护的操作风险难度也在加大。

中篇
银行数字化转型与货币政策传导：理论与实证

本书中篇共分为三章，分别探讨了金融科技以及银行数字化转型对货币政策传导效率的影响机制，并开展了银行数字化转型与货币政策传导有效性的理论分析与实证研究。

第五章　银行数字化转型对货币政策传导有效性的影响机制

首先，本章刻画了货币政策的工具和目标，以及货币政策的主要传导渠道。其中，货币政策工具包括常规性、选择性、补偿性和新型价格型四大类，货币政策目标包括操作目标、中介目标和最终目标，货币政策的主要传导渠道包括利率渠道、信贷渠道、资产价格渠道和汇率渠道，以及四种传导渠道下的货币政策传导机制。

其次，本章分析了金融科技对商业银行数字化转型的影响。金融科技的快速发展，打破了金融行业壁垒，变革了银行传统业务模式，通过客户群体、业务渗透和资产负债结构三种渠道，对商业银行经营管理模式产生了显著影响，形成了正向技术外溢效应和负向挤出效应，倒逼银行积极开展数字化转型。

再次，本章分析了金融科技对货币政策传导的影响机制，金融科技不仅对货币政策的目标和工具产生影响，而且对传导渠道和作用机制发挥作用。金融科技影响货币政策工具，削弱了法定存款准备金率、再贴现和再贷款的政策效应，提升了公开市场业务的政策效果，放大了利率工具的调节作用。金融科技影响货币政策中介目标，降低了货币供应量的可测性、可控性和相关性，但提高了利率的可测性、可控性和相关性。金融科技对货币政策传导渠道的影响，表现包括：金融科技基于银行信贷渠道，强化了银行调节自身资产负债结构的能力，弱化了企业对银行贷款融资渠道的依赖性，继而弱化了货币政策传导效果；金融科技基于利率传导渠道，提高了企业投资和商业银行对利率变化的敏感程度，强化了货币政策传导效果。

最后，本章基于利率、银行信贷、资产负债表和银行风险承担四种传导渠道，分别开展银行数字化转型对货币政策传导效率的影响机制研究。其中，基于利率渠道，银行开展数字化转型对货币政策传导产生正向影响，有助于提升货币政策传导效率。基于银行信贷、资产负债表和银行风险承担三种渠道,银行开展数字化转型对货币政策传导,会产生正向或负向的差异化影响。同时,本章还探讨了银行数字化转型,对数量型货币政策工具和价格型货币政策工具传导效果的差异化影响。对于数量型货币政策工具,银行数字化转型弱化了货币政策的利率渠道和银行信贷渠道。对于价格型货币政策工具,银行数字化转型强化了货币政策的利率传导渠道,但弱化了银行信贷传导渠道。

一、货币政策的工具、目标、传导渠道和传导路径

货币政策传导机制,是指中央银行通过调整货币政策,使宏观经济和金融体系达到预期目标的运行机制。在货币政策的传导过程中,中央银行运用各类传统型和新型货币政策工具,作用于货币政策中介目标和操作目标,并通过利率、信贷、资产价格和汇率四类货币政策传导渠道,实现经济增长、物价稳定、充分就业和国际收支平衡的货币政策最终目标。而在这一过程中,所有影响环节共同构成一个完整的货币政策传导机制。因此,一个完整的货币政策传导机制,包括货币政策目标体系、货币政策工具体系和货币政策传导渠道(见图 5-1)。货币政策传导机制与保持货币币值稳定,并以此促进经济的增长密切相关;同时,货币政策传导机制的有效性,对我国经济持续增长和金融体系稳定至关重要。

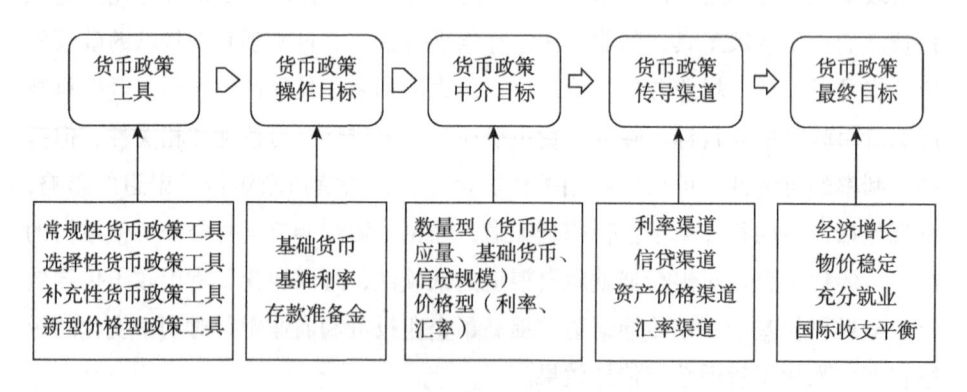

图 5-1 我国货币政策传导机制

(资料来源:作者整理)

（一）货币政策工具

货币政策工具是中央银行调整货币政策，以完成其最终目标的各种措施、手段和方法。根据调节职能和作用效果不同，具体可分为常规性货币政策工具、选择性货币政策工具、补偿性货币政策工具和新型价格型货币政策工具四大类。

常规性货币政策工具，也称为一般性或传统型货币政策工具。常规性货币政策工具是中央银行调节货币政策，实现对整个金融系统的货币信用扩张与紧缩产生全面性或一般性影响的手段，是最主要的货币政策工具。常规性货币政策工具包括存款准备金、再贴现和再贷款，以及公开市场操作三大类，都是从总量上对货币供应量和信贷规模进行调节，均属于数量型货币政策工具。

选择性货币政策工具，是指中央银行针对某些特殊经济领域或特定信贷行为，以某些商业银行的资产运用与负债经营活动为对象而采用的调节手段，侧重于对银行业务风险的控制。选择性货币政策工具一般包括消费者信用控制、证券市场信用控制、不动产信用控制、优惠利率和特种存款等，是对常规性货币政策工具的必要补充。

补充性货币政策工具，是指除常规性和选择性政策工具之外，中央银行对信用进行直接控制和间接控制的补充性工具。其中，信用直接控制补充工具是中央银行依法对商业银行创造信用的业务进行直接干预而采取的各种调节手段，包括信用分配、直接干预、流动性比率、利率限制、特种贷款等；信用间接控制补充工具是中央银行凭借其在金融体系中的特殊地位，通过与金融机构之间的磋商、宣传等，指导其信用活动，以控制信用，包括窗口指导、道义劝告等。

新型货币政策工具，主要指价格型货币政策工具。近年来，我国利率市场化改革取得显著成效，中央银行积极运用利率政策和利率走廊机制来控制市场利率和调整金融市场，以国债收益率曲线为基础的市场化利率体系正在加速形成，货币政策工具也开始从数量型货币政策工具向价格型货币政策工具转型（胡志鹏，2012）。在此过程中，中央银行逐步建立了新型价格型货币政策工具，以更好地构建利率调控体系和调节货币政策，主要包括常备借贷便利（SLF）、中期借贷便利（MLF）、补充抵押贷款（PSL）、短期流动性调节工具

(SLO) 等。以常备借贷便利（SLF）为例，SLF 是商业银行等金融机构根据自身的流动性需求，通过资产抵押的方式向中央银行申请授信额度的一种更加直接的定制化融资和结构化融资方式。该种货币政策工具具备的主要特点包括：一是主动性，金融机构可根据自身流动性需求主动申请发起常备借贷便利；二是针对性，金融机构与中央银行"一对一"进行针对性交易；三是交易对手覆盖面广，涵盖所有的存款性金融机构（楚尔鸣，2019）。

除上述四大类货币政策工具外，货币政策工具还包括利率政策和汇率政策。利率政策是根据货币政策实施的需要，适时地运用利率工具，对利率水平和利率结构进行调整，进而影响社会资金供求状况，实现货币政策的既定目标。而汇率政策则是通过汇率变动影响国际贸易，以实现国际收支平衡和人民币汇率双重波动等目标。

（二）货币政策目标

货币政策目标包括操作目标、中介目标和最终目标。

货币政策操作目标，是中央银行通过各类货币政策工具作用中介目标的手段：一是中央银行不能随时通过货币政策工具直接作用中介目标，有必要在政策工具和中介目标之间设置一些中间变量即操作目标，通过操作目标变量判断货币政策工具对中介目标的调节效果；二是由于货币政策最终目标不仅受到货币政策的影响，同时还会受到财政政策等非货币政策措施的影响，为了将货币政策与其他宏观经济政策的影响区分开来，需要在货币政策工具与中介目标之间设置一些能够及时准确反映货币政策操作力度和操作方向的中间变量，即操作目标。因此，货币政策的操作目标要与中介目标之间具有较强的相关性，中央银行能运用货币政策工具对操作目标进行控制，而且控制性要强于中介目标，通常被选用的操作目标为基础货币、基准利率和存款准备金总量。

中介目标直接影响货币政策对宏观经济的调控效果，中央银行主要通过货币政策调控宏观经济，但在进行货币政策调控时不能直接对最终目标进行调控，需要运用货币政策工具调整中介目标以实现调控最终目的。因此，中介目标选择应符合可测性、可控性与相关性要求：一是可测性要求，是指中央银行能够对中介目标进行及时准确测度，迅速准确获取中介目标的相关数据，继而利用反馈数据实现对最终目标的监测，中央银行还能对中介目标进行准确解析，进而作出相应判断和科学预测以确保中介目标传导渠道畅通；二是可控性要求，是指中央银行能够对中介目标进行准确有效的控制，货币政策在实施过程中经常受到很多外来因素的干扰，中央银行必须要对中介目标保持强有力的控制，才能保证货币政策的传导过程不受干扰和传导效果不被削弱；三是相关性要求，是指中介目标与最终目标之间必须存在紧密稳定的相关关系，如果中介目标与最终目标的相关性较弱，那么会导致货币政策传导的时滞长、精度差和效率低，中央银行运用政策工具控制中介目标，进而影响最终目标以实现货币政策调控的目的就难以实现，直接影响货币政策调控效果。

货币政策的中介目标可分为数量型和价格型两类。数量型中介目标包括货币供应量、基础货币和信贷规模等，价格型中介目标包括利率（短期和长期）、汇率等。此前中央银行一直将数量型的货币供应量作为中介目标，近年来伴随着经济持续增长和金融市场进一步完善，货币供应量作为中介目标的有效性有所下降。特别是我国推动利率市场化改革之后，中央银行开始运用利率政策和利率走廊机制来控制市场利率和调整金融市场，以国债收益率曲线为基础的市场化利率体系加速形成。同时，中央银行逐步引入各种价格型货币政策工具，构建利率调控体系以调节货币政策，这些都为以长短期利率作为中介目标的金融市场和政策框架创造了条件，可能推动货币政策中介目标由数量型指标向价格型指标转变。

货币政策的最终目标则是货币政策制定者所期望达到的货币政策最终实施结果，是中央银行制定和执行货币政策的依据。我国货币政策的最终目标涵盖物价稳定、充分就业、促进经济增长和平衡国际收支四个方面。

（三）货币政策的传导渠道与传导路径

货币政策对实体经济的影响力，取决于中央银行能否通过货币政策传导机制对最终目标的实现产生影响，在这一过程中，货币政策的传导渠道和传导路径显得尤为重要。我国货币政策传导主要有利率传导、信贷传导、资产价格传导和汇率传导四种渠道。

1. 利率传导渠道和传导路径

多年来，利率传导渠道被认为是最重要和最有效的货币政策传导渠道，重视利率在货币政策传导中的关键性作用,也是传统的凯恩斯主义学派关于货币政策理论的核心观点。凯恩斯主义学派认为:利率纯粹是一种货币现象,利率的变动受到货币供给和货币需求两方面共同作用,其中货币供给由中央银行决定,是外生变量;在货币政策传导过程中,利率是衔接货币市场和商品市场的核心。同时,凯恩斯指出货币政策的利率渠道传导存在流动性偏好、资本边际效率和投资乘数三个前提条件:首先,货币供应量变动打破原有货币供求的平衡关系,必然引发利率波动;其次,利率变动后引起投资规模的变化,投资规模变化的大小取决于资本边际效率,利率低于资本边际效率是人们扩大投资规模的前提;最后,投资规模变动后引起就业、产量和收入的变化,这个投资效果变化的大小主要取决于边际消费倾向,因为边际消费倾向决定投资乘数(张勇等,2015)。

利率渠道下货币政策的传导路径为,货币供应量 M 的变化直接影响利率 r 的变动,进而通过资本价格变动对投资 I 产生乘数作用,最终影响总支出 E 和总收入 Y。具体来说,当中央银行采取扩张性(紧缩性)货币政策时,货币供应量 M 的增加(减少)将会在一定程度上引发利率 r 的下降(上升),利率 r 的下降(上升)则通过作用资本的边际效率带动投资 I 上升(下降),在投资乘数效应作用下总支出 E 和总收入 Y 增加(减少),其传导路径如图 5-2 所示。

货币供应量M增加 ⇨ 利率r下降 ⇨ 投资I增加 ⇨ 总支出E增加 ⇨ 总收入Y增加

图 5-2　货币政策的利率传导路径

(资料来源:作者整理)

2. 信贷传导渠道和传导路径

新凯恩斯主义认为,传统凯恩斯主义提出的货币政策利率传导渠道要求资产持有者在货币与债券之间作出选择,这一理论存在着不足,为此,新凯恩斯主义提出了货币政策的信贷传导渠道。这是一个有关货币、债券和贷款三种资产组合的模型,债券和贷款之间不存在完全替代关系,更加侧重于货币与贷款之间的作用关系。不同于利率传导渠道,信贷传导渠道强调信贷传导有其独立性,根据传导渠道的不同,可分为银行信贷传导渠道、资产负债表传导渠道和银行风险承担渠道三类。

一是银行信贷传导渠道。银行贷款与其他金融资产并非完全替代，特定类型借款人的融资需求只能通过银行贷款渠道得到满足，从而促使货币政策的传导机制通过银行贷款的增减变化得到强化。银行信贷传导机制发挥作用需要两个前提条件：其一是中央银行利用存款准备金率等政策工具，可以控制银行贷款规模，而作为信贷资金供给方的商业银行无法通过资产负债结构的变化来冲抵货币政策的影响；其二是对于信贷资金需求方的企业而言，获取银行贷款和其他融资渠道具有不可替代性，即企业融资必须高度依赖银行信贷资源（何德旭等，2019）。

银行信贷传导路径具体表现如下：当中央银行采取扩张性（紧缩性）货币政策时，如公开市场操作购买债券等方式，货币供应量 M 的增加（减少），商业银行可用准备金 R 相应增加（减少），存款货币 D 的信用创造相应增加（减少），商业银行贷款供给 L 随之增加（减少），导致依赖银行贷款融资的特定借款人的投资 I 和消费 C 支出增加（减少），进而引起总收入 Y 上升（下降），其传导路径如图 5-3 所示。

货币供应量M增加 ⇨ 银行储备R增加 ⇨ 可贷资金L增加 ⇨ 投资I、消费C增加 ⇨ 总收入Y增加

图 5-3 货币政策的银行信贷传导路径

（资料来源：作者整理）

二是资产负债表传导渠道。货币政策对经济运行的影响可通过特定借款人授信能力的制约而得到强化，相较于银行信贷渠道侧重于银行的独特融资功能，资产负债表传导渠道更侧重于特定借款人资产负债表状况的变化。

资产负债表传导机制具体表现如下：货币供应量 M 的增加（减少），引发实际利率 r 减少（增加）；特定借款人的股票价格上升（下降）和债务利息成本下降（上升），其资产负债表状况出现改善（恶化），净现金流 NCF 增加（减少），可用借款担保品的价值上升（下降），诱发逆向选择和道德风险下降（上升）；商业银行贷款供给 L 随之增加（减少），导致依赖银行贷款融资的特定借款人的投资 I 和消费 C 支出增加（减少），进而引起总收入 Y 上升（下降）。其传导路径如图 5-4 所示。

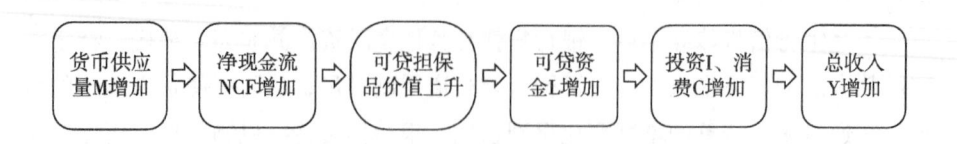

货币供应量M增加 → 净现金流NCF增加 → 可贷担保品价值上升 → 可贷资金L增加 → 投资I、消费C增加 → 总收入Y增加

图 5-4　货币政策的资产负债表传导路径
（资料来源：作者整理）

三是银行风险承担渠道。银行风险承担渠道产生于银行风险非中性前提，是指在货币政策传导过程中，银行风险承担行为会在目前的金融体系和金融监管体系中扩大风险敞口，银行的风险承担水平与其信贷投放能力呈现显著正相关关系。存在多种因素，影响银行风险承担渠道的货币政策传导效应：如银行风险承担水平与银行治理水平呈现显著的负相关关系，国有大型商业银行的治理所引起的风险承担比股份制商业银行高；宏观经济环境恶化或政策不确定性上升，将会导致银行收缩信贷供给规模，并且会提高信贷供给集中度和中长期贷款占比；银行承担风险与银行规模的关系实际呈"U"形；银行的资产规模越小、资本比例越低、流动性越差，其承担的风险越高，对货币政策立场的变化越敏感；支付结算系统崩溃、资产价格或金融衍生品价格大幅波动、银行挤兑均会放大银行过度风险承担的后果。

在宽松货币政策下，银行风险偏好水平的提高主要受到"类金融加速器"机制以及利益搜寻效应的影响。"类金融加速器"机制，指低利率环境和宽松货币政策提高了借款者的资产净值，并使其预期违约率下降，进而提升银行的风险容忍度与风险承担水平；相反，在高利率和紧缩货币政策下，银行的风险容忍度与风险承担水平出现下降。利益搜寻效应，指无风险利率下降，导致银行目标收益率与实际市场利率之间存在差距，致使银行被迫提高风险容忍度并积极搜寻更高风险的资产以实现目标收益。货币政策传导机制下的银行风险承担渠道，其两个主要传导环节具体表现为：宽松货币政策将会提高银行风险偏好水平和风险承担能力，且商业银行的风险偏好的提升致使银行产生更强的信贷反馈；紧缩货币政策将会降低银行风险偏好水平和风险承担能力，且商业银行的风险偏好的降低致使银行信贷投放规模下降。其传导路径如图 5-5 所示。

货币供应量M增加（宽松货币政策）→ 借款者资产净值上升，预期违约率下降 → 银行风险偏好上升，风险承担水平提高 → 银行的信贷投放规模上升 → 投资I增加 → 总产出Y增加

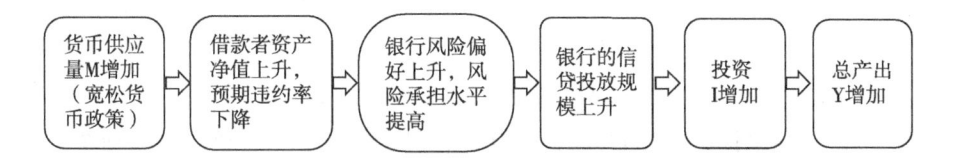

图 5-5　货币政策的银行风险承担传导路径

（资料来源：作者整理）

3. 资产价格传导渠道和传导路径

资产价格传导渠道也称非货币资产价格传导渠道，是对利率传导渠道的扩展，主要是通过资产结构调整效应和财富变动效应起作用的，最具影响力的两种传导渠道分别由托宾的 Q 理论和莫迪利安尼的生命周期理论引申而来。

托宾 Q 理论指出货币政策，通过股票价格路径影响投资 I 支出。托宾将 Q 定义为企业市场价值与其资本重置成本的比率，继而反映企业投资意愿 I：Q 很大表示企业市场价值远高于其资本重置成本，即相对于企业市场价值，新增厂房和设备投资成本较低，企业可通过发行股票获得价格相对低廉的投资品从而增加投资 I，带动总产出 Y 增加；Q 很小则表示企业市场价值远低于其资本重置成本，企业不会通过发行股票新增厂房和设备投资，投资 I 下降。因此，托宾 Q 传导机制具体表现为：当中央银行实行扩张性（紧缩性）货币政策时，货币供应量 M 增加（下降）导致利率 r 下降（上升），股票与债券的相对收益上升（下降），经由公众的资产结构调整效应最终促使股价上升（下降），托宾 Q 值相对上升（下降），带动企业的投资 I 支出增加（减少），从而刺激生产 Y 增长（下降）。其传导路径如图 5-6 所示。

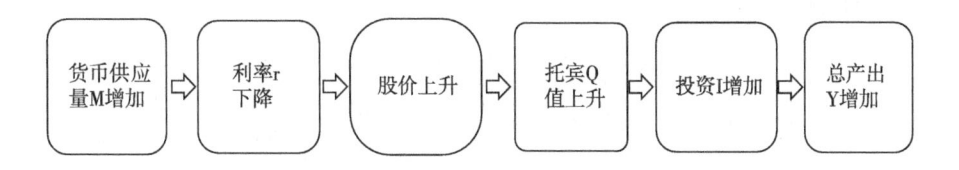

货币供应量M增加 → 利率r下降 → 股价上升 → 托宾Q值上升 → 投资I增加 → 总产出Y增加

图 5-6　货币政策的资产价格托宾 Q 传导路径

（资料来源：作者整理）

莫迪利安尼的生命周期理论指出，公众消费行为受其一生全部可支配财富 W 的制约，这些财富包括人力资本、真实资本与金融财富构成，财富 W 的变

动将会影响公众的消费行为,而股票和债券等资产是金融财富的一个主要组成部分。一旦股价上升,公众财富 W 随之增加,其消费 C 需求乃至产出 Y 均将上升。因此,生命周期理论下的财富效应传导路径具体表现为:当中央银行实行扩张性(紧缩性)货币政策时,货币供应量 M 增加(下降)导致利率 r 下降(上升),股票与债券的相对收益上升(下降),公众的财富 W 增加(减少),公众的消费 C 增加(减少),从而刺激生产 Y 增长(下降)。其传导路径如图 5-7 所示。

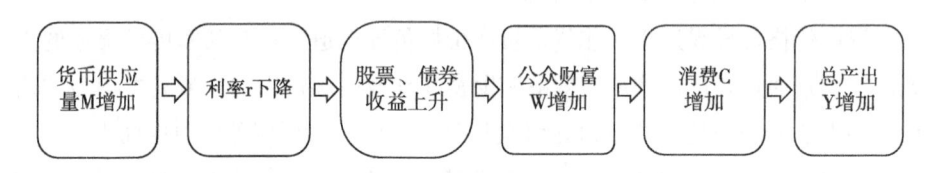

货币供应量M增加 ⇒ 利率r下降 ⇒ 股票、债券收益上升 ⇒ 公众财富W增加 ⇒ 消费C增加 ⇒ 总产出Y增加

图 5-7 货币政策的资产价格传导路径

(资料来源:作者整理)

4. 汇率传导渠道和传导路径

在开放经济体中,汇率是一个非常重要的经济变量。随着经济全球化和浮动汇率制度的出现,人们越来越关注货币政策通过汇率渠道对一国净出口和总产出的影响。汇率渠道的货币政策传导路径具体表现如下:当中央银行实行扩张性(紧缩性)货币政策时,货币供应量 M 增加(下降)导致实际利率 r 下降(上升),国内本币存款相对于外币存款吸引力下降(上升),即本币币值贬值(升值),实际汇率 e 下降(上升),促使国内商品相比国外商品变得更加便宜(昂贵),导致净出口 NX 增加(下降),带动总产出增加(下降)。其传导路径如图 5-8 所示。

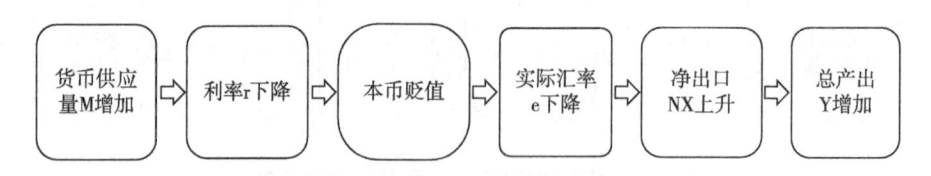

货币供应量M增加 ⇒ 利率r下降 ⇒ 本币贬值 ⇒ 实际汇率e下降 ⇒ 净出口NX上升 ⇒ 总产出Y增加

图 5-8 货币政策的汇率传导路径

(资料来源:作者整理)

总结货币政策各种传导渠道及其对应的传导路径,可以看出每一种渠道都

是通过相应金融市场的相关指标变动来反馈的。当然，每种传导渠道的侧重点各不相同：利率传导渠道将货币政策变动的影响直接通过债券市场传递到实体经济；信贷传导渠道则经由商业银行对实体经济产生影响；资产价格传导渠道主要通过股票市场对实体经济产生影响；汇率传导渠道通过外汇市场对实体经济产生影响（徐忠，2018）。值得注意的是，一方面，利率在货币政策传导过程中是非常重要的影响变量，利率传导渠道、资产负债表传导渠道、资产价格传导渠道和汇率传导渠道均是通过核心变量利率的变动引起相应的金融市场上相关指标的变动而实现的；另一方面，银行信贷传导渠道则通过商业银行可贷资金的增减变化来影响货币政策的传导有效性。

二、金融科技对商业银行的影响

当前金融科技的快速发展和数字化技术的大量应用，对银行业传统的经营管理和业务模式产生颠覆式变革。金融科技对商业银行数字化转型产生了正向的技术外部性和负向的市场挤出效应两种影响。同时，金融科技发展通过客户群体、业务渗透和资产负债结构三种路径，影响银行的经营管理模式，包括分流银行客户、挤占市场份额和利润空间、改变银行资产负债结构，以及加剧负向市场挤出效应。金融科技发展也倒逼商业银行开展数字化转型。

商业银行数字化转型依赖金融科技迅猛发展的大背景，同时金融科技快速发展结合数字化转型，打破金融行业壁垒，变革商业银行的传统业务模式，从而产生了正向的技术外部性和负向的市场挤出效应两种影响（熊健等，2021）。

（一）金融科技对商业银行经营的双重影响

1. 金融科技对商业银行经营的正向技术外部性

金融科技公司作为金融科技发展的先驱者，在信息和技术方面领先于传统商业银行；而长期享有体制红利与价格红利的商业银行，必须加快战略转型以适应金融科技带来的外部环境的颠覆式变化。由于信息、技术知识本身就具有正外部性，结合技术溢出理论来看，商业银行在开展数字化转型的过程中将受益于金融科技的技术外溢效应带来的技术进步（见图 5-9）。

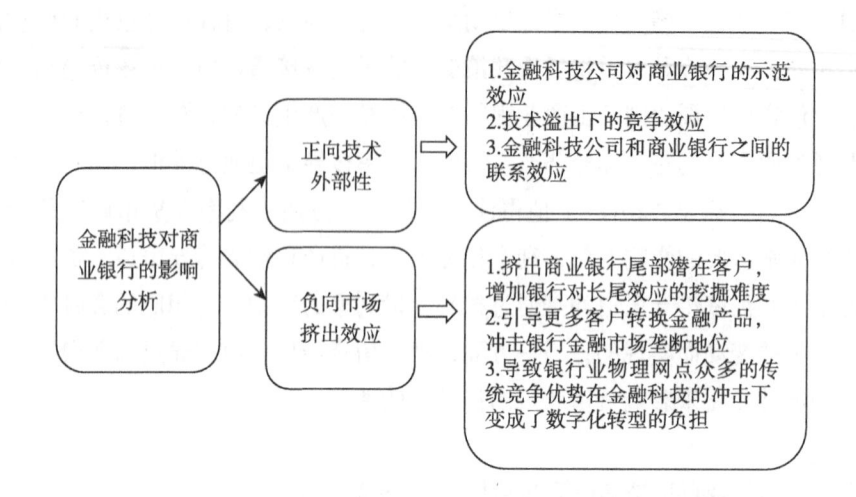

图5-9 金融科技对商业银行影响的正向技术外部性和负向市场挤出效应

（资料来源：作者整理）

一是金融科技公司对商业银行的示范效应。商业银行可以借助金融科技下的信息技术和数字化产品，推出创新产品和全新服务，快速实现新老产品替代和金融服务迭代。如2013年余额宝问世之后，多家商业银行迅速模仿跟进，推出类似的余额理财产品，得到了客户的广泛好评。二是技术溢出下的竞争效应。各家商业银行为推动数字化转型发展，提供具有竞争力的岗位薪酬待遇，大型科技公司的高技术人才从技术创新程度较高的主体转向银行业，带动先进技术向商业银行扩散，为商业银行提供新的利润增长点和竞争优势。三是金融科技公司和商业银行之间的联系效应。金融科技公司相较于商业银行拥有更强的数据分析能力和客户需求洞察力，而商业银行则具有更强的资金实力和丰富的风险管理经验，双方通过开展数字化产品和业务模式转型合作，可以实现优势互补和资源共享（徐阳洋等，2022）。例如，截至2020年，蚂蚁金服集团已与约100家商业银行开展业务合作，涵盖政策性银行、国有大型商业银行、股份制商业银行、区域性银行和外资银行等。

2. 金融科技对商业银行经营的负向市场挤出效应

金融科技公司凭借数字信息和技术优势，开展金融业务和提供产品，在占据金融市场份额和获得收入利润的同时，不可避免地对整个银行业造成负向的市场挤出效应，对银行业务拓展和传统获客能力造成一定的市场挤出冲击。

一是结合流程再造理论来看，金融科技和数字化技术的大量运用，在提高金融产品品质和创新服务质量的同时，大大降低了金融科技公司的运营成本和客户的交易成本，改善了金融服务的可得性、便利性和普惠性。这在一定程度上满足了所有客户，特别是资产规模较小、风险承受能力较低的普通个人和小微企业等长尾客户的金融服务需求，从而导致商业银行尾部潜在客户的流失，增加了商业银行对长尾效应的挖掘难度（金洪飞等，2020）。二是金融科技公司借助自身网络外部性的信息技术优势开展金融服务，不仅可以以相较于商业银行更低的营销成本将金融科技公司内部（如支付宝、微信等平台）用户转化为金融产品与服务的消费者，而且依托信息平台和先发技术优势，可以持续向平台用户渗透关联性产品和金融服务，引导更多潜在消费者主动转换金融产品，对商业银行的金融市场垄断地位持续造成冲击。三是金融科技下的在线平台、网络支付、移动支付等工具的快速发展，使数字银行、网上银行等业务大行其道。这就打破了时间和空间的限制，大大减少了客户必须到银行网点办理业务的必要性，叠加新冠肺炎疫情冲击下的隔离防控措施，显著降低了商业银行分支机构和营业网点的重要性。在金融科技的冲击下，商业银行物理网点众多的传统竞争优势反而变成银行数字化转型的负担。

（二）金融科技对商业银行经营管理模式的影响路径

金融科技发展对商业银行的经营管理模式产生了显著影响，其影响路径主要包括客户群体、业务渗透和资产负债结构三种渠道（见图5-10）。

1. 客户群体路径

金融科技发展影响商业银行经营管理的客户群体路径，主要包括零售客户、金融机构客户和公司客户三种渠道。

一是针对零售客户群体。以往我国商业银行基于成本收益视角，更加注重政府机构、大型国有和民营企业、高净值人群等重点客户的金融服务需求，而受制于投资回报低、投入成本高和技术水平限制等因素，对中小企业和一般个人等长尾客户的金融需求关注度不够。这就造成客户数量众多但单笔业务规模较小的零售客户群体一直受到忽视，形成了轻视零售业务而侧重批发业务的经营格局，导致零售客户群体未被充分开发利用的不利局面长期存在。结合负向市场挤出效应来看，金融科技公司借助数字化技术，不仅打破了技术限制和行

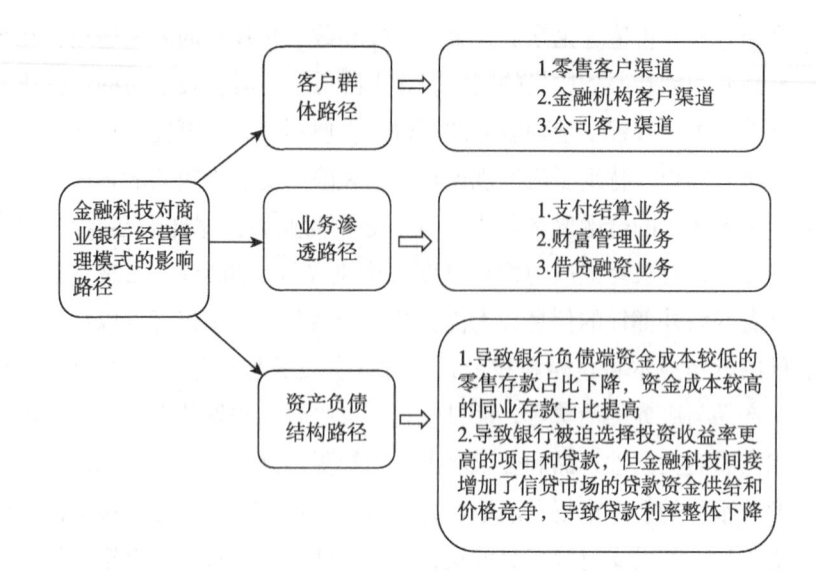

```
金融科技对商                客户群      →   1.零售客户渠道
业银行经营管                体路径          2.金融机构客户渠道
理模式的影响   →                          3.公司客户渠道
路径
                            业务渗      →   1.支付结算业务
                            透路径          2.财富管理业务
                                            3.借贷融资业务

                            资产负      →   1.导致银行负债端资金成本较低的
                            债结构          零售存款占比下降，资金成本较高
                            路径            的同业存款占比提高
                                            2.导致银行被迫选择投资收益率更
                                            高的项目和贷款，但金融科技间接
                                            增加了信贷市场的贷款资金供给和
                                            价格竞争，导致贷款利率整体下降
```

图 5-10　金融科技对商业银行经营管理模式的影响路径和传导渠道

（资料来源：作者整理）

业壁垒，有效降低了客户群体触达、开发和管理成本，零售等业务交易成本，风险损失成本等，而且通过客户信息资源准确掌握客户需求，为其提供快捷有效的金融服务，成功将大量平台客户和银行长尾客户，以极低的客均成本转化为自身零售业务客户群体。金融科技公司以这种正反馈的方式，最终积累形成庞大的零售客户群体，从而对商业银行长尾客户群体和零售业务发展产生较大的挤出影响。

二是针对金融机构客户群体。结合金融科技公司和商业银行的联系效应来看，金融科技发展对商业银行经营的影响主要通过展业渠道，主要分为业务合作模式和咨询服务模式。一方面，在业务合作模式下，金融科技公司利用数字化技术和信息资源获取的平台客户的信贷需求，以及在零售业务中积累的存量资金，与商业银行在协议存款、委托理财、资金托管和资产证券化等展业业务中展开合作，形成资金和交易往来，从而获取资金收益和客户资源。可以说，在业务合作模式下，金融科技公司在侵蚀了商业银行的部分利润空间的同时，也与商业银行一起共同扩大了业务规模。另一方面，在咨询服务模式下，金融科技公司凭借数据信息、客户资源和技术优势，向商业银行提供咨询服务，涵盖客户触达与管理方案、人工智能决策、数字化技术升级和风险管理等，帮助商业银行高效地触达客户，扩张规模，降低业务经营和系统运营成本，提高风险评估与管理能力。可以说，在咨询服务模式下，金融科技公司通过数据变现和技术优势，不仅获得了商业银行相应的咨询服务费用和积累了业务实践经验，而且间接提高了商业银行的金融科技水平和获客能力，有效降低了成本，为其实现数字化转型创造了有利契机。

三是针对公司客户群体[①]。其业务往往具备单笔金额大、风险高、操作复杂、标准化程度低的特点，有时因为所需金额较大，甚至需要多家商业银行等金融机构通过开展银团贷款等方式联合提供金融服务。尽管目前金融科技公司在大数据、人工智能方面的数字化技术优势，并不能有效应用于公司客户群体的高风险、业务程度复杂和非标准化的金融服务需求。但是随着区块链技术的推广，金融科技公司针对银行企业客户的贸易融资和业务风险管理得到广泛应用，其区块链产品的应用日趋成熟，带动金融科技公司对银行企业客户业务的逐步渗透，也间接提高了银行数字化科技水平。

2. 业务渗透路径

近年来，数字技术和金融科技公司的快速发展，不断创新推出各类代表性的金融产品和服务，沿着支付结算、财富管理、借贷融资的业务路径持续向银行业渗透，继而对商业银行业务经营产生影响（谢治春等，2018）。

一是在支付结算业务下，金融科技公司凭借移动互联网的快速发展，利用其交易和社交场景的优势，依托微信支付、支付宝等第三方平台支付和APP支付，迅速满足了便捷支付需要，在个人客户、小额支付和结算市场开始占据优势地位。这不仅迅速挤占传统金融机构支付结算业务的市场份额，而且获得了个人客户的海量支付交易数据，同时吸收了大量的客户闲置资金，也为金融科技公司渗透到商业银行的财富管理业务奠定了客户资源和资金基础。

二是在财富管理业务下，金融科技公司迭代推出了余额宝等创新理财产品，开展各类在线理财项目，打破了商业银行传统理财产品的期限要求和投资门槛限制，实现了金额和期限无限制、资金增值和消费支付同时满足的功能。可以说，创新理财产品是金融科技公司聚集平台客户、转化银行客户和吸收闲置资金的有效金融工具，以正向反馈机制迅速在零售客户群体中树立起财富管

[①] 此处所指的公司客户群体，是与零售客户群体相对的概念，主要指向政府机构、大型国有和民营企业、高净值人群等重点客户群体。

理产品体系。以余额宝为例，一经推出便受到个人和零售客户的追捧，资产管理规模迅速扩展，目前已经成为全球最大的货币市场基金产品。

三是在借贷融资业务下，首先，金融科技公司借助在支付与结算、财富管理业务领域累积的大量客户信息和交易数据，叠加客户生活场景下的各类消费信息嵌入和财务支出数据的整合，利用先进的信贷评估算法，间接对客户群体实现了特定形式的信用评级、偿付压力预估、融资额度测算和债务风险管控。其次，金融科技公司通过识别和处理大量上述信息，测算出每位潜在借款人的融资需求额度和具体还款能力，在此基础上开展线上贷款和在线融资业务，为财务信息不健全、借款记录较少和抵押品不足的个人客户和中小微企业提供借贷融资服务。可以说，金融科技公司渗透借贷融资业务，在一定程度上缓解了信贷市场的信息不对称和融资难、融资贵等问题，但是在满足长尾零售客户借贷融资的同时也挤压了商业银行的信贷业务利润。

3. 资产负债结构路径

金融科技公司的快速发展，沿着支付结算、财富管理、借贷融资的业务路径向银行业渗透，吸引了商业银行大量的潜在或存量客户，分流了其数以万亿元计的低成本存款。这不仅削弱了银行的金融中介功能，而且引发了银行资产负债结构的显著改变。

一方面，从商业银行负债端来看，面对金融科技公司的激烈竞争，为了维持信贷市场份额和客户资源，商业银行被迫改变原有的负债结构，将传统吸收客户资金的存款方式转向发放理财产品模式，并逐步提高理财产品收益率以达到市场化的利率水平。这导致客户资金不断从传统的存款市场转移到银行间市场，银行的负债成本和存款利率中枢也不断攀升，彻底改变了银行的负债结构，导致其负债端资金成本较低的零售存款占比持续下降，资金成本较高的同业存款占比不断提高（谢治春等，2018）。另一方面，从商业银行资产端来看，为了应对负债端成本持续攀升的压力，商业银行被迫提高自身的风险偏好，尽可能选择投资收益更高的项目和贷款以追求更高的资产收益率。但是由于同业存款等批发性资金相较于公司存款和居民储蓄更容易获得，这间接增加了信贷市场的贷款资金供给和价格竞争，导致贷款利率整体水平出现下降。可见，金融科技的快速发展将对商业银行传统的资产负债结构和以利差为中心的盈利模式造成巨大冲击。这不仅抬升了商业银行负债端的融资利率中枢，而且降低了资产端的整体贷款收益率,导致其上升的负债成本难以向资产端的贷款收益转嫁,最终使得商业银行净息差收窄,转向市场化的利率水平。

三、金融科技对货币政策传导的影响

完整的货币政策传导机制,包括货币政策的目标体系、货币政策工具体系和传导渠道。金融科技的快速发展,不仅对货币政策目标和货币政策工具产生影响,而且对货币政策的传导渠道和作用机制发挥作用,同时还对中央银行货币政策制定提出新的要求,增加了中央银行在金融科技背景下开展货币政策宏观调控的难度。因此,深入分析金融科技对我国货币政策目标、货币政策工具和传导渠道的影响,探讨其对传导机制的作用效果,具有较强的现实意义和理论研究价值。

(一)金融科技对货币政策工具的影响

货币政策工具是中央银行调整货币政策,以完成其最终目标的各种措施、手段和方法,根据调节职能和作用效果不同,具体可分为常规性货币政策工具、选择性货币政策工具、补偿性货币政策工具和新型价格型货币政策工具四大类。结合目前人民银行实践中重点采用的数量型和价格型货币政策,我们将货币政策工具对应分为常规数量型货币政策工具和新型价格型货币政策工具,分别分析金融科技对两类货币政策工具的影响。

1. 金融科技对常规数量型货币政策工具的影响

常规货币政策工具是中央银行实现对整个金融系统的货币信用扩张与紧缩产生全面性或一般性影响的手段,主要包括存款准备金、再贴现和再贷款、公开市场操作三大类,都是从总量上对货币供应量和信贷规模进行调节,均属于数量型货币政策工具。

(1)金融科技削弱了法定存款准备金率的政策效果,即法定存款准备金率对货币信用扩张和收缩的调节作用。一方面,金融科技的快速发展,促成了资产证券化业务的出现。大量创新性的金融产品和衍生品工具,不仅提高了金融市场活力,而且促进大量货币资金从银行体系流出,涌入各类非存款类金融机构、金融科技公司和互联网融资平台。而传统银行机构吸储能力的下降和吸收存款资金的减少，必然造成银行体系吸收法定存款准备金的下降，这将导致中央银行对商业银行的控制效果大打折扣，通过法定存款准备金率调节货币信用扩张和收缩的功能显著削弱（邱晗等，2018）。另一方面，金融科技的快速发展，导致银行机构的货币信用创造能力得到直接削弱，法定存款准备金的变化将不会使得货币信用数量发生相应的变化，法定准备金率调节功能的有效性也随之下降。

（2）金融科技削弱了再贴现和再贷款的政策效果。再贴现是商业银行将持有的已经贴现但未到期的票据，向中央银行进行再贴现融资，中央银行通过调控再贴现利率来调节商业银行的资金成本和融资规模，从而对贴现市场利率产生影响。但是再贴现工具本身具有被动性，需要商业银行主动联系中央银行，在调整再贴现率的过程中，中央银行处于被动状态。金融科技的快速发展，极大地拓宽了商业银行的融资渠道，不仅可以通过金融市场面向非存款类金融机构、金融科技公司和互联网融资平台等开展转贴现业务和融资业务，而且在金融市场转贴现利率上拥有更大的自主权。因此，金融科技赋能使得中央银行在运用再贴现工具时的被动状态更加明显，商业银行开展再贴现业务的比重也会下降。再贷款工具的情况与之相似，商业银行依照其资金需求向中央银行申请再贷款业务，中央银行依据商业银行的信用作为担保向其提供再贷款，但再贷款工具使用的主动权在商业银行，中央银行也处于被动状态，很难决定商业银行的贷款行为，进而无法决定再贷款工具流动的货币供应量。金融科技的快速发展极大拓宽了商业银行的融资渠道，商业银行可以通过金融市场，利用各种创新性金融产品和衍生工具进行贷款融资，在贷款利率上也有更多的选择权，因此金融科技的发展将减少再贷款工具的运用。

（3）金融科技提升了公开市场业务的政策效果。中央银行通过买卖有价证券开展公开市场业务，以实现调控基础货币和调节货币供应量的目的。公开市场操作本身就具有标杆功能，能够起到一定的预期管理和前瞻性指引的作用，是中央银行向市场传递利率价格信号和货币意图的重要方式之一，中央银行公开市场操作的频率越高，整个金融市场对中央银行公开市场利率的信心越大。而金融科技的快速发展，能够从两个方面来畅通中央银行公开市场操作的货币政策传导渠道，增强中央银行吞吐基础货币的能力（褚蓬瑜等，2014）。一方面，当前股票、债券等有价证券日益成为金融机构和社会大众所持有的重要资产，而金融科技的快速发展则极大地丰富了金融市场的产品种类，各种创新性金融产品不断涌现，可以进一步增加中央银行开展公开市场操作的金融产品类型。另一方面，各类非存款类金融机构、金融科技公司和互联网融资平台积极参与中央银行的公开市场操作，有助于全面调节金融市场流动性，完善资产组合的管理，公开市场业务的资产管理多元化反过来可以拓宽公开市场业务的范围。因此，金融科技发展将通过增加可操作金融产品的类型和拓宽公开市场业务范围两方面，增加中央银行公开市场操作的效率和频率，增强中央银行吞吐基础货币的能力，未来公开市场业务有望成为货币政策必不可少的工具。

2. 金融科技对价格型货币政策工具的影响

金融科技能够提高价格型货币政策工具的有效性。我国正在形成以国债收益率为基础的市场化利率体系，疏通从货币政策到经济指标的利率传导渠道。我国货币政策传导的演变历程，也经历了货币信贷总量控制、货币供应量调控、市场化间接调控、数量型工具与价格型工具综合运用四个时期，并表现出信贷传导渠道逐渐减弱、利率传导渠道地位逐渐强化的特征。中央银行运用各种价格型货币政策工具，制定利率体系作为市场利率标准的功能逐步显现。而金融科技的快速发展，各类金融创新产品的出现，大数据风控、风险评估、量化交易和智能投顾等技术的广泛实践，为价格型货币政策工具的广泛运用创造了条件，有助于中央银行运用利率政策和利率走廊机制来控制市场利率和调整金融市场，放大了利率工具的调节作用，提高了利率作为货币政策工具的传导效果（朱新荣等，2023）。随着金融科技的发展，利率对金融市场的整体影响更加广泛和深入。值得注意的是，当前金融科技的发展不仅促进了利率传导效率的提升，也使得货币供应量与利率之间的关系越发复杂，两者相互影响也越来越多。传统货币政策工具，只是简单地调整货币供应量和利率，已经无法应对金融科技的发展，而价格型货币政策工具能够将货币供应量调整和利率市场化有效结合，继而适应金融科技发展的新环境。

（二）金融科技对货币政策中介目标的影响

我国货币政策的演变，经历从数量型货币政策工具为主到数量型货币政策工具与价格型货币政策工具综合运用时期，因此，货币政策也将货币供应量（数量型）和利率（价格型）这两个指标作为中介目标。针对货币政策中介目标的选择标准，主要基于可测性、可控性和相关性三个原则。本章也将基于可测性、可控性和相关性三个原则，分别分析金融科技对货币供应量和利率的影响。

1. 金融科技对货币供应量的影响

（1）金融科技降低了货币供应量的可测性。货币供应量按照流动性强弱，依次划分为 M0（流通中现金）、狭义货币 M1（M0＋活期存款）、广义货币 M2（M1＋定期存款）。而金融科技快速发展极大延展了支付方式，无论是零售银行业务、交易与支付，还是消费金融、财富管理和市场交易，金融科技对传统金融业务的最大冲击就是带来支付方式的变革。第三方支付方式的出现使得现金的使用率大大降低，手机支付和网络支付显著增长，同时第三方支付造成现金使用偏好下降的变革具有不可逆性。这就对货币供应量的可测性造成直接冲击。

一方面，M0、M1 和 M2 之间基于流动性划分的货币层次关系开始变得模糊，运用传统分层方法确定的货币层次不能对应于金融科技下涌现的新型金融产品，更无法进行精准的测量。另一方面，从传统货币口径统计方法来看，货币供应量的变化都可以从资产负债表上得以体现，统计部门只需要从相关机构的资产负债表上读出相应的数据即可，这种统计方法既简单又准确，但金融科技的出现彻底改变了这种局面，使得部分金融资产不再计入资产负债表之中。各类金融机构为了获取投资收益，也会利用金融衍生工具不断转换持有的资金，从而造成中央银行运用传统的统计方法分析货币量和实际的货币量有很大的出入，降低了数据统计的准确性，所以说金融科技降低了货币供应量的可测性（何德旭等，2019）。

（2）金融科技降低了货币供应量的可控性。基于货币供给方程式，货币供给 M 由基础货币 B 和货币供给乘数 k 共同决定，其中 r_c 为现金存款比，r_d 为活期存款法定准备金率，r_e 为超额存款准备金率，r_t 为定期存款法定准备金率，t 为定期存款与活期存款之间的比率。金融科技的发展，降低了现金存款比、超额存款准备金率、定期存款准备金率、活期存款准备金率，以及定期存款与活期存款比。

$$M = B \times k = B \times \frac{1 + r_c}{r_d + r_c + r_e + t \times r_t}$$

其一，金融科技降低了现金存款比 r_c。一方面，金融科技引发的支付方式的变革，显著降低了居民现金持有量，导致现金存款比 r_c 下降。另一方面，金融科技带来金融产品的创新，拓宽了居民投融资渠道，导致一部分银行存款分流至金融市场，造成现金存款比 r_c 的下降。

其二，金融科技降低了超额准备金率 r_e。金融科技企业和产品的发展显著扩大了货币市场基金规模，拓宽了传统金融机构的投融资渠道。在投资层面，银行持有超额准备金的机会成本增加，有激励将闲余资金投入货币市场基金，导致银行超额准备金率的降低。在融资层面，金融科技的发展冲击了银行间市场，导致同业拆借利率下降，从而间接降低银行超额准备金率。

其三，金融科技降低了银行定期存款准备金率 r_t，活期存款准备金率 r_d，以及定期存款与活期存款比 t。一方面，法定存款准备金是商业银行按照中央银行的要求，在中央银行存放的一定比例的货币。金融科技平台企业通过提供收益相对较高的产品吸引了大量的存款资金，而银行为了吸引客户也倾向于去销售更多的理财产品。这些资金都不在准备金的调控范围之内，降低了中央银行使用法定准备金率实施宏观调控的效率。另一方面，金融科技的创新产品层出不穷。以余额宝为代表的投资产品具有较高的安全性和流动性，能够满足居民随时取现需求，且其收益也远高于银行活期存款，成为不少居民投资理财的新选择，造成定期存款与活期存款比 t 的下降。

（3）金融科技降低了货币供应量的相关性。基于费雪方程式开展分析：

$$M \times V = P \times T$$

其中，货币供应量为 M，货币流通速度为 V，价格水平为 P，生产各类商品的交易总量为 T。同时：

$$P \times T = Y$$

各类商品交易总量的价值总和，即总产出为 Y。因此，货币政策将货币供应量 M 作为中介目标时，货币供应量 M 影响货币政策最终目标（如总产出目标 Y）的相关性，主要体现在货币流通速度 V 的稳定性上，表示为

$$M \times V = P \times T = Y$$

$$V = \frac{Y}{M}$$

而货币供应量又有狭义 M_1 和广义 M_2 之分，所以货币流通速度 V 也可以分为狭义流通速度 V_1 和广义流通速度 V_2，即

$$V_1 = \frac{Y}{M_1}, V_2 = \frac{Y}{M_2}$$

在此前提下，分析货币流通速度 V 的变动，来判断货币供应量 M 作为中介目标的稳定性。从理论分析来看，基于费雪方程式和货币中性假说，货币供应量 M 主要反映一国物价水平 P 的变动，即 M 与 P 的增速保持一致，则总产出 Y 中的各类商品交易总量 T 对应着货币流通速度 V 的变动。考虑到近年来中国物价水平基本保持稳定，而 GDP 增速仍然保持中高速增长，则广义货币供应量 M_2 的流通速度 V_2 应当保持对应增长。但是经过实际测算，无论是狭义货币流通速度 V_1，还是广义货币流通速度 V_2，其流通速度曲线都发生了明显的波动。其中，狭义货币流通速度 V_1 大致保持稳定（见图 5-12），广义货币流通速度 V_2 则出现缓慢下降的趋势（见图 5-14），从 2010 年的 0.56 下降至 2021 年的 0.48。

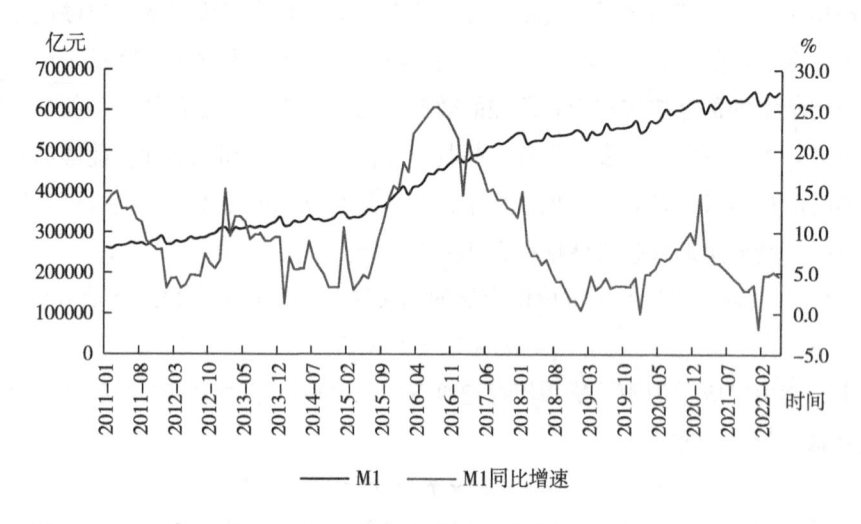

图 5-11 中国狭义货币供应量 M1 及其增速

（数据来源：Wind 数据）

可见，货币流通速度 V 的实际测算结果和理论分析结果相背离。这表明，货币供应量 M 作为中介目标与最终目标（如总产出 Y）之间的相关性减弱。广义货币流通速度 V_2 缓慢下降的一个重要原因是金融科技的快速发展导致广义货币供应量 M_2 的统计出现了偏差。例如，移动支付的发展减少了居民现金的使用需求，可能降低货币流通速度 V，降低了货币供应量 M 作为中介目标的稳定性。

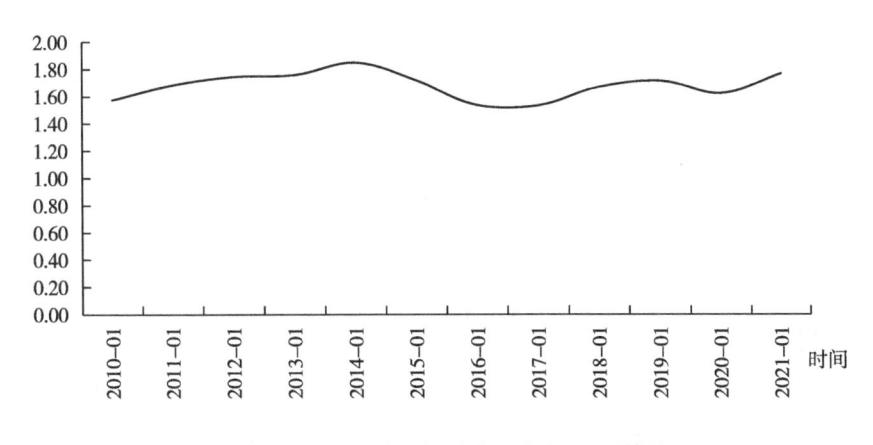

图 5-12 中国狭义货币流通速度 V1 测算值

（数据来源：Wind 数据）

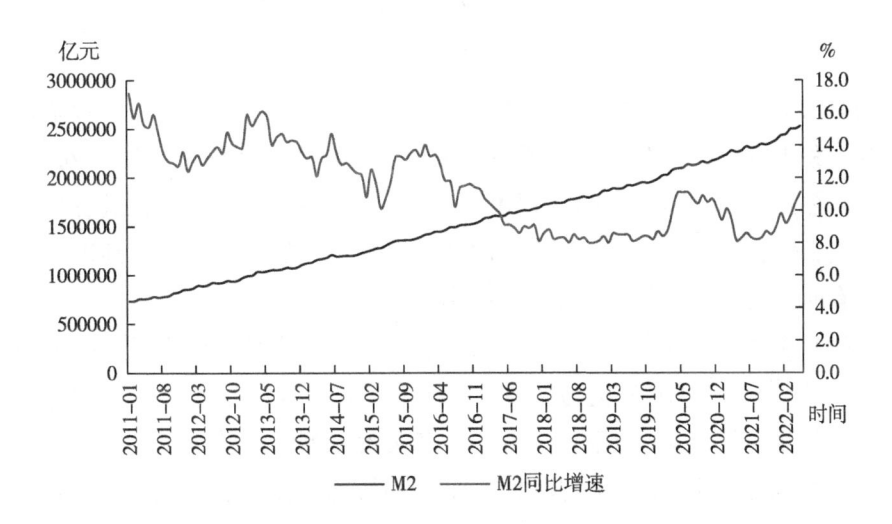

图 5-13 中国广义货币供应量 M2 及其增速

（数据来源：Wind 数据）

2. 金融科技对利率的影响

（1）金融科技提高了利率的可测性。一方面，多种价格型货币政策工具的运用，使利率工具能够更好地反映货币政策调控的效果，加之我国利率市场化改革初步完成，以国债收益率曲线为核心的市场利率机制正在形成并发挥作用，利率数据的滞后性有所改善，中央银行监测数据的偏差性有所降低。同时，在网络平台和电子交易的新型模式下，各种理财产品和网上贷款的资金池

97

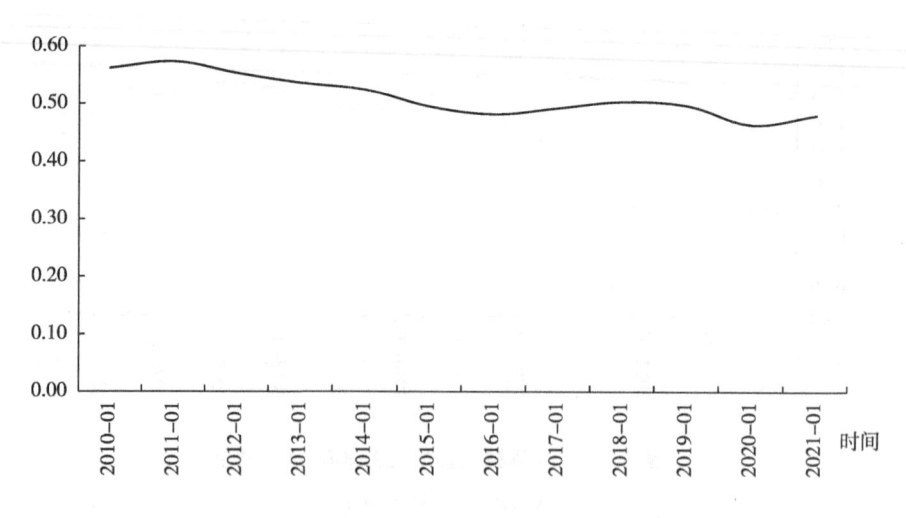

图 5–14　中国广义货币流通速度 V2 测算值

（数据来源：Wind 数据）

与利率水平均为公开数据，从而使得中央银行能够迅速准确获取各种信贷资金的规模和成本价格，有效增加了中央银行对于利率指标的可测性（刘冲等，2022）。另一方面，金融科技不仅模糊了货币划分的层次，而且促进各种金融产品趋于标准化和同质化，作为金融产品定价标准的利率结构得到进一步简化，有助于提高货币当局对利率的可测性。

（2）金融科技提高了利率的可控性。随着利率市场化的完成，中央银行提高了对市场利率的调控能力。中央银行制定的基准利率目标，通过作用于银行间同业拆借利率等短期利率，并结合各类价格型货币政策工具，向市场传导，从而实现灵活调节市场利率的目的。同时，金融科技的快速发展，强化了中央银行的利率调节功能。金融科技下网络平台、电子交易和第三方支付等手段，不仅可以高效快捷地在线进行投融资和结算活动，降低各种交易成本，而且通过公开数据和信息渠道实现关键信息的快速传递，轧平不同市场的利差，更快更准确地向市场传递中央银行的货币政策意图，增强了中央银行调控利率的能力。

（3）金融科技提高了利率的相关性。利率是由金融体系中资金的供求关系所决定的。当货币政策将利率设定为中介目标时，利率对于货币政策最终目标反应的敏感程度会受到金融科技的影响。一是金融科技的快速发展，不仅提高各类金融工具的标准化程度,加速资金的流动,促进不同金融工具之间的资金转移,还推动利率市场化进程,简化利率结构。这有助于降低不同金融工具之间的转换成本,加快转换速度,减少全社会的投资和财务成本,共同提高资金配置效率,继而对最终目标总产出产生积极影响。二是随着资本市场对外开放程度的提高,各国金融市场的联系越来越紧密,本国利率会受到国际市场上利率和跨境资本流动的影响,并随着国际收支状况的改变而发生变化。而金融科技催生的各种衍生产品,进一步提高了利率对国际收支平衡这一最终目标的敏感性。三是市场化的程度也随着金融科技的应用而提高,经济增长和物价稳定等目标受到利率的影响更加明显。因此,金融科技的快速发展,提高了利率作为中介目标与货币政策最终目标之间的相关性。

(三) 金融科技对货币政策传导渠道的影响

前述章节分析表明,利率在货币政策传导过程中是非常重要的影响变量,利率传导、资产负债表传导、资产价格传导和汇率传导机制均是通过核心变量利率的变动,引起相应的金融市场上相关指标变动而实现的。银行信贷传导机制则通过商业银行可贷资金的增减变化,强化货币政策的传导机制。因此,针对金融科技对货币政策传导渠道的影响,本章将分别从银行信贷传导渠道和利率传导渠道展开分析。

1. 金融科技对银行信贷传导渠道的影响机制

银行信贷渠道传导强调银行贷款对实体经济的刺激作用。基于 Bernanke 等(1988)的货币政策与信贷理论,银行信贷渠道有效传导存在两个前提条件。其一,中央银行利用存款准备金率、再贷款和再贴现等货币工具,可以调控商业银行的信贷规模,继而影响信贷市场资金供给规模,但商业银行在传统状态下无法通过调整资产负债结构来冲抵中央银行货币政策调控的影响。其二,作为信贷资金需求方,实体企业的融资高度依赖银行信贷渠道。但是金融科技的快速发展正不断冲击上述两个前提条件,继而弱化银行信贷渠道下货币政策的传导机制。

(1) 金融科技强化了银行调节自身资产负债结构的能力。从商业银行视角看,金融科技的发展对其传统的资产和负债业务形成倒逼机制,互联网理财、小额信贷、电子信用和有价证券等各类金融创新产品大量涌现,为商业银行利用金融科技产品实现资产配置多元化和负债融资多渠道化创造了条件。例如，当中央银行目标执行紧缩性货币政策时，传统模式下中央银行试图通过提高法定存款准备金率以降低货币供应量 M，直接限制商业银行的存款储备规模 R，并间接压缩其贷款规模 L，以收缩金融市场流动性。但是在金融科技创新产品的作用下，商业银行为了平衡盈利目标，可以利用各类创新产品和衍生品，吸收市场流动性和主动调节其自身资产负债表结构，如大规模发放互联网理财产品，或以抛售有价证券的方式增加融资渠道，间接为信贷再次投放争取必要的资金来源，保证其储备规模 R 和可贷资金 L 不下降，则银行信贷资金仍有可能维持在较为充裕的区间。

这就表明，金融科技的发展，弱化了商业银行信贷资产与其他资产、法定存款准备金与超额存款准备金之间的不完全替代弹性，强化了银行调节自身资产负债结构的能力。银行信贷渠道有效传导的第一个前提条件被打破，"货币供应量增加/减少—商业银行信贷投放/收缩—企业投资与居民消费增加/减少"这一渠道的货币政策传导效果受到削弱（盛天翔等，2020）。实践结果也证实，近年我国银行通过理财融资和信托产品等创新手段，为资金需求方提供了多元化的资金供给途径，这些资金有相当一部分仍会以存款形式流入银行，并为其发放贷款提供资金来源，对银行信贷规模 L 具有正向溢出效应。

（2）金融科技弱化了企业对银行贷款融资渠道的依赖性。企业融资高度依赖银行信贷资源，银行贷款和其他融资渠道具有不可替代性是银行信贷渠道有效传导的第二个前提。在此前提下，当中央银行认为市场流动性过剩，开始执行紧缩性货币政策进行逆周期调节时，商业银行可贷资金规模总量趋于减少，实体企业难以寻找到合适的替代性融资，便会收缩其投资与经营活动。但是金融科技的快速发展，正在不断瓦解银行贷款单一融资渠道的不可替代性，传统银行业的"二八定律"被金融科技的普惠性特征和长尾效应弱化（孟娜娜等，2020）。传统金融服务观念下的"二八定律"认为，一家机构80%的利润仅来源于20%的产品，这使得传统金融市场和银行机构高度重视前20%的高端客户，但金融科技的普惠性逻辑决定了其服务对象主要面向后80%的中小微企业和普通收入群体。相比传统银行信贷模式，金融科技公司利用数字化技术和大数据分析，极大拓宽了广泛的信息传播渠道，实现了资金供求双方在不同地域空间内进行线上匹配，更多潜在投融资需求无缝衔接，显著降低了交易双方的信息搜寻成本和交易成本。尽管单一客户的交易规模无法与高端客户相比，但几乎接近于零的边际成本和搜寻成本，让数字金融产品汇聚数量众多、范围宽广的大众需求，同样能够为金融科技企业创造相当可观的收益，进而构成了普惠金融的长尾市场。

从企业视角来看，金融科技有效拓宽了企业融资渠道，极大降低了金融服务门槛，激发其外源融资多元化，提升了其信贷资金的可得性，降低了其贷款成本，显著弱化了对银行贷款的依赖性，使得金融信贷服务对实体企业尤其是中小企业和民营企业的触达能力迅速提升（盛天翔等，2020）。从这一层面讲，即使面临紧缩性货币政策，一些投资动机强烈的企业，也能突破银行贷款的束缚，借助金融科技和创新性产品，开展替代性的外源融资，缓解自身的融资约束和流动性约束，从而弱化货币政策基于银行信贷渠道向实体经济的传导效果。

2. 金融科技对利率传导渠道的影响机制

（1）金融科技提高了企业投资对利率变化的敏感程度。金融科技不仅提高了利率工具的可测性、可控性和相关性，而且提高了企业投资对利率变化的敏感程度，有利于疏通货币政策利率渠道对投资活动的传导效应。

传统理论下，对比利率传导、资产负债表传导、资产价格传导和汇率传导机制，可以发现，货币政策总是通过变动核心变量利率，继而改变资本成本，从而传导至微观企业投资，即遵循执行紧缩（宽松）货币政策—货币供应量下降（上升）、实际利率上升（下降）—资本成本上升（下降）—企业投资减少（增加）的过程。结合一般均衡理论来看，企业投资的资本成本增加与资本存量（企业投资）成反向关系，最优资本存量由资本需求和资本供给的交点决定，资本需求取决于资本的预期收益率，资本供给则取决于资本成本即市场利率。当中央银行执行紧缩性货币政策引发资本成本市场利率提高时，企业的资本预期收益率也随之提高，期望资本存量即企业投资随之下降。这反映了企业投资对资本成本市场利率的反应程度，即资本成本的提升降低了资本存量。

同时，金融加速器理论则认为，信贷市场中借款者和贷款方之间信息不对称问题，使得外生宏观经济变量对总量经济和投资行为造成的冲击呈现一种扩大化的效应，在经济周期波动过程中产生非线性影响。信贷市场存在的信息不对称问题，使得商业银行无法监督企业借款人的行为，导致委托代理成本的出现，使得企业外源性融资成本大于内源性融资成本，产生外源融资溢价；当企业遭受外生宏观经济变量的正向冲击（负向冲击）时，其资产净值和抵押品价值上升（下降），经信贷市场作用将放大其对经济波动的影响，呈现出"金融加速器效应"。这样，投资就必须依赖企业的资产负债表的状况，代理成本越高，借贷市场资金分配的效率越低，投资水平也就越低。基于金融加速器原理，信息不对称等问题将会降低货币政策利率渠道对投资活动的传导效应。

金融科技的快速发展，有助于降低金融摩擦程度，弱化由信息不对称导致的"金融加速器效应"，提高企业投资对利率变化的敏感程度。利率结构本身具有复杂性、易变性以及调整时滞性的特征，导致其在理论与实践中的可观测性较差，但随着金融科技的快速发展，强大的信息通信和大数据等技术提高了整个金融体系的电子化水平，各类经济主体拥有了更多获取资本价格的信息渠道。在此基础上，信息不完全和不对称现象有效缓解，银行资本供给方垄断等市场失灵现象趋于改善，市场实际利率在金融产品同质化竞争程度明显加强的趋势下更加接近真实水平，实体企业相比以往可以更为方便快捷地依据资本价格的变化对公司投资活动迅速作出决策。因此，金融科技的快速发展有利于疏通货币政策价格渠道对企业投资活动的传导效应。

（2）金融科技提高了商业银行对利率变化的敏感程度。金融科技不仅提高了利率工具的可测性、可控性和相关性，而且提高了商业银行对利率变化的敏感程度，有利于疏通货币政策利率渠道对投资活动的传导效应。

随着利率市场化改革的推进和利率管制的放松，许多商业银行为了保证经营的稳定和安全，无法对利率作出快速反应，于是将贷款利率限制在一个适当区间之内，主观上进行利率干预，以减少贷款利率对资金供求变动的反应。但随着金融科技快速发展，对银行的存贷款利率产生直接冲击，信息透明度提高和快速获取，提升了公开环境下的资本价格竞争机制，抬高了传统银行业的获客成本和缩窄了存贷利差空间，间接助推利率市场化进程，最终市场化利率发展趋于稳定（郑志来，2015）。

金融科技下的各类创新性产品具备吸储功能，能够有效吸纳和整理信贷市场的闲散资金，不仅提高了资金配置效率，而且在一定程度上挤占了商业银行的存款，加剧了国内存款市场的竞争（盛天翔等，2020）。商业银行被迫积极努力调整自身的存款利率，实现存款利率自主化调控，增强商业银行对市场利率的敏感性。此外，银行协议存款吸收了较多线上理财产品的资金，提高了提供互联网理财产品的金融科技企业的议价能力，导致银行同业市场利率上升。因此，金融科技的快速发展有利于疏通货币政策价格渠道对企业投资活动的传导效应。

四、银行数字化转型对货币政策传导的影响机制

货币政策通过利率传导、信贷传导、资产价格传导和汇率传导。其中，利率传导、资产价格传导和汇率传导，均是通过核心变量利率变动，引发对应金融市场相关指标变动而实现的，考虑到传导机制下的核心影响因素相同，本章为简化分析，将上述三种传导方式纳入利率传导渠道开展分析。而信贷传导机制则是通过银行可贷资金的增减变化，来强化货币政策传导效果，包括银行信贷、资产负债表和银行风险承担三种传导渠道，但三种渠道的作用机制和核心影响因素存在一定的差异性。

为此，本章基于不同传导渠道下影响因素的差异特征，将其分为利率、银行信贷、资产负债表和银行风险承担四种传导渠道。结合这四种渠道，分别开展银行数字化转型对货币政策传导效率的影响机制研究，分析银行数字化转型在四种渠道下对货币政策传导的正向或负向影响。此外，本章还探讨了银行数字化转型对数量型货币工具和价格型货币工具传导效果的差异化影响。对于数量型货币工具，银行数字化转型弱化了货币政策的利率传导渠道和信贷传导渠道。对于价格型货币工具，银行数字化转型强化了货币政策的利率传导渠道，但弱化了信贷传导渠道。

（一）银行数字化转型对货币政策传导的影响机制分析

1. 利率传导渠道

结合银行同业市场和信贷业务的实践过程来看，银行开展数字化转型，在利率传导渠道下对货币政策产生正向影响，有助于提升货币政策传导效率。

一是提升利率信号等信息传递效率和金融市场运行效率。面对互联网金融平台和金融科技公司的不断冲击，商业银行积极开展数字化转型，能够提高对

金融需求、信息资源和数据资源的获取能力，提升信息传递效率，继而提升其在金融市场的竞争力和金融业务参与度。银行数字化转型形成更具竞争性的金融环境，能够极大地提升金融市场运行效率，有助于加快利率市场化进程。这不仅会促进金融市场中数据资源和金融需求的迅速、高效传递，也有助于包括商业银行在内的资金供给方和资金需求方更快捷、更高效地了解货币政策变动，从而提高整个金融市场对货币政策变动的响应速度，提升利率传导渠道下货币政策的传导效率（游家兴等，2023）。

二是有助于降低金融摩擦程度，提高利率的透明度以及金融市场对利率的敏感度。银行开展数字化转型通过减少信息搜寻成本、监督成本，不仅能够降低银行与企业（贷款方）、银行与储户（存款方）在信息不对称下的金融摩擦，强化政策利率变动与投资、产出变动的相关性，提升代表资本价格和资金成本的利率信号的传递效果和透明度，而且能够降低金融市场的交易成本，带动资金成本向更加合理的市场化方向调整，促进资本市场更加公平合理地运行（Jagtiani，2018）。这都有助于金融市场更准确地反馈货币政策调整的趋势与影响，提高商业银行等金融参与主体对利率变化的敏感程度，提升利率传导渠道下货币政策传导效率。

三是创新金融产品，促进利率渠道多元化发展，提升放贷效率，提高依据市场利率有效定价的业务占比，促进市场化利率预期形成。商业银行开展数字化转型，借助金融科技创新金融产品，创新浮动利率贷款、在线抵押贷款以及其他类互联网金融产品等，促进利率渠道多元化发展；面向各类业务提供市场化定价的技术支持，有助于减少企业信贷的时间成本和提升放贷效率，缩短商业银行与企业之间的贷款合约期限（Luz，2019）。这有助于提升依据市场利率有效定价的业务占比，加速表内业务的利率市场化进程，优化贷款利率的市场化定价水平，助推贷款利率实现市场化，促进市场化利率预期形成，使得金融市场在利率传导渠道下更加灵活地应对货币政策变化。

四是银行数字化转型提升了金融服务的效率和普惠性，在促进金融市场竞争的同时，推进了利率市场化进程，提高了市场主体居民与企业对利率的敏感性。一方面，对于居民部门存款而言，银行数字化转型不仅带来利率透明度的提高，而且通过金融产品创新推出更多种类的存款产品，大大增加了储户可以选择的存款类金融产品类型，如高利率储蓄账户、不同期限的活期存款等，使得居民可以更容易地比较不同银行的存款利率和优惠条件，选择更适合自身需求的存款方式和产品类型，作出更明智的存款决策。另一方面，对于企业部门贷款而言，尤其是中小微企业而言，银行数字化转型不仅加速了贷款利率市场化进程，促进利率渠道多元化发展，有效降低了实体企业的融资成本，而且借助金融科技创新，推出多元化的贷款利率金融产品，提高了企业部门的融资可得性，提升了信贷资源的配置效率，提高了利率传导渠道下货币政策的传导效果。

2. 银行信贷传导渠道

在银行信贷渠道下，银行数字化转型对货币政策传导效率具有正向和负向的双重影响。

银行开展数字化转型，借助大数据、人工智能等数字化技术，不仅能够更加准确地评估借款人的信用程度，将信贷资源分配给信用水平更好的借款人，而且能够提升贷款服务的便捷性，通过在线服务和移动应用，为客户提供更加便捷的贷款申请和审批流程，继而扩大了银行信贷业务对客户群体，特别是长尾客户群体的覆盖面（金洪飞等，2005）。可见，在银行信贷传导渠道下，银行数字化转型通过提升信贷资源配置效率，以及扩大金融服务的覆盖面，对提升货币政策传导效率产生正向影响。

银行数字化转型在银行信贷渠道下，也会对货币政策传导效率产生负向影响，体现在市场负向挤出效应、客户服务和商业银行服务分层，以及减缓货币流通速度三个方面。

一是商业银行数字化转型，将会强化细分金融市场的竞争，诸如争夺中小微企业的头部用户，对转型相对缓慢的中小商业银行经营稳定性和盈利能力造成压力，减少其信贷市场份额，降低其信贷质量，继而减弱基于银行信贷传导渠道的货币政策传导效率（杜莉等，2022）。

二是商业银行数字化转型，可能引发对技术驱动和数据资源决策的过度依赖。这一方面会导致客户服务分层问题，如老年人或低收入人群被排除在金融服务之外，其信贷需求难以全面满足，影响货币政策的覆盖面；另一方面会导致商业银行服务分层问题，将进一步强化大型商业银行和金融科技公司在信贷市场的主导地位，而中小银行可能被持续边缘化，可能破坏公平竞争环境，降低信贷市场资金配置效率（宋科等，2022）。客户服务分层问题和商业银行服务分层问题，最终将会减弱基于银行信贷传导渠道的货币政策的传导效率。

三是在总产出和物价水平保持不变的情况下，货币的流通速度由货币乘数与基础货币的数量共同决定。商业银行数字化转型，通过银行同业市场和信贷业务，在一定程度上降低了货币供应量的可测性、可控性和相关性，同时还可能引致狭义货币流通速度的波动性，降低狭义货币的流通速度。同时，商业银行数字化转型，也产生了广义货币乘数的扩张效应，叠加广义基础货币投放效应的放大，使得广义货币的供应量显著增强，在总产出和物价水平保持不变的情况下，也会导致广义货币流通速度的减速效应（刘澜飚等，2016）。这两方面因素，会降低广义货币或狭义货币作为交易媒介的流通速度，对提升货币政策传导效率产生负向影响，显著弱化货币政策基于银行信贷传导渠道的传导效率。

3. 银行资产负债表传导渠道

资产负债表传导渠道，主要关注净现金流变化，即银行的资产和负债状况影响净现金流，继而影响其信贷能力，涉及商业银行的资本充足率、资产质量和流动性状况。当银行的资本充足率较高、资产质量和流动性状况较好时，银行更愿意扩大信贷规模；反之，会收缩信贷规模。在银行资产负债表传导渠道下，商业银行数字化转型对货币政策传导效率具有正向和负向的双重影响。

商业银行借助数字化工具，利用实时数据分析技术，不仅能够更加准确地评估金融资产价值，通过灵活调整金融资产配置，提高金融资产管理效率，而且能够有效监测和管理资本充足率，根据金融市场状况灵活调整资产与负债结构，根据自身流动性水平和监管要求调整流动性头寸，提升风险与收益的有效平衡能力。可见，在银行资产负债表传导渠道下，上述银行数字化转型措施通过提升银行的资本充足率，改善其资产质量和流动性状况，对提升货币政策传导效率产生正向影响。

银行数字化转型在银行资产负债表传导渠道下，也会对货币政策传导效率产生负向影响。一是商业银行数字化转型会强化金融市场各主体之间的竞争，通过线上线下方式争夺储户存款，在推动利率市场化进程的同时，也会缩减利率的存贷差，对银行基于信贷利差的传统盈利模式造成冲击（蔡栋梁等，2023）。这会减少商业银行的经营利润，降低银行的经营收入和资产质量，造成净现金流减少，恶化其资产负债表状况和流动性水平，从而削弱货币政策基于银行资产负债表传导渠道的传导效率。

二是商业银行数字化转型，大大提高了移动支付和电子网络支付的规模效应，充分发挥了金融交易的低成本优势，但也改变了经济交易主体的交易方式，对微观主体的现金需求产生替代作用，降低了金融市场中货币层次的 M0 现金需求。这种货币需求的减少，增加了货币创造乘数的内生性和波动性，导致中央银行和商业银行的资产负债表出现收缩，造成净现金流减少，削弱了中央银行对数量型货币工具的控制力，降低了货币政策基于银行资产负债表传导渠道的传导效率（周光友等，2015）。

4. 银行风险承担传导渠道

银行风险承担传导渠道，是指银行面对不同的货币政策环境，基于"类金融加速器"机制以及利益搜寻效应，调整其风险偏好水平和对信贷风险的承担能力。当中央银行采取宽松货币政策和低利率时，提高了借款者的资产净值，并使其预期违约率下降，进而提升银行的风险容忍度与风险承担水平；银行因为较低的资金成本和提高的预期收益，进而提高其对高风险投资的承担水平。反之，在紧缩货币政策和高利率环境下，借款者的资产净值下降，银行可能降低风险偏好和降低风险承担水平，更加谨慎地发放贷款。在银行风险承担传导渠道下，商业银行数字化转型对货币政策传导效率具有正向和负向的双重影响。

正向影响主要表现在以下两个方面。一是银行利用大数据和人工智能等数字化技术，不仅能够提升信贷风险的识别、评估与管理能力，更加有效地实时监控资金流动情况，优化流动性缓冲，管理流动性风险，实现流动性风险的规模匹配和期限匹配，而且能够持续监控贷款和投资的风险，及时调整其风险承担策略（蒋增明等，2019；蒋海等，2023），提高货币政策基于银行风险承担传导渠道的传导效率。

二是银行开展数字化转型，不仅能够以更低成本和更高效率获取借款人信息，特别是更多中小微企业和客户的信息，而且能够更好地甄别客户质量，特别是中小微企业和科创企业的融资需求和风险承担能力。这有助于缩小银行与企业之间信息不对称下的金融摩擦，从而降低金融市场的不确定性与风险，更好地对实体企业特别是中小微企业进行信贷评估，降低实体企业申请贷款的难度（房颖，2021），提升银行风险承担传导渠道的货币政策传导效果。

同时，在银行风险承担传导渠道下，银行数字化转型对货币政策传导也存在一定的负面影响。相较于中小银行，大型银行的数字化转型程度相对更高。在"类金融加速器"机制下，大型银行与中小银行在银行风险承担传导渠道下存在差异化表现，导致信贷市场的整体资金配置效率出现下降，降低了货币政策的整体传导效果。

一方面，在宽松货币政策和低利率环境下，大型银行对借款者的资产净值评估更高，并使其预期违约率下降更快，带动其风险容忍度与风险承担水平上升更高，提升货币政策传导效果；而大量中小银行数字化技术水平相对较低，其预期违约率下降速度相对较慢，带动其风险容忍度与风险承担水平上升相对较低，带动货币政策传导效果提升速度相对较慢，从而降低了货币政策的整体传导效率（高蓓等，2020）。另一方面，在紧缩货币政策和高利率环境下，大型银行借助数字化技术，迅速降低银行风险偏好水平和风险承担能力，爆发信贷风险的概率相对较低；而多数中小银行数字化转型缓慢，其风险偏好水平下降速度相对较慢，可能引发中小银行贷款政策调整较慢，导致信贷违约风险概率相对较高，不良贷款率攀升，信贷市场整体资金配置效率下降，从而降低了货币政策的整体传导效率。

（二）银行数字化转型对货币政策工具的影响分析

货币政策工具可分为控制货币供应量的数量型货币政策工具，以及控制价格变量利率的价格型货币政策工具。本章结合利率传导渠道和信贷传导渠道[①]，分析银行数字化转型对数量型和价格型货币政策工具的差异化影响。

1. 银行数字化转型对数量型货币政策工具的影响

数量型货币政策工具主要依靠货币数量或货币供应量，对宏观经济进行调节。针对数量型货币政策工具，银行数字化转型不仅降低了利率对数量型货币政策工具的敏感性，削弱了货币政策通过利率渠道的传导效果，而且降低了数量型货币政策工具对银行信贷的影响，削弱了货币政策通过信贷传导渠道的传导效果。

---

① 为了简化分析，考虑到利率传导、资产价格传导和汇率传导三种渠道的核心影响因素都是利率，此处将其均纳入利率传导渠道展开分析；同时为了简化分析，此处将银行信贷传导、资产负债表传导和银行风险承担传导，均纳入信贷传导渠道展开分析。

（1）数量型货币政策工具的利率传导。

一是银行数字化转型程度的提升，有助于降低银行与企业（贷款方）、银行与储户（存款方）在信息不对称下的金融摩擦。这就导致货币数量和货币供应量更加难以控制和调节，中央银行可以控制的货币供应量数量减少，可以调节的货币供应量难度增大，且不确定性增强，商业银行手中所持有的货币数量也大幅减少，共同减弱了数量型货币政策工具的调节效果。

二是银行数字化转型会强化金融市场的激烈竞争，加快推动利率市场化进程，对银行基于信贷利差的传统盈利模式造成显著冲击，在缩减利率存贷差的同时，也会降低银行的经营利润和业务收入，商业银行手中所持有的货币数量和净现金流也大幅减少，导致基于调节货币数量的数量型货币政策工具作用效果大打折扣。

（2）数量型货币政策工具的信贷传导。

一是银行数字化转型可能降低货币流通速度。银行数字化转型不仅降低了货币供应量的可测性、可控性和相关性，导致狭义货币流通速度的波动性，降低了狭义货币流通速度，而且产生广义货币乘数的扩张效应，叠加广义基础货币投放效应的放大，降低了广义货币的流通速度。作为交易媒介的广义货币或狭义货币，其流通速度均出现减速，将会弱化数量型货币政策工具基于信贷渠道的传导效率。

二是银行数字化转型可能降低银行未用储备贷款资金数量。货币政策的银行信贷渠道，是通过调节贷款的方式对宏观经济进行调控。银行数字化转型减少信息不对称带来的金融摩擦问题，也会降低贷款业务中的交易成本，使得银行以更低成本发放更多贷款，而用于储备应对信贷风险和流动性头寸的资金随之减少，作为货币政策调控中介的银行持有未用于贷款的资金数量也出现下降，导致在使用数量型货币工具时，银行未能瞬间释放大量可供给贷款，弱化了信贷渠道效应。

三是银行数字化转型可能引发货币替代现象。银行数字化转型，不仅提升了移动支付和电子网络支付的比例，降低了经济交易中的现金即 M0 货币的需求，引发现金替代现象，而且带动了加密货币等非主权货币的快速发展，部分主权货币被非主权货币替代，引发主权货币替代现象。银行数字化转型带来的这两种货币替代现象，都增加了货币创造乘数的内生性和波动性，加剧了货币供应量和价格水平之间的不稳定性，不仅导致中央银行和商业银行的资产负债表出现收缩，削弱了中央银行对数量型货币工具的控制力，而且也降低了数量型货币工具调控通货膨胀的能力，继而降低了数量型货币工具基于信贷渠道的传导效率。

2. 银行数字化转型对价格型货币政策工具的影响

价格型货币工具主要依靠调节价格变量如利率、汇率等，继而对宏观经济进行调节。针对价格型货币工具，银行数字化转型提高了利率对货币政策的敏感性，强化了货币政策基于利率渠道的传导效果，但也降低了价格型货币工具对银行信贷的影响，削弱了货币政策通过信贷渠道的传导效果。

(1) 价格型货币政策工具的利率传导。

一是银行数字化转型提高了利率透明度和金融市场运行效率。银行开展数字化转型，减少信息搜寻成本和监督成本，降低金融摩擦和金融市场交易成本，提高利率的透明度，强化政策利率变动与投资、产出变动的相关性，提升代表资本价格和资金成本的利率信号的传递效果和透明度。这种提升有助于促进金融市场中的数据资源和金融需求的高效传递，进而在提升金融市场运行效率的同时，营造更具竞争性的金融环境，最终提高价格型货币政策工具在利率渠道下的作用效果。

二是银行数字化转型通过促进金融市场竞争推进利率市场化，提高了金融市场的资金供给方和需求方对利率的敏感程度。针对资金供给方，银行数字化转型带动金融产品创新，提供了不同期限和不同利率的存款类金融产品。针对资金需求方，银行数字化转型加速贷款利率市场化进程，有效降低了实体企业的融资成本，提高了资金需求方的融资可得性。资金供给方和需求方对利率的敏感程度提高，有助于提升信贷资源的配置效率，进而提高利率渠道下价格型货币政策工具的作用效果。

三是银行数字化转型促进利率渠道多元化发展，提升依据市场利率有效定价的业务占比。在数字化转型过程中，商业银行借助数字技术创新各种金融信贷产品，进一步拓宽利率渠道，优化利率定价机制。这不仅加速了表内业务的利率市场化进程，还优化了贷款利率的市场化定价水平，推动贷款利率逐步实现市场化。这有助于减少信贷的合约期限和时间成本，提升放贷效率，提高利率渠道下价格型货币政策工具的作用效果。

(2) 价格型货币政策工具的信贷传导。

数字化技术和数据资源驱动的银行数字化转型，不仅强化了传统金融机构和非传统金融机构之间的激烈竞争，也加剧了传统金融机构内部大型银行和中小银行之间的激烈竞争，引发了严重的商业银行服务分层问题（宋科等，2022）。相较于中小银行，大型银行的数字化转型程度相对更高。大型商业银行在数字化转型下，进一步强化信贷市场的主导地位；而数字化转型相对缓慢的中小银行，其经营稳定性和盈利能力面临显著冲击，会被持续边缘化，其信贷市场份额、信贷质量和资产质量均可能出现下降。

在此背景下，一方面，基于银行信贷传导下的"类金融加速器"机制，中小银行与大型银行相比，其银行风险承担存在差异化表现。大量中小银行在宽松货币政策下，其风险容忍度和风险承担水平上升相对较低，利率中枢下调速度相对较慢，预期违约率下降速度也相对较慢，未能充分发挥价格型货币工具在宽松货币环境下的作用效果。而在紧缩货币政策下，大量中小银行的风险容忍度和风险承担水平下降相对较慢，贷款政策调整较慢，利率中枢上调速度相对较慢，预期违约率上升速度相对较快，导致信贷违约风险概率相对升高，信贷市场整体资金配置效率下降。可见，银行数字化转型削弱了价格型货币工具通过信贷渠道的传导效果。

另一方面，在不断完善的银行资本监管体系下，金融监管机构为了提升银行风险管理水平，构建了差异化的资本监管体系。面向各类商业银行，针对其在资本充足率、不良贷款率等监管指标下的差异化表现，金融监管机构实施了差别化的市场利率，以达到各自银行的资本监管与银行资产规模、信贷质量相互匹配的目标，即资本充足率较低、不良贷款率较高、监管质量较差的银行，其享受市场利率优惠的程度越低，存款利率和融资成本越高，信贷资金限制的程度越大。而银行数字化转型引发的商业银行服务分层现象，强化了大型银行和中小银行在经营稳定性和盈利能力上的差异化表现，进一步削弱了中小银行的信贷市场份额、信贷质量和资产质量。资产质量、信贷质量和监管表现相对较差的中小银行，在银行资本监管体系和差别化市场利率监管要求下，其融资成本和存款利率相对升高，信贷资金限制持续加大，造成信贷资金的配置效率进一步下降，形成"负向螺旋"，最终也会弱化价格型货币政策工具通过信贷渠道的整体传导效果。

第六章　银行数字化转型与货币政策传导有效性的理论分析

货币政策的有效性与金融结构密切相关，货币政策对实体经济的影响，本质上是在特定金融结构的动态传播中实现的（Agénor 和 Montiel，2015）。一方面，尽管近年来各种新型金融机构和融资形式发展迅速，但银行信贷仍是社会主要的融资方式（战明华等，2018）。另一方面，银行数字化转型速度加快，推动银行经营效率提升和信贷模式革新。近年来，监管部门出台了多项旨在促进金融科技发展和银行数字化转型的政策。2022年伊始，人民银行出台了《金融科技发展规划（2022—2025 年）》，明确金融数字化转型的总体思路。随后，中国银保监会发布了《关于银行业保险业数字化转型的指导意见》，提出到2025年，银行业数字化转型取得明显成效。由于信贷是货币政策传导的重要渠道，银行数字化转型会对货币政策传导的有效性产生什么影响？其发挥作用的机制是什么？对上述问题的深入研究，能够为人民银行在数字经济时代提前谋划提高宏观经济调控能力提供借鉴。

理论上，银行数字化转型对货币政策传导效率具有双重影响。一方面，银行数字化转型会降低银行与企业、银行与储户的金融摩擦，弱化政策利率变动与投资、产出变动的相关性，从而降低货币政策传导效率。另一方面，银行数字化转型在提升金融服务普惠的同时，降低了银行与企业之间的贷款期限，而贷款合约的缩短会导致政策利率更易影响到合约到期企业的融资成本，增大企业投资对政策利率的敏感性，从而提升货币政策传导效率。

实践上，数字经济在我国快速发展，与之相伴的是产生和沉淀了微观主体的大量"数字足迹"。借助新兴数字技术和大数据资源，开展数字化转型能有效提升银行对微观企业主体的认识，减少信息不对称引发的金融摩擦，并帮助银行下沉客户群体。但是，在数字化转型赋能提高信贷服务普惠性的同时，银行信贷模式、风险承担随之变化，信用借贷占比上升，客户群体总体风险增大。为更好支持实体经济和控制经营风险，银行倾向于缩短企业贷款期限、提高企业贷款频率。《2024年第四季度中国货币政策执行报告》显示，2024年末，企（事）业单位短期贷款在全部企（事）业贷款中占比为29.6%。

本章在新凯恩斯动态随机模型框架内，融入了银行与企业之间的需求侧金融摩擦、银行与储户之间的供给侧金融摩擦，同时加入了银行贷款期限转换机制，以此构建了一个统一的研究框架。采用该模型，本章分析讨论了紧缩性货币政策冲击对企业投融资行为和产出的影响，对比分析了两类金融摩擦、贷款期限转换机制在其中发挥的作用，并考察了银行数字化转型对货币政策传导有效性的综合影响。研究发现，在紧缩性货币政策冲击下，需求侧金融摩擦发挥的作用效果最明显，其次为银行贷款期限转换机制，而供给侧金融摩擦的作用最小。银行数字化转型在转型初期会降低货币政策传导效率，但在一定阶段之后将提高货币政策传导有效性，引起投资、产出等宏观经济变量波动加大。从社会福利角度来看，银行数字化转型初期仅会引起轻微的居民福利损失，但随着数字化转型的持续深入，其会导致居民福利损失大幅扩大。

与现有研究相比，本章的边际贡献主要体现在三个方面。其一，在研究视角上，本章首次研究了银行数字化转型对货币政策传导效率的影响，丰富和拓展了金融科技对货币政策影响领域的研究。其二，在研究方法上，本章首次将供需金融摩擦、贷款期限转换融入一个统一的研究框架，比较分析了这三个机制在货币政策冲击引起的宏观经济效应中扮演的角色和起到的重要性，这是对金融周期相关研究的拓展和补充，并为以后相关研究提供了一个基准的分析框架。其三，在研究启示上，本章研究深化了银行数字化转型对货币政策传导有效性影响及其内在机理的认识，这为我国中央银行在金融与科技融合背景下，如何改善总需求管理提供重要参考。

本章内容安排如下：第一部分是文献综述，介绍了与本章内容相关的三类文献；第二部分是理论模型，构建了融入供需金融摩擦、贷款期限转换的动态随机一般均衡模型；第三部分是参数校准与模型机制，采用主流文献做法校准了模型参数，并对模型的主要传导机制进行了阐释；第四部分是紧缩性货币政策的数值模拟和福利分析，首先评估了紧缩性货币政策冲击对经济波动的影响，其次分析了三个传导机制在其中的作用和相对大小，再次考察了银行数字化转型对货币政策传导效率的综合效应，最后研究了银行数字化转型对社会福利的影响；第五部分是本章小结。

一、文献综述

本章与金融科技对货币政策传导效率影响的研究紧密相关。目前，该类研究仍较为不足。从信贷渠道来看，战明华等（2018）研究表明，互联网金融会减少金融摩擦，并产生银行资产负债表的结构调整效应，从而弱化货币政策的信贷传导渠道。就不同类型货币政策而言，刘澜飚等（2016）基于微观银行学的框架，发现互联网金融通过银行同业市场提高了价格型货币政策的有效性，并通过加剧狭义货币政策波动减弱了数量型货币政策的有效性。这一结论得到了宋清华等（2021）实证研究的支持。从货币政策的传导渠道看，战明华等（2020）通过构建一个拓展的 IS-LM-CC 模型，比较分析了数字金融对货币政策的利率传导渠道和信贷传导渠道的作用。基于条件脉冲响应 IVAR 模型，他们发现数字金融发展总体上提升了货币政策的传导效率。当前，金融科技企业与传统银行之间存在竞争与合作的紧密关系，而上述研究主要考察金融科技企业或金融科技的总体发展对货币政策传导效率的影响，鲜有文献聚焦银行数字化转型对货币政策传导有效性的影响。毫无疑问，这一影响将更为直接。为此，本章在一个新凯恩斯框架内研究银行数字化转型对货币政策传导效率的作用。

本章还涉及金融摩擦对宏观经济波动影响的研究。现有文献对金融摩擦的刻画主要存在两种方式。一类是 Bernanke 等（1999）关于银行与企业的需求侧金融摩擦，另一类是 Gertler 和 Karadi（2011）引入的银行与储户供给侧金融摩擦。当前，已有一些研究探讨了双重金融摩擦对宏观经济波动产生的影响。理论上，供需金融摩擦对外生冲击引起的经济波动均会起到放大作用。Rannenberg（2016）在 DSGE 模型内同时引入两类金融摩擦，考察了银行与企业资产负债表冲击对 2008 年国际金融危机后美国经济"大衰退"期间投资、企业外部融资溢价的解释效果。张云等（2020）研究表明，由于供需金融摩擦的存在，技术冲击引起的企业和银行资产负债表的顺周期调整，均会导致企业外部融资溢价的逆周期变化，从而对经济波动产生双重加速效应。对比两类金融摩擦影响的相对大小,他们发现需求侧金融摩擦引起的放大效应大于供给侧金融摩擦。朱军等(2020)构建了双重金融摩擦的 DSGE 模型,发现引入供需金融摩擦的模型对中国现实经济具有较好的拟合效果,并据此分析了财政政策的有效性。但是上述文献存在的一个不足之处是,假定模型中的贷款或债券合约仅为一期,这难以反映银行将短期储蓄转换为长期信贷的经营行为。因此,本章对双重金融摩擦模型作了进一步拓展,融入了银行与企业贷款期限合约因素,使得模型更贴近我国经济现实。

最后一类文献是与贷款期限相关的研究。在理论方面,Andreasen 等(2013)首次在动态一般均衡模型内纳入了银行贷款期限转换因素,考察长期信贷和期限转换对经济波动的影响,发现银行贷款期限延长会减弱技术冲击对企业投资的影响。在实证层面,多项研究发现,贷款期限结构对货币政策冲击的传导具有重要作用。Almeida 等(2012)研究表明,在信贷紧缩期,由于贷款到期企业更容易发生银行断贷和流动性风险,过短的债务期限会增大紧缩性信贷冲击对企业投融资的负面影响。刘海明和李明明(2020)基于微观企业数据考察货币政策对企业的经济效应,发现企业贷款中的短期贷款占比越高,货币政策对企业投融资的影响会越大。他们进一步分析发现,贷款期限还会放大紧缩性货币政策降低企业代理成本的作用,从而有助于公司治理水平的提升。上述文献产生了富有启发的研究洞见,不过仍存在有待进一步丰富的研究空间。例如,哪些因素引起了贷款期限结构的调整,进而对货币政策冲击产生了什么影响?本章对此展开研究,在一个新凯恩斯模型框架内,考察银行数字化转型通过作用于贷款期限结构,对货币政策传导效率的影响。

二、理论模型

参考 Bernanke 等(1999)、Christensen 和 Dib(2008)、Gertler 和 Karadi(2011)、Andreasen 等(2013)等相关研究,本章在双重金融摩擦的新凯恩斯动态随机一般均衡模型框架内,引入了银行贷款期限转换特征。模型包括六个部门,分别为居民、企业、银行、资本品生产商、零售商和中央银行。具体而言,居民部门通过劳动、储蓄和因企业所有权提取利润等渠道获得收入,将收入的一部分用于消费,剩下的收入用于下一期的储蓄。银行部门从居民部门获得短期资金，通过期限转换方式，向企业家提供信贷支持。本章中的企业部门由企业家和中间品生产商两个子部门构成。企业家部门通过银行贷款和自有资金从资本品生产商部门购买资本品，并向中间品生产商租赁资本。中间品生产商部门通过向居民部门雇佣劳动和从企业家部门租赁资本，从事中间产品的生产。为内生化资本品价格和引入价格黏性，本章参考标准新凯恩斯模型的设定，分别加入了资本品部门和零售商部门。由于本章关注的重点与政府税收、政府支出不存在关系，因而本章在模型中并未纳入政府财政部门。最后，中央银行通过货币政策实施总需求的宏观调控。

（一）居民

遵循标准宏观模型的设定，假定代表性居民生存期限无限长，通过选择消费、提供劳动和进行储蓄实现终身效用最大化，其目标函数形式为

$$\max \quad E_0 \sum_{t=0}^{\infty} \beta^t \left(\ln(C_t - \eta C_{t-1}) - \chi \frac{L_t^{1+\xi}}{1+\xi} \right) \qquad (6-1)$$

其中，E表示预期算子，β表示居民的主观贴现因子，C_t表示居民的实际消费，L_t表示居民的劳动供给量。η为居民的消费惯性系数，以刻画居民跨期的消费习惯。χ为常数，衡量同期消费与劳动供给的替代关系。ξ表示弗里希（Frisch）劳动供给弹性系数的倒数，反映同一效用水平下劳动供给对实际工资的反应程度。

在每一期，除了获得零售商利润之外，代表性居民提供劳动和黏性储蓄，获得收入，并用于消费支出和下一期的储蓄。考虑到这些因素，居民的预算约束方程为

$$C_t + D_t \leq \frac{R_{t-1} D_{t-1}}{\pi_t} + W_t L_t + F_t \qquad (6-2)$$

其中，D_t为居民在银行的储蓄，R_t为无风险名义利率。W_t为实际工资，由劳动力市场供给出清决定。F_t为资本品生产商、零售商支付给居民的利润。在预算约束式（6-2）条件下，居民通过选择消费C_t、储蓄D_t和劳动供给L_t实现预期贴现效用最大化，一阶条件分别为

$$\lambda_t = \frac{1}{C_t - \eta C_{t-1}} - \beta \eta E_t \left(\frac{1}{C_{t+1} - \eta C_t} \right) \qquad (6-3)$$

$$\chi L_t^{\xi} = \lambda_t W_t \qquad (6-4)$$

$$1 = \beta E_t \frac{\lambda_{t+1}}{\lambda_t} \frac{R_t}{\pi_{t+1}} \qquad (6-5)$$

其中，λ_t 为居民预算约束方程的拉格朗日乘子，衡量居民消费的边际效用。式 (6-4) 为居民消费与劳动供给的期内替代条件，式 (6-5) 为居民当期消费与储蓄之间的替代条件。

(二) 企业

本章中企业由企业家和中间品生产商组成。企业家与银行签订的是固定利率的借贷合约，在合约到期之前借款利率保持不变，而在到期之后会以新的利率重新签订合约。参考 Andreasen 等 (2013)，假定每期仅有 $1-\alpha_K$ 比例的企业家能够调整资本需求量，而剩下 α_K 比例的企业家不能调整资本，仅能向中间品生产商租赁过去某一期的资本。值得注意的是，企业家与银行签订的固定借款合约与上述设定能保持逻辑的内在一致性。每期均有 $1-\alpha_K$ 比例的企业家能通过与银行重新借款合约，调整资本水平，但事前并不明确合约的期限。不过，就平均意义而言，企业家与银行签订借款合约的平均期限为 $T = \frac{1}{1-\alpha_K}$。

1. 企业家

假定企业家风险中性，使用自有净资产 $N_{E,t}$ 和从银行贷款的资金 $B_t = Q_t K_t - N_{E,t}$，每期以价格 Q_t 从资本品生产商购买生产性资本 K_t。企业家的资本预期收益由资本边际收益 z_t 和资本价值收益组成，具体形式为

$$E_t R_{K,t+1} = E_t \frac{z_{t+1} + (1-\delta) Q_{t+1}}{Q_t} \qquad (6-6)$$

参考 Bernanke 等 (1999) 的研究，由于企业的生产行为具有违约风险，且生产信息对银行来说并不直接可见，银行要了解企业事后的收益状况，需要花费一定的审计成本。因此，企业家的名义外部融资边际成本为银行要求的贷款平均利率 $R_{B,t}$ 和外部融资溢价的乘积。企业家对资本的最优需求量取决于资本预期收益和实际外部融资边际成本。因此，企业家的最优资本需求保证了

$$E_t R_{K,t+1} = E_t S\left(\frac{Q_t K_t}{N_{E,t}}\right) \frac{R_{B,t}}{\pi_{t+1}} \qquad (6-7)$$

其中，$\frac{Q_t K_t}{N_{E,t}}$ 表示企业家的杠杆率；$S(\cdot)$ 表示外部融资溢价，满足 $S(1) = 1$，

$S'(\cdot) > 0$。这表明，由于信息不对称和违约风险的存在，企业家依靠外部融资的比例越大，即杠杆率越高，融资溢价越高。在外部冲击引起企业家净资产减值时，企业的外部融资成本上升，抑制资本投资和产出，从而产生"金融加速器效应"。借鉴 Cespedes 等（2004），假定 $S(x) = x^\mu$，$\mu \geq 0$。μ 为企业家风险溢价弹性，反映了信贷需求端的金融摩擦程度，其取值越大表示企业外部融资风险溢价受到自身资产负债率的影响越大。

假定每期期末企业家将投资收益用于偿还上一期的贷款本息，并将剩余收益中的 ϕ_C 用于消费，因此企业家的资产净值积累方程为

$$N_{E,t+1} = (1 - \phi_C)\{R_{K,t}Q_{t-1}K_{t-1} - E_{t-1}[R_{K,t}(Q_{t-1}K_{t-1} - N_{E,t-1})]\}$$
(6-8)

2. 中间品生产商

本章中的中间品生产商向企业家租赁资本，并向居民雇佣劳动，从事中间产品的生产。中间品生产商的生产函数遵从标准的 Cobb-Douglas 形式

$$Y_t = A_t K_t^\alpha L_t^{1-\alpha} \tag{6-9}$$

其中，α 为资本产出弹性，全要素生产率冲击 A_t 服从标准的一阶自回归过程 AR(1)。中间品生产商的资本来自企业家，因此与企业家并非每一期均能调整资本相一致，每期仅有 $1 - \alpha_K$ 比例的生产商能够调整资本需求，而剩下 α_K 比例的生产商仅以过去租赁的资本水平进行生产。在 t 期，那些能调整资本水平的生产商选择相同的资本 $\widetilde{K}_t$，而剩下的生产商仅使用 $t-j$ 的资本 k_{t-j}，其中 $j = \{0,1,2,\cdots\}$。但是，所有生产商均能最优调整劳动需求量 $\widetilde{L}_{t|t-j}$。因此，中间品生产商的最优化目标函数为

$$\max \quad E_t \sum_{j=0}^\infty \alpha_K^j \beta^j \frac{\lambda_{t+j}}{\lambda_t}\left(\frac{A_{t+j}\widetilde{K}_t^\alpha \widetilde{L}_{t+j|t}^{1-\alpha}}{X_{t+j}} - z_{t+j}\widetilde{K}_t - w_{t+j}\widetilde{L}_{t+j|t}\right)$$

其中，X_t 表示中间品价格与零售商产品价格之比的倒数。中间品生产商关于资本的一阶最优条件为

$$E_t \sum_{j=0}^\infty \alpha_K^j \beta^j \frac{\lambda_{t+j}}{\lambda_t}\left(\frac{A_{t+j}\widetilde{K}_t^{\alpha-1}\widetilde{L}_{t+j|t}^{1-\alpha}}{X_{t+j}} - z_{t+j}\right) = 0 \tag{6-10}$$

若 α_K 大于 0，则生产商对资本的最优需求取决于未来预期资本边际产品和资本租金率的贴现值。若 α_K 等于 0，则式（6-10）就转化为常规的资本需

求方程形式，即资本边际产品等于资本的租金率。

对于劳动需求而言，所有中间品生产商每期都能最优调整，其资本与劳动比率相同。因此，生产商对劳动的一阶条件为

$$L_t = \left(\frac{w_t}{X_t A_t (1-\theta)}\right)^{-\frac{1}{\alpha}} K_t \qquad (6-11)$$

假定资本折旧率为 δ，中间品资本的积累方程为

$$K_{t+1} = (1-\delta)K_t + \left(1 + f\left(\frac{I_t}{I_{t-1}}\right)\right)I_t \qquad (6-12)$$

（三）银行

借鉴 Gertler 和 Karadi（2011），本章引入了银行。此种类型的银行需要满足两个重要假定。其一，假定居民与银行之间存在代理问题，以此约束银行对企业家的信贷供给量，从而引入信贷供给端的摩擦。其二，为避免银行能积累充足财富而无需居民的储蓄，假定每期银行以 $1-\alpha_B$ 的概率退出市场，将自身财富转移至居民部门。

代表性银行将从居民部门吸收的短期储蓄资金 D_t 和自有资金 $N_{B,t}$，借贷给企业家部门。因此，银行的资产负债表恒等式为

$$Len_t = D_t + N_{B,t} \qquad (6-13)$$

其中，Len_t 表示银行的贷款量。在每一期，银行发放贷款的收益为 Rev_t，负债的总成本为 $R_t D_t$，代表性银行的净值为

$$N_{B,t+1}(i) = Rev_{i,t} - R_t D_{i,t} \qquad (6-14)$$

将式（6-13）代入式（6-14），则式（6-14）变为

$$N_{B,t+1}(i) = Rev_{i,t} - R_t Len_{i,t} + R_t N_{B,t}(i) \qquad (6-15)$$

由于每期仅有比例为 α_K 的企业家会重新与银行签订合约，因此银行的总贷款量为

$$Len_t = \int_0^1 B_{i,t} di = (1-\alpha_K)B_t + (1-\alpha_K)\alpha_K B_{t-1} + \cdots$$

$$= (1-\alpha_K)\sum_{j=0}^{\infty} \alpha_K^j B_{t-j} \qquad (6-16)$$

相应地，银行贷款的总收益为

$$Rev_t = (1-\alpha_K)\sum_{j=0}^{\infty}\alpha_K^j R_{B,t-j}B_{t-j} \tag{6-17}$$

式（6-16）至式（6-17）显示，在 t 期，比例为 $1-\alpha_K$ 的银行与同期改变资本需求水平的企业家签订贷款合约，贷款金额和贷款利率分别为 B_t、$R_{B,t}$。类似地，在 $t-1$ 期，比例为 $(1-\alpha_K)\alpha_K$ 的银行与同期调整资本的企业家以利率 $R_{B,t-1}$ 签订贷款金额为 B_{t-1} 的合约。由此来看，参数 α_K 越大将使得当期贷款利率 $R_{B,t}$ 的变动对银行总收益的影响越大。

假定每期期末，银行有能力将居民比例为 ϕ 的总资产转移出去，但代价是银行破产，并归还剩下比例的资产。因此，银行愿意选择继续经营的条件是银行持有价值要高于转移资产的收益，即满足的激励相容约束为

$$V_t \geq \phi Len_t \tag{6-18}$$

假定每期会有比例为 $1-\alpha_B$ 的银行破产，并有相同比例银行进入市场，以维持银行总数不变。银行的目标是最大化预期总价值，具体形式为

$$\max V_t = E_t\sum_{j=0}^{\infty}(1-\alpha_K)\alpha_K^j\beta^{j+1}\frac{\lambda_{t+j+1}}{\lambda_t}N_{t+j+1} \tag{6-19}$$

通过计算，式（6-18）可转化为

$$V_t = \nu_t Len_t + \gamma_t N_{B,t} \tag{6-20}$$

同时，为使公式表达更为简洁，本章以递归形式表示 ν_t 和 γ_t，其形式分别为

$$\nu_t = E_t(1-\alpha_B)\beta\frac{\lambda_{t+1}}{\lambda_t}\left(\frac{Rev_t}{Len_t}-R_t\right)+E_t\alpha_b\beta\frac{\lambda_{t+1}}{\lambda_t}\frac{Len_{t+1}}{Len_t}\nu_{t+1} \tag{6-21}$$

$$\gamma_t = E_t(1-\alpha_B)\beta\frac{\lambda_{t+1}}{\lambda_t}R_t+E_t\alpha_b\beta\frac{\lambda_{t+1}}{\lambda_t}\frac{N_{B,t+1}}{N_{B,t}}\gamma_{t+1} \tag{6-22}$$

在 $0<\nu_K<\phi$ 时，银行满足激励相容紧约束，此时

$$Len_t = \frac{\gamma_t}{\phi-\nu_t}N_{B,t} = \Phi_t N_{B,t} \tag{6-23}$$

其中，$\Phi_t = \frac{\gamma_t}{\phi-\nu_t}$ 定义为银行的杠杆率。式（6-23）表明，银行贷款规模受到银行净资产和杠杆率的约束。银行转移的资产份额参数 ϕ 刻画了信贷供给端的金融摩擦程度，其数值越大，表明银行信贷受到的约束越大，即银行所能发放的贷款量越少。

由于每期银行会以概率 $1-\alpha_B$ 破产,新加入银行的启动资金为破产银行净资产的 ψ 份额,则加总后的银行净资产积累方程为

$$N_{B,t+1} = \alpha_B(Rev_t - R_t Len_t + R_t N_{B,t}) + \psi(1-\alpha_B)N_{B,t} \quad (6-24)$$

(四)资本品生产商

参照 Christiano 等(2005)、黄志刚和许伟(2017)等的研究,为内生化资本品价格,本章加入了资本品生产商。资本品生产商由居民持有,每期从企业家购买未折旧的资本,同时从最终品零售商处购买产品,生产新资本品,并将新资本品出售给企业家。假定重置折旧资本品成本等于1,新资本品价格为 Q_t。因此,资本品生产商最优化目标函数为

$$\max_{I_t} E_t \sum_{i=0}^{\infty} \beta^i \frac{\lambda_{t+i}}{\lambda_t} \left\{ Q_t I_{t+i} - \left[1 + f\left(\frac{I_{t+i}}{I_{t+i-1}}\right)I_{t+i}\right] \right\}$$

其中,$f(\cdot)$ 表示资本品生产的调整成本,满足 $f(1) = f'(1) = 0$,$f''(1) > 0$,该性质保证调整成本不影响资本品的稳态。假定 $f\left(\frac{I_t}{I_{t-1}}\right) = \frac{\phi_I}{2}\left(\frac{I_t}{I_{t-1}} - 1\right)^2$,$\phi_I$ 表示资本品投资调整成本参数。资本品生产商关于投资的最优决策决定了资本品的价格

$$Q_t = 1 + f\left(\frac{I_t}{I_{t-1}}\right) + f'\left(\frac{I_t}{I_{t-1}}\right)\frac{I_t}{I_{t-1}} - \beta E_t \frac{\lambda_{t+1}}{\lambda_t}\left(\frac{I_{t+1}}{I_t}\right)^2 f'\left(\frac{I_{t+1}}{I_t}\right) \quad (6-25)$$

(五)零售商

参考 Bernanke 等(1999),零售商属于居民所有,从中间品生产商购买产品,以 Dixit – Stiglitz 函数形式加工组装,生产最终品,将产品销售给居民、资本品生产商等其他部门,其所得利润返还给居民部门。依据 Calvo(1983)的定价法则,假定每期零售商有 $1-\theta$ 的概率调整商品价格,其最优定价目标函数为

$$\max_{P_t^*(j)} E_t \sum_{i=0}^{\infty} \theta^i \beta^i \frac{\lambda_{t+i}}{\lambda_t}\left(\frac{P_t^*(j)}{P_{t+i}} - \frac{1}{X_{t+i}}\right)Y_{t+i}^*(j)$$

其中,$P_t^*(j)$ 表示零售商商品的最优定价,$Y_{t+i}^*(j) = \left(\frac{P_t^*(j)}{P_{t+i}}\right)^{-\varepsilon} Y_{t+i}$,参数 ε 为中间品生产商产品之间的替代弹性。零售商关于 $P_t^*(j)$ 的最优一阶条件为

$$E_t \sum_{i=0}^{\infty} \theta^i \Lambda_{t,t+i} \left(\frac{P_t^*(j)}{P_{t+i}} - \frac{X}{X_{t+i}} \right) Y_{t+i}^*(j) = 0 \qquad (6-26)$$

其中，$X = \frac{\varepsilon}{\varepsilon - 1}$，表示稳态时的价格加成比例。通过计算，零售商的最优定价方程为

$$P_t^* = X \frac{X_{1,t}}{X_{2,t}} \qquad (6-27)$$

其中，$X_{1,t} = \lambda_t P_t^\varepsilon \frac{Y_t}{X_t} + \beta\theta E_t X_{1,t+1}$，$X_{2,t} = \lambda_t P_t^{\varepsilon-1} Y_t + \beta\theta E_t X_{2,t+1}$。由于每一期均有 θ 比例零售商不改变商品价格，因此加总价格水平为

$$P_t^{1-\varepsilon} = (1-\theta)(P_t^*)^{1-\varepsilon} + \theta P_{t-1}^{1-\varepsilon} \qquad (6-28)$$

（六）中央银行

中央银行实施总需求管理，通过调整无风险利率调节通货膨胀和产出缺口，其货币政策具有标准的泰勒规则（Taylor Rule）形式

$$\frac{R_t}{R} = \left(\frac{R_{t-1}}{R} \right)^{r_R} \left(\left(\frac{\pi_t}{\pi} \right)^{r_\pi} \left(\frac{Y_t}{Y} \right)^{r_Y} \right)^{1-r_R} e^{\varepsilon_t^R} \qquad (6-29)$$

其中，ρ_R 为利率规则的惯性参数，r_π、r_Y 分别表示通货膨胀与产出缺口在利率规则中的权重，ε_t^R 是利率规则的外生冲击。

（七）一般均衡条件

一般均衡定律要求商品市场、劳动力市场与资本市场同时出清。整个经济系统的资源约束条件为

$$Y_t = C_t + I_t \qquad (6-30)$$

资本的总需求条件为

$$K_t = (1-\alpha_K)\widehat{K}_{t-1} + \alpha_K K_{t-1} \qquad (6-31)$$

三、参数校准与模型机制

（一）参数校准

假定模型中的一期对应一个季度。对于居民部门，参数包括 $\{\beta, \eta, \xi,$

χ}。居民主观贴现因子 β 取为 0.9925，对应年化利率 3%。对于消费习惯参数 η，王君斌和王文甫（2010）的估计值为 0.58，黄志刚（2011）和仝冰（2017）设定为 0.7，本章将该参数选取为 0.6，介于两者之间。参考李力等（2020），劳动供给对工资的弹性系数的倒数校准为 2，相当于劳动供给的弗里希弹性系数等于 0.5。通过将稳态的劳动供给标准化为 1/3，本章推算出参数 χ。对于企业部门，参数包括 $\{\alpha, \alpha_K, \mu, \phi_C\}$。借鉴许志伟和刘建丰（2019）、李力等（2020）等文献做法，资本产出弹性（α）设定为 0.5。$1-\alpha_K$ 刻画了企业家每期调整资本或重新与银行签订贷款合约的概率。参数 α_K 不影响模型的稳态，因此是一个自由参数。在基准情形下，本章将参数 α_K 校准为 0.3。对于企业家风险溢价弹性（μ），本章参考张云等（2020）的估计，将其校准为 0.09。参数 ϕ_C 为企业家的消费率，借鉴梅东州等（2015），本章将其取为 0.03。对于银行部门，参数包括 $\{\alpha_B, \phi\}$。参照田国强和赵旭霞（2019）、张云等（2020），银行存活率 α_B 校准为 0.97。银行所能转移的资产规模信贷 ϕ 反映了供给端金融摩擦，可由银行杠杆率 $\Phi = \dfrac{\gamma}{\phi - \nu}$ 校准。按照国家资产负债表中心测算的结果，本章将 Φ 设定为 2000—2018 年中国金融部门杠杆率平均值 3。对于资本品生产商部门，参数包括 $\{\phi_I, \delta\}$。对于资本品投资调整成本参数 ϕ_I，参考汪勇等（2019）的估计，本章取为 1.59。借鉴 Chang 等（2019），季度资本折旧率 δ 取为 0.035，对应的年度资本折旧率为 14%。对于零售商部门，参数包括 $\{\theta, \varepsilon\}$。θ 表示零售商每期不调整价格的概率，参照多数文献的做法取为 0.75。ε 为中间品替代弹性，参考 Iacoviello（2005）取为 21。对于中央银行部门，参数包括 $\{\rho_R, r_\pi, r_Y\}$。参考黄志刚和许伟（2017）的估计，泰勒规则的利率惯性系数 ρ_R 设定为 0.60，泰勒规则中的通胀反应系数 r_π、产出缺口反应系数 r_Y 分别选取为 1.52、0.36。

（二）模型机制

为便于理解后文的脉冲响应分析，此处从关键方程出发，对外部冲击影响经济波动的核心机制展开初步分析。银行数字化转型会同时影响到两类金融摩擦和贷款期限转换。

1. 金融摩擦机制

理论上，由于金融摩擦会放大货币政策利率冲击对信贷、投资、产出等经济变量的影响，因而降低金融摩擦有助于缩小这些变量的变化幅度，从而降低经济波动。

（1）需求端金融摩擦。由于银行需要花费一定的审计费用才能观测到企业的真实生产信息，这种信息不对称导致银行与企业家之间存在信贷需求端的金融摩擦。风险溢价弹性 μ 衡量了企业家外部融资风险溢价对自身资产负债率的敏感性，能够衡量信贷需求端的金融摩擦。通过实施数字化转型战略，银行能够有效降低银行与企业家之间的信息不对称，进而减少这种金融摩擦。随着银行数字化转型推动风险溢价弹性 μ 的下降，银行贷款利率上升所能推动的企业家贷款利率上升幅度缩小，引起信贷、投资受到的不利影响降低，促使经济总产出下降幅度随之缩小，从而降低了经济波动。

（2）供给端金融摩擦。由于银行存在挪用居民储蓄的道德风险，银行与居民之间也存在信息不对称问题，而银行能转移的资产比例 ϕ 能够反映供给侧的金融摩擦程度。由式（6-22）可以看出，银行转移的资产比例 ϕ 会制约银行的信贷规模。银行数字化转型会使得银行的各项运营更为高效、规范和透明，这会降低银行内部个人能够转移资产的可能性及资产规模，进而降低供给侧的金融摩擦。随着银行所能转移资产比例 ϕ 的下降，政策利率上升引起的银行对企业家提供的信贷供给下降减少，引起供给端利率上升幅度缩小，促使企业家贷款利率上升幅度随之降低，推动投资、产出等经济活动所受到的负面影响减少，从而降低了经济波动。

2. 贷款期限转换机制

作为金融中介，银行从居民部门吸收短期储蓄资金，通过期限转换，对企业家发放长期借贷资金。银行开展数字化转型会推动银行下沉企业客户，提高金融服务的普惠性，促使原先难以贷款的中小微企业有机会享受到信贷服务。但是，由于这些中小微企业的违约风险高、可抵押资产少等因素，出于规避风险和经营稳定性的考虑，银行会缩短对这些企业的贷款期限。在模型中，银行与企业家签订的贷款合约期限为 $T = \dfrac{1}{1-\alpha_K}$，其中参数 α_K 表示未重新签订贷款合约的比例，反映了贷款黏性程度。基于上述分析，银行数字化转型会通过减少未重新签订贷款合约的比例，缩小贷款合约期限。为便于对机制的讨论，假定各期企业家签订的银行贷款规模相同，在考虑贷款期限转换因素后，t 期银行贷款的平均利率表示为

$$\bar{R}_{B,t} = (1 - \alpha_K) \sum_{j=0}^{\infty} \alpha_K^j R_{B,t-j} \qquad (6-32)$$

对于一个特定期限的贷款合约来说，企业家在贷款合约到期或者重新签订贷款合约之前，面临固定不变的银行贷款利率 $R_{B,t-j}$。容易看出，相比长期贷款合约（参数 α_K 较大）而言，当期银行贷款利率（$R_{B,t}$）上升对银行短期贷款合约的平均利率影响更大，这会使得企业家面临的融资成本上升幅度增大，伴随而来的信贷、投资等经济活动受到的不利影响扩大，进而会加剧经济波动。

四、紧缩性货币政策的数值模拟和福利分析

在银行数字化转型之下，货币政策对实体经济的传导既可能因供需两端金融摩擦的减少而减弱，也可能因银行贷款期限缩短而增强。在探究银行数字化转型对货币政策传导有效性的净效应之前，本章采用数值模拟方法，首先分别评估了需求端金融摩擦、供给端金融摩擦与银行贷款期限变化对货币政策传导效率的影响。具体而言，本章模拟了货币政策利率上升 1 个百分点对宏观经济变量的影响。以风险溢价弹性 μ 来反映需求端金融摩擦，该参数取值越小，需求侧金融摩擦越小。以银行可转移资产比例 ϕ 刻画供给侧金融摩擦，其数值越小，表示供给侧金融摩擦越小。以参数 α_K 来体现银行贷款期限，其取值越小，表示银行贷款期限越短。在基准情景下，$\mu = 0.09$，$\phi = 0.294$，$\alpha_K = 0.15$。

（一）基准结果

图 6-1 展示了紧缩性货币政策对宏观经济变量影响的路径。政策利率上升，居民消费、企业投资下降，导致产出减少。中央银行实施紧缩性货币政策之后，居民储蓄利率上升，促使其储蓄激励上升，减少消费。银行负债端面临上升的融资成本，会通过提高贷款利率来转移压力，同时降低负债，推动银行净值上升，引起银行杠杆率下降。但与此同时，银行提高贷款利率会使得企业家的融资成本上升，引起其降低对投资的需求，造成资本品价格下降，资产净值减少，而这会恶化企业家的资产负债表，推高其杠杆率。此时，企业家风险溢价上升，导致其进一步降低投资，从而进一步降低资产净值，导致"金融加速器效应"的产生。由于居民消费、企业投资的相继下降，社会总需求随

之降低,从而导致总产出下降,经济陷入衰退。

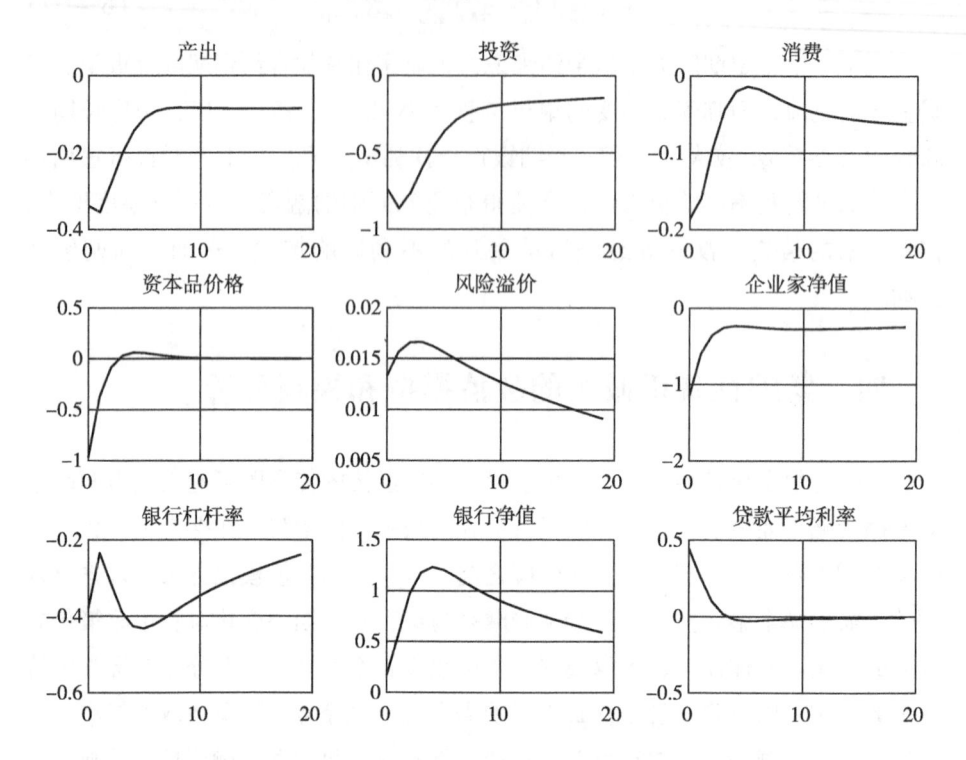

图6-1 紧缩性货币政策的宏观经济效应

(资料来源:作者计算)

注:图中横坐标表示时期,单位为季度;纵坐标表示变量偏离稳态的百分比。

(二) 传导机制分析

图6-2展示了需求端金融摩擦不同情景下紧缩性货币政策对经济变量的影响路径。随着银行与企业之间存在的需求端金融摩擦的减小,紧缩性货币政策对投资、产出的负面影响明显缩小。以 $\mu = 0.09$ 为基准情形,风险溢价弹性 μ 由0.09降为0.03时,货币政策利率上升1%,投资、产出下降幅度的最大值分别为基准情形的82.6%、63.0%。上述结果的产生主要在于需求端金融摩擦的下降弱化了"金融加速器效应",降低了货币政策冲击对投资、产出等宏观经济变量的影响。具体来说,面临政策利率上升同样的幅度,在银行提高贷款利率之后,由于需求端金融摩擦减少,企业融资成本上升幅度下降,促

使企业净值降幅缩小，推动企业受损的资产负债表出现一定程度的改善。同时，需求端金融摩擦减少会降低风险溢价对企业资产负债表的敏感性，这会引起投资需求降幅缩小，带动资本品价格降幅收窄。值得指出的是，由于需求侧金融摩擦主要影响到企业的投融资行为，对居民消费变化影响较小。因此，上述一系列变化会削弱"金融加速器效应"，使得政策利率上升对企业投资的不利影响减弱，从而推动产出降幅收窄，宏观经济波动幅度缩小。

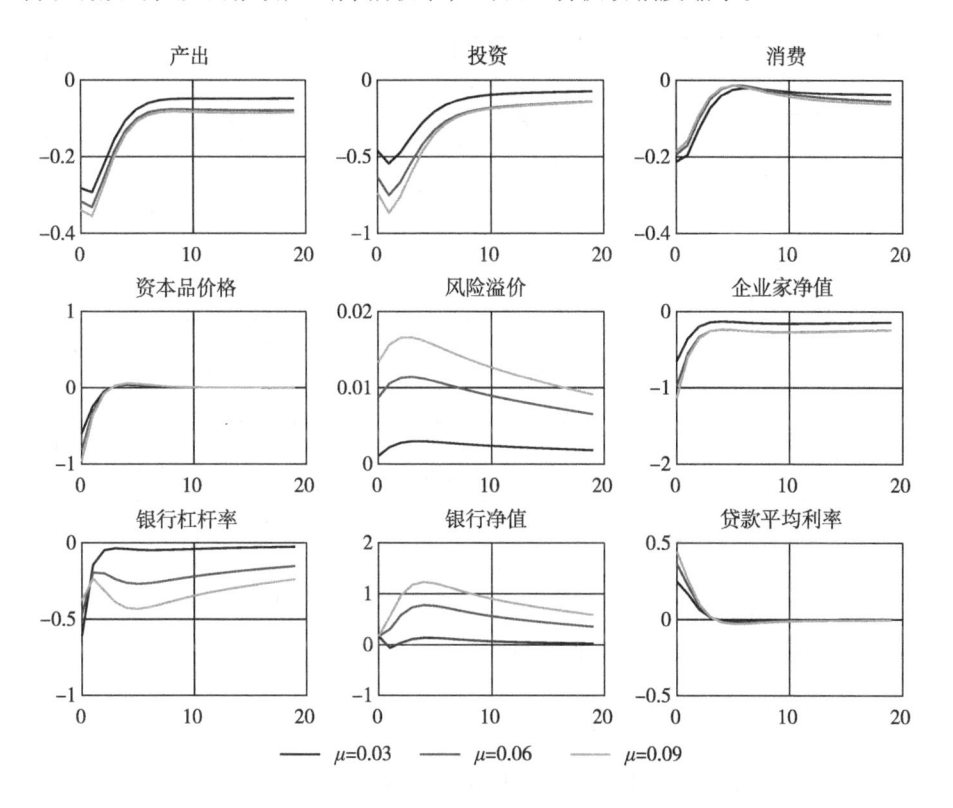

注：图中横坐标表示时期，单位为季度；纵坐标表示变量偏离稳态的百分比。

图6-2　不同需求端金融摩擦情形下，紧缩性货币政策的宏观经济效应
（资料来源：作者计算）

图6-3展示了供给端金融摩擦不同情景下紧缩性货币政策对经济变量的影响路径。在银行与居民之间存在的供给端金融摩擦下降时，紧缩性货币政策引起的投资、产出降幅改善微弱。以 $\phi = 0.294$ 为基准情形，银行可转移资产比例 ϕ 从 0.294 降至 0.098 时，政策利率上升1%，投资、产出下降幅度的最

大值分别为基准情形的 94.8%、92.3%。供给端金融摩擦作用的原理在于，通过约束银行资产负债表，限制银行所能发放的贷款规模，进而影响企业的投融资行为。由此可以看出，相比需求端金融摩擦而言，供给端金融摩擦对企业投资的传导路径更长，导致作用效果大大减弱，这与张云等（2020）的研究结论一致。

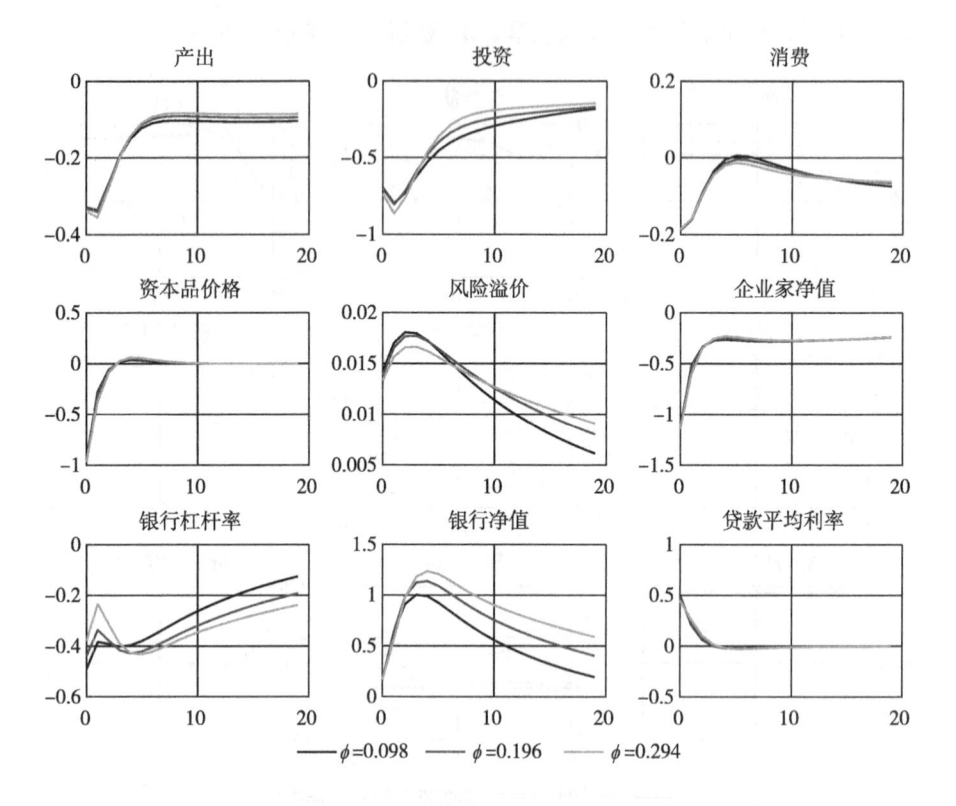

注：图中横坐标表示时期，单位为季度；纵坐标表示变量偏离稳态的百分比。

图 6-3　不同供给端金融摩擦情形下，紧缩性货币政策的宏观经济效应

（资料来源：作者计算）

图 6-4 展示了银行贷款期限不同情景下紧缩性货币政策对经济变量的影响路径。随着银行与企业之间签订的贷款合约期限缩短，紧缩性货币政策对产出、投资的不利影响显著增大。以 $\alpha_K = 0.15$ 为基准情形，银行贷款期限参数 α_K 从 0.15 降至 0.05 时，中央银行政策利率提高 1%，投资、产出下降幅度的最大值分别为基准情形的 108.2%、124.4%。其内在原因在于，在贷款合约

期限缩短时，每期会有更多的企业与银行签订新合约，这会使得货币政策利率上升影响到更多企业的投融资，进而放大对投资、产出的影响。具体而言，政策利率上升同样幅度时，贷款期限的缩短使得银行的贷款平均利率上升更大幅度，引起银行净值出现更大幅度改善，带动银行杠杆率下降更多，这会推动企业融资成本上升更多，企业净值下降更多。在需求侧金融摩擦作用下，企业资产负债表出现更大程度恶化，导致风险溢价升幅扩大，进而引起企业投资更大幅度下降。作为社会总需求的重要构成，企业投资下降幅度增大会推动产出出现更大降幅。由此来看，银行贷款期限转换渠道除了直接影响企业投资、产出外，还会借由需求端金融摩擦渠道放大"金融加速器效应"。

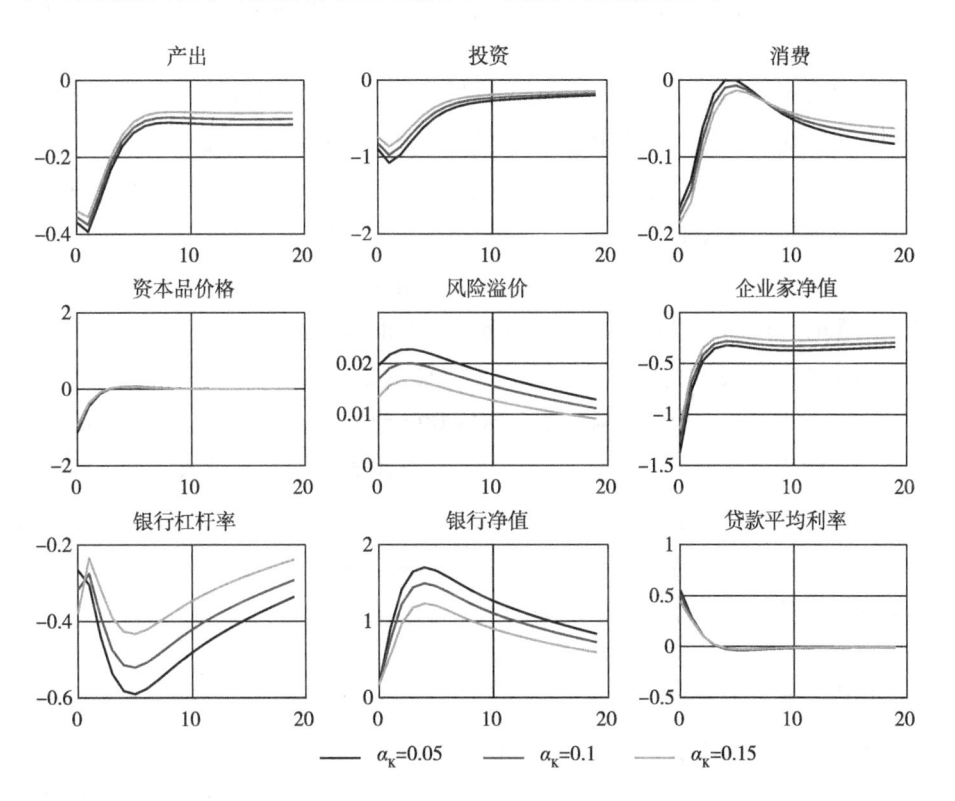

注：图中横坐标表示时期，单位为季度；纵坐标表示变量偏离稳态的百分比。

图 6-4 不同银行贷款期限转换情形下，紧缩性货币政策的宏观经济效应

（资料来源：作者计算）

综上所述，从各渠道对货币政策传导效率影响的相对大小来看，需求端金融摩擦渠道发挥的作用最大,其次为银行贷款期限转换渠道,供给侧金融摩擦渠道的效应最小。

(三) 银行数字化转型的综合影响

如上所述,银行数字化转型在降低需求端、供给端金融摩擦的同时,也会缩短银企之间贷款合约的期限。本章以参数 ν 刻画银行数字化转型程度,其取值越大,银行数字化转型程度越高。为了考察银行数字化转型对货币政策宏观经济效应的综合影响,本章假定银行数字化转型参数 ν 会以相同方式影响上述三个传导机制参数 μ、ϕ 和 α_K。具体而言,令 $\tilde{\mu} = \frac{\mu}{\nu}$、$\tilde{\phi} = \frac{\phi}{\nu}$、$\tilde{\alpha}_K = \frac{\alpha_K}{\nu}$,即受银行数字化转型影响之后的三个传导机制参数变为 $\tilde{\mu}$、$\tilde{\phi}$ 和 $\tilde{\alpha}_K$。与上述对传导机制的分析保持一致,本章将银行数字化转型参数 ν 分别取值为 1、1.5 和 3。

图 6-5 展示了不同程度银行数字化转型在紧缩性货币政策下的宏观经济效应。随着银行数字化转型程度的逐步提高,紧缩性货币政策引发的投资、产出下降幅度先缩小,而后扩大。以 $\nu = 1$ 为基准情形,银行数字化转型参数上升至 1.5 时,产出、投资的最大降幅分别为基准情形的 98.3%、97.5%;而银行数字化转型参数提高至 3 时,产出、投资的最大降幅却分别为基准情形的 122.8%、105.2%。由此来看,银行数字化转型处于不同阶段,其对货币政策传导效率的影响具有明显差异。银行数字化转型在一定阶段之前,"金融加速器效应"大于银行贷款期限转换效应,从而降低货币政策的传导效率。但是,银行数字化转型一旦越过一定阶段,银行贷款期限转换效应会起到主导作用,导致货币政策传导效率上升,从而增大宏观经济波动。

(四) 社会福利分析

银行数字化转型会通过三个渠道影响货币政策冲击进而引起宏观经济波动,但对投资、产出的综合影响却与其自身转型程度有关。为进一步考察银行数字化转型对货币政策传导效应产生的影响,本章采用福利分析方法对此展开研究。参考 Schmitt-Grohe 和 Uribe (2007),本章使用基于消费的补偿性等价,针对货币政策冲击,考察银行数字化转型不同程度所产生的社会福利效应。居民部门基于经济状态的条件福利函数形式为

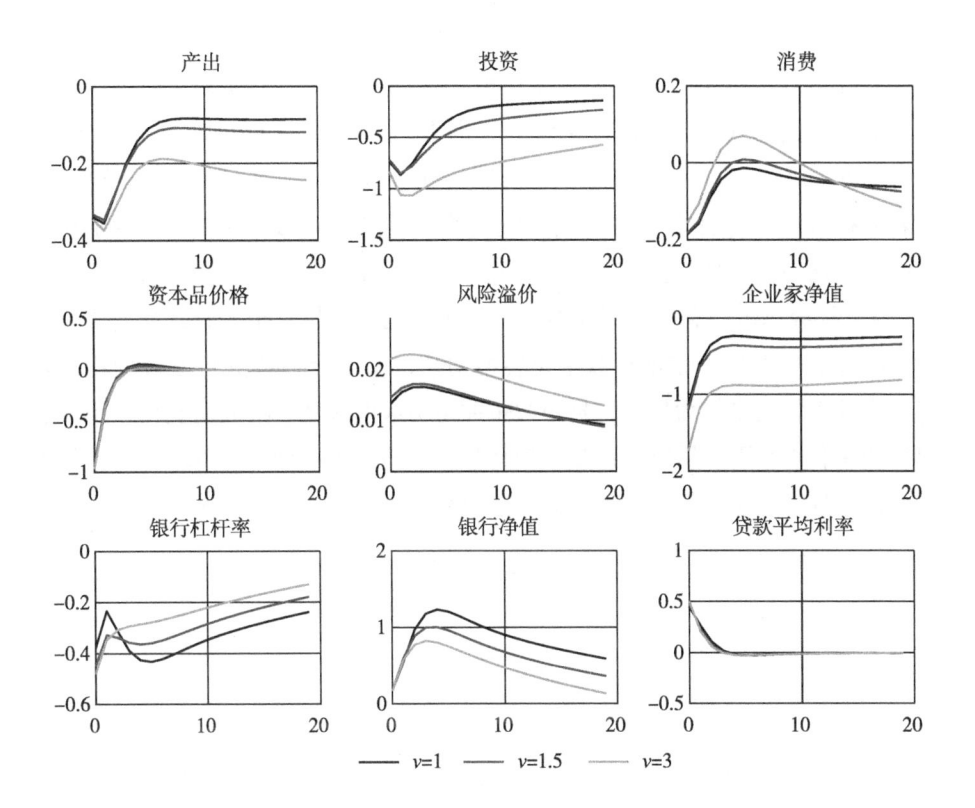

注：图中横坐标表示时期，单位为季度；纵坐标表示变量偏离稳态的百分比。

图 6-5　不同银行数字化转型情形下，紧缩性货币政策的宏观经济效应

（资料来源：作者计算）

$$W_t = E_t \sum_{i=0}^{\infty} \beta^i \left(\ln(C_{t+i} - \eta C_{t+i-1}) - \chi \frac{L_{t+i}^{1+\xi}}{1+\xi} \right) \quad (6-33)$$

采用递归形式，式（6-33）可以转化为

$$W_t = \ln(C_{t+i} - \eta C_{t+i-1}) - \chi \frac{L_{t+i}^{1+\xi}}{1+\xi} + \beta E_t W_{t+1} \quad (6-34)$$

通过将模型展开至二阶，本章可计算出居民部门的福利水平。居民部门的福利函数与银行数字化转型程度有关，因此可以计算出相比于状态 A（基准情形），银行数字化转型至状态 B 时，其所需的消费补偿比率 λ 为

$$W_{B,t} = E_t \sum_{i=0}^{\infty} \beta^i \left(\ln(1+\lambda)(C_{A,t+i} - \eta C_{A,t+i-1}) - \chi \frac{L_{A,t+i}^{1+\xi}}{1+\xi} \right) \quad (6-35)$$

由式（6-35）可以计算出 λ 的表达式为

银行数字化转型与货币政策传导有效性

$$\lambda = e^{(1-\beta)(W_{B,t}-W_{A,t})} - 1 \qquad (6-36)$$

若 $\lambda > 0$，则说明相比状态 A，居民更偏好状态 B，意味着银行数字化转型提高了居民福利；反之，若 $\lambda < 0$，则表明银行数字化转型降低了居民福利。图 6-6 给出了不同银行数字化转型程度下社会福利的变化。整体而言，随着银行数字化转型程度的加深，社会总体福利水平持续下降，并呈现加速的非线性变化趋势。从数值上看，相比基准情形，银行数字化转型参数 ν 上升至 1.5 时，社会总体福利水平下降不到 0.01%，而在其提高至 3 时，社会福利损失却超过了 0.08%。在银行数字化转型初期，由于金融摩擦与银行贷款期限转换机制作用效果较为接近，货币政策冲击引起的宏观经济波动变化较小，引起社会福利水平下降缓慢。但是，银行数字化转型进展到一定阶段之后，货币政策冲击带来的宏观经济波动加大，造成社会福利损失大幅扩大。

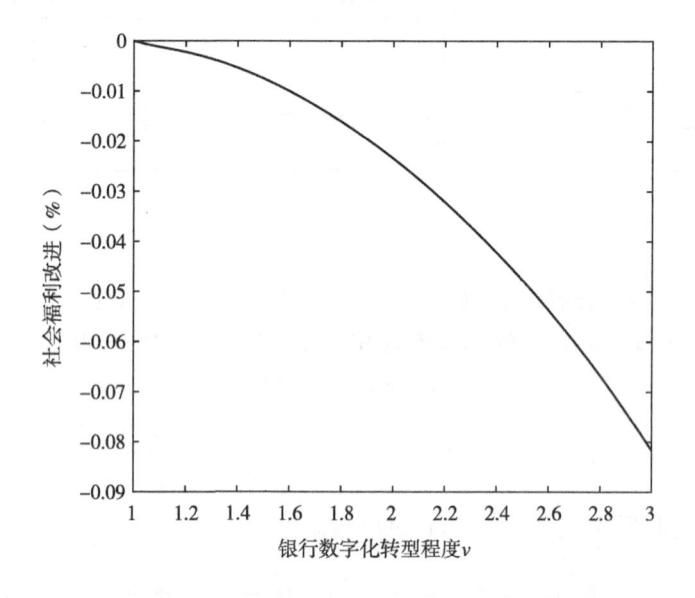

图 6-6 银行数字化转型对社会福利水平的影响

（资料来源：作者计算）

五、本章小结

伴随着我国数字经济的蓬勃发展，数字技术革新加快推动了银行数字化转型步伐。当前，我国仍以银行融资为主，银行在吸收居民短期储蓄资金的同时，通过贷款期限转换机制向企业发放中长期贷款，从而在社会资金融通中发挥了关键作用。以往理论与实践一致表明，信贷渠道是货币政策调控宏观经济的重要方式。银行数字化转型会对银行经营效率、资产负债表结构产生重要影响，进而影响到货币政策的传导效率。目前，仅有少量文献研究了金融科技的总体发展对货币政策传导效率的影响，而未关注银行对金融科技的反应及其数字化转型对货币政策传导有效性的作用。本章在新凯恩斯动态随机一般均衡模型框架内，引入了银行与企业借贷的需求侧金融摩擦，以及银行与居民之间委托代理关系中的供给侧摩擦，同时加入了银行贷款期限转换机制，以此构建了一个统一的研究框架。通过该研究框架，本章研究了银行数字化转型对货币政策传导效率的综合影响，并评估了各种传导机制的作用效果。

本章研究发现，银行数字化转型会通过减少需求侧金融摩擦、供给侧金融摩擦削弱货币政策的传导效率，并会以缩短银企贷款合约期限的方式增强货币政策的传导有效性；就渠道影响大小而言，需求侧金融摩擦作用最大，其次为贷款期限转换，而供给侧金融摩擦的作用最小；银行数字化转型对货币政策传导效率的影响具有非线性特征，呈现先减弱后增强的变化趋势；从社会福利变化来看，银行数字化转型总体上加剧了宏观经济波动，导致社会整体福利损失，并伴随着数字化转型程度的加深，社会福利水平下降幅度进一步扩大。

面对日新月异的金融科技革命浪潮，银行数字化转型是银行业的必然选择，关乎银行自身的生存与发展，也将对金融服务实体经济能力和货币政策的宏观调控效果产生重要作用。基于上述研究结论，本章给出两点政策启示。其一，充分发挥金融科技提升银行业经营效率、服务实体经济能力的作用，以减弱银行与企业、银行与储户之间的供需金融摩擦，从而平抑货币政策冲击所引发的经济波动，增强宏观经济稳定性。其二，银行数字化转型所引发的贷款期限缩短在提升货币政策传导效率的同时，也容易造成企业流动性风险、投资预期不稳定、长期投资不足等问题。对此，金融监管部门应加强对银行与企业贷款合约期限变化的关注，并与其他相关部门建立并完善经济稳定与金融稳定政策的协调配合机制。

第七章　银行数字化转型与货币政策传导效率：来自助贷模式的证据[①]

党的十九届五中全会强调，建设现代中央银行制度，完善货币供应调控机制，深化利率市场化改革，对健全现代货币政策框架提出了更高的要求。现代货币政策框架包括优化的货币政策目标体系、创新的货币政策工具体系和畅通的货币政策传导机制。其中，以深化利率市场化改革为抓手疏通货币政策传导机制，可以更好地支持金融服务实体经济。中国人民银行相继在 2013 年 7 月、2015 年 10 月取消了贷款利率、存款利率限制，我国利率市场化改革取得重要进展，但受制于政策性和体制性约束，货币政策的利率传导渠道尚未通畅，制约了货币政策直达实体经济的效果。如何更好地健全利率走廊机制，引导市场利率围绕央行政策利率为中枢进行波动，实现政策利率向其他市场利率传导是我国货币政策转型和优化的关键问题（马骏、纪敏，2016）。党的二十大报告指出，加快发展数字经济，促进数字经济和实体经济深度融合。数字经济的快速发展及数字技术的广泛应用深刻改变了金融市场结构与金融运行特征，进一步提升了数字经济与实体经济融合的"深度""广度"，对货币政策利率传导的"精度"必然产生重要影响（汪勇等，2022）。

近年来，随着居民收入水平持续上升，我国居民消费信贷增长显著。根据国家统计局数据，2015—2020 年期间，我国人民币消费信贷余额从 18.95 万亿元提高至 49.57 万亿元，年均复合增长 21.2%，而同期人民币贷款余额年均复合增长仅为 12.9%。相应地，我国人民币消费信贷余额占人民币贷款余额的比重从 2015 年的 20.2% 上升至 2020 年的 28.7%。有研究表明，消费信贷的扩张使货币政策传导增加了新的信用渠道，并提高了利率渠道的传导效率。但

[①] 本章核心内容已发表于《管理世界》2023 年第 4 期《数字化背景下中国货币政策利率传导效率研究——来自数字消费信贷市场的微观证据》。

是，这一结论尚未经过现实数据的验证。伴随云计算、大数据、人工智能和区块链等新兴数字技术在金融行业的广泛应用，科技对于金融的作用被不断强化，孕育出各种创新型金融服务模式和方式，推动金融业态发生深刻变革。在此背景下，银行卡等传统消费信贷呈现出新的模式，逐渐演变为互联网消费信贷。作为银行数字化转型的典型业务模式，银行与金融科技公司合作的互联网消费信贷是数字技术和消费信贷的新型结合，在传统消费信贷的基础上，融入了先进的数字技术，实现了申请、审批、放款、还款等步骤的数字化、网络化和智能化。因此，货币政策利率能否有效传导至互联网消费信贷市场，对于理解和完善银行数字化转型下的货币政策调控框架具有重要意义。

伴随着金融与科技日趋深入的融合，以助贷模式为基础、金融科技公司与商业银行联合开展的互联网信贷业务日渐普遍。本章以中小商业银行与金融科技公司合作以推进数字化转型的助贷模式为例，考察货币政策在互联网消费信贷市场的传导效率。数据上，本章使用了2018年1月1日至2020年12月31日的宏观时间序列数据和某具有代表性的助贷机构近50万用户逐笔借贷记录的微观数据。研究结果表明，我国货币市场利率能有效传导至互联网信贷市场。具体来说，7天期上海银行间同业拆放利率（Shibor）和7天期存款类机构质押式回购利率（DR）每提高1个基点，互联网消费贷款利率分别提高3.52个和2.45个基点，明显高于货币政策利率对银行传统贷款利率的传导效率（通常在0.1~0.7），表明银行数字化转型后，货币政策利率传导渠道更为畅通。同时，货币政策利率对互联网消费信贷市场中的高信用借款者、期限更长贷款产品的利率影响更大，表明该市场具有明显的信用溢价和违约风险溢价特征。进一步分析表明，以中期借贷便利（MLF）为代表的中期政策利率相比短期货币市场利率对互联网消费信贷利率具有更高的传导效率，且数量型货币政策也能传导至互联网消费信贷市场。货币政策利率在自身紧缩期传导效率更高，但过大的利率波动会降低货币政策利率的传导效率。在贷款市场报价利率（LPR）改革后，货币政策利率在互联网消费信贷市场上的传导效率出现了明显的下降迹象。此外，在互联网消费信贷市场上，货币政策的风险承担渠道依然成立。

与已有研究相比，本章的边际贡献主要体现在以下三点。

第一，以往研究多侧重于股票市场、债券市场以及商业银行样本（张建波、王春平，2010；孙欧等，2015；郭豫媚等，2018；庄毓敏、张祎，2021；刘冲等，2022），鲜有文献从微观实证上考察中国货币政策利率对消费信贷利率的传导效率。本章聚焦于银行与金融科技公司合作的线上消费信贷市场（助贷模式），借助某头部助贷机构近50万用户的逐笔借贷记录数据，首次检验了货币政策利率在互联网消费信贷市场上的传导效率，填补了利用用户微观数据研究货币政策传导效率的空白，为货币政策在消费信贷市场的传导有效性提供了经验支撑，从而为货币政策利率传导的后续相关理论研究提供了重要的微观基础。

第二，本章比较分析了不同期限政策利率对消费信贷利率传导效率的差异，并考察了数量型货币政策工具对消费信贷利率的传导效率，对这些问题的探讨有助于我国货币政策框架的进一步完善。

第三，本章的研究结论从银行—金融科技公司合作的助贷模式上检验了银行数字化转型对货币政策传导效率的作用，较系统地分析了货币政策宽松（紧缩）、市场利率波动等因素对货币政策利率在互联网消费信贷市场传导效率的影响，并探讨了互联网消费信贷市场的货币政策风险承担渠道。研究结论有利于中央银行出台更有针对性的政策以进一步疏通我国货币政策利率在微观金融市场的传导，进而提高价格型货币政策调控宏观经济的能力，同时也有助于我国货币政策框架的进一步完善。

本章内容安排如下：第一部分是文献综述；第二部分是互联网消费信贷市场助贷模式运行原理与特征化事实，介绍了现实中助贷模式的运行机理，并初步分析了货币市场利率与互联网消费信贷利率之间的联动关系；第三部分是数据与研究设计，介绍了本章使用的数据与实证模型；第四部分是实证分析，包括基准结果和异质性分析；第五部分是拓展分析，比较了不同期限政策利率的传导效率，分析了数量型货币政策的传导效率，并考察了货币政策立场、市场利率波动、贷款市场报价利率（LPR）改革等因素对货币市场利率传导效率的影响，检验了货币政策的风险承担渠道在互联网消费信贷市场上的存在性；第六部分是稳健性检验；第七部分是本章小结，总结本章内容并提出政策建议。

一、文献综述

对货币政策利率传导效率的研究由来已久，目前多数文献主要围绕传导有效性、传导机制、影响传导效率的因素等领域展开。在传导有效性方面,由于发达经济体大多有成熟的金融市场,不同市场间的套利成本很低,使得各市场利率之间的联动极其灵敏,因此不少文献认为发达国家的利率传导更加有效(Taylor,1993;Woodford,2003)。但 2008 年国际金融危机后,美国等发达经济体面临短期利率向长期利率(如银行贷款利率)等严重传导不畅的问题(Boivin 等,2010;Gertler 和 Karadi,2013)。为此,欧美国家的中央银行普遍采取了非常规的货币政策工具来控制中长期利率,如量化宽松政策和前瞻性货币政策指引。目前,我国政策利率向贷款利率传导的有效性尚无定论。长期以来,我国金融体制面临政策性和体制性约束,如较高的存款准备金率、企业的预算软约束、债券市场流动性不足、银行资产负债市场化不够等(马骏、王红林,2014),因此,一些文献认为中国货币政策利率传导不通畅(盛超晖,2006;盛松成、吴培新,2008;潘彬、金雯雯,2017)。但是,也有研究认为中国货币政策利率传导具有有效性。钱雪松等(2015)利用 2007—2013 年上市公司委托贷款数据,研究发现货币政策利率对企业贷款利率具有显著正向影响。马骏和纪敏(2016)通过测算发现,短期市场利率对贷款利率的传导效率(以弹性来衡量)的上限、下限分别为 0.16~0.17、0.6~0.67。郭豫媚等(2018)使用华东三省分支银行的调研数据,发现 2008 年 1 月至 2017 年 6 月中国货币市场利率能有效传导至银行贷款利率,并随着贷款利率管制的完全放开,货币市场利率对银行贷款利率的传导效率提升了 50% 以上。

在传导机制方面,传统的货币政策利率传导渠道包括银行信贷渠道与资产负债表渠道(Mazzoli,1998;Bernanke 和 Gertler,1989;Bernanke 等,1999),这些渠道均假定银行风险中性。在反思 2008 年国际金融危机后,Borio 和 Zhu(2012)提出了货币政策的银行风险承担渠道,认为银行的风险感知与风险容忍度会随着货币政策立场发生调整,进而对资产组合的风险程度、资产定价、资金成本和融资条件等产生影响,并最终作用于货币政策传导。在传导效率的影响因素方面,马骏和王红林(2014)构建了一个理论模型,发现存款准备金率、贷存比、对贷款的数量限制和企业预算软约束都会不同程度地弱化政策利率对银行贷款利率的传导效率。此外,一些研究认为经济政策不确定性、利率市场化改革、企业所有制、数字金融的发展等因素也会影响货币政策利率传导的有效性(苏治等,2019;战明华、应诚炜,2015;钱雪松等,2015;战明华等，2020）。

已有文献对中国货币政策利率传导效率作了富有意义的探讨，但仍存在一些不足。多数文献以宏观理论或宏观计量模型等方法探讨中国货币政策利率传导效率，少数文献使用上市公司数据或者部分区域银行的网点数据进行微观实证分析，更极少有文献考察货币政策利率对居民贷款利率，特别是近年来快速增长的助贷模式下互联网消费信贷市场的传导效率。本章以助贷模式为例，使用国内某头部助贷机构个人互联网信贷的大样本数据，研究中国货币政策利率在互联网信贷市场上的传导效率，拓展了货币政策传导效率的研究领域。

二、互联网消费信贷市场助贷模式运行原理与特征化事实

（一）互联网信贷的助贷模式与货币政策传导过程

互联网信贷的主流模式包括自营贷款模式、ABS 出表模式、联合贷款和助贷模式。其中自营贷款模式对资本金要求很高，商业银行和持牌消费金融公司多采用该模式。金融科技公司由于缺少资本金，已经完成从自营模式到 ABS 出表模式再到联合贷款和助贷模式的转变。金融科技公司通过初步风控之后将筛选出来的客户推送给持牌金融机构，金融机构对客户再进行一次风控审核，对合格的客户发放贷款，并向金融科技公司支付一笔技术服务费（尹振涛等，2023）。在该模式下，金融科技公司不承担任何客户违约风险，也不占用自身资本金，仅作为一个导流平台收取技术服务费。由于助贷模式具备不占用资本金、不兜底风险等优势，逐步成为金融科技公司的主流模式。一般情况下，助贷机构掌握着大量用户的个人信息，拥有大数据、人工智能、反欺诈技术等优势，不需要用户提供抵押品，并能实现快速的线上放贷。因此，助贷机构更能吸引到有短期资金需求（绝大部分用于各种类型的消费，如日常消费、旅游、装修、培训等）的用户，并对客户资源不足、风控能力不强的中小银行更具合作吸引力。现实中，助贷机构的用户主要为长尾用户，这些用户通常收入水平低、征信记录少、以年轻人为主，针对这些用户的贷款无需任何抵押品，但通常具有更高的违约风险，因此用户贷款额度偏低、贷款利率偏高。这也表

明，个人互联网信贷市场具有极高的市场化程度。

助贷模式的具体运行方式如下：第一步，用户提出信贷需求（如贷款金额、还款期限和贷款用途等）并提供个人相关信息，如基本身份信息、资产持有信息等；第二步，助贷机构接受用户贷款申请，并基于自身风控技术模型，作出通过或驳回的初步决策；第三步，助贷机构将通过决策的那些贷款需求推送给合作银行，由后者基于独立风控模型再次作出评估是否放款，并进一步对通过评估的用户作出授信决定，最后向贷款用户发出贷款资金及贷款利率等批贷信息。在贷后环节，助贷机构负责对借款用户的贷款管理与催收，督促用户以还本付息的方式帮助合作银行回笼资金。在此基础上，合作银行根据与助贷机构签订的事前协议，以佣金或固定比例分润等形式支付给助贷机构相应服务费用（见图7-1）。

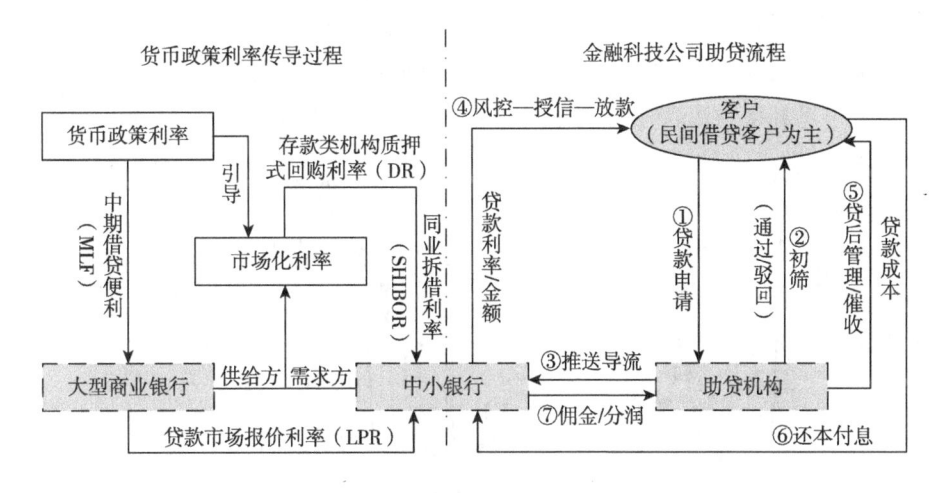

图7-1 货币政策利率向互联网信贷利率传导的路径

（资料来源：作者自制）

Boivin等（2010）总结了货币政策利率传导至信贷利率的经典路径。首先，货币政策当局通过货币政策工具影响货币市场短期利率；其次，货币市场短期利率通过债券市场上的跨期套利机制影响债券市场的中长期利率；最后，债券市场的中长期利率通过跨市场套利机制影响信贷市场的中长期利率。我国货币政策影响信贷利率的传统传导路径为"中央银行—货币市场利率—银行贷款利率"。在货币市场，大型商业银行为中小银行等机构供应资金，最终形成短期的市场化利率。中央银行以调控短期政策利率的方式，通过大型商业银行、中小银行等机构传递政策意图,实现对货币市场、债券市场以及信贷市场利率的调控。而在2019年8月17日LPR改革后,"中央银行—MLF利率—LPR(大型商业银行定价为主)—中小银行贷款利率"成为新的货币政策传导路径(见图7-1)。

(二)货币市场利率与互联网消费信贷利率联动的特征化事实

图7-2显示了2018年1月1日至2020年12月31日货币市场利率(以7天期SHIBOR、7天期DR为代表)、周均消费信贷利率走势情况。就货币市场利率而言,SHIBOR与DR的走势、数值基本一致。在2018年1月至2020年1月,市场利率基本在2.5%附近波动。相比而言,消费信贷利率波动更大,在10%~18%区间变化。2020年1月底(以武汉管控为节点)至2020年4月初(以武汉解除管控为节点),市场利率与消费信贷利率一直持续下降,表明这段时期出台的降低利率的货币政策具有十分明显的效果,达到了政策预期。但此后,市场利率与消费信贷利率呈现不一致甚至相反的走势,前者以上升为

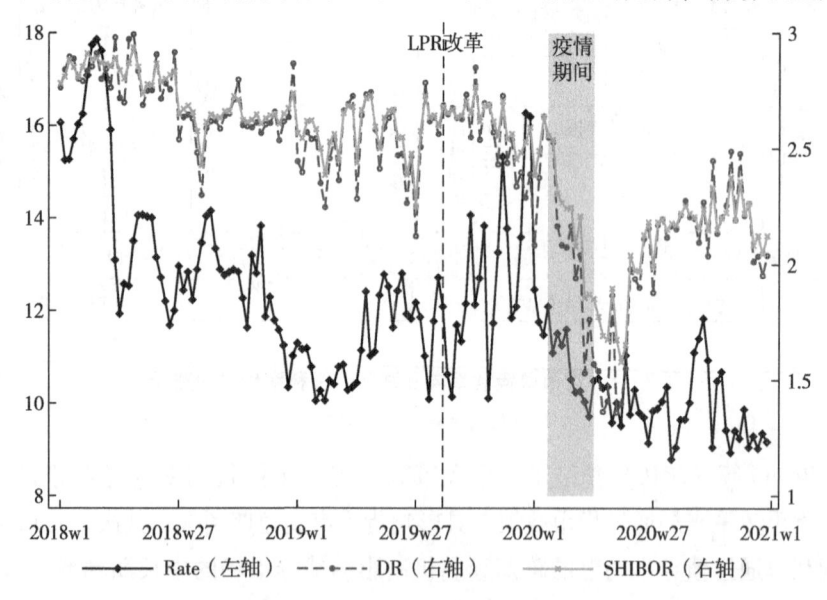

注:Rate为周均消费信贷利率水平;SHIBOR和DR分别对应7天期上海银行间同业拆借利率和7天期存款类机构质押式回购利率的周平均值;2018w1为2018年第一周,余同。

图7-2 货币市场利率与互联网消费信贷利率走势(2018—2020年)

主，而后者表现出略微波动向下的趋势。若以 LPR 改革来划分，货币市场利率与消费信贷利率在改革之前呈现更为一致的运行走势，但在改革后，除了疫情期间，两者走势分化明显，在一定程度上表明 LPR 改革不仅未能提高市场利率对消费信贷利率的传导效率，反而有所减弱。当然，考察货币市场利率对消费信贷利率的传导效率及 LPR 改革对两者关系的影响，需要进一步科学严谨的实证检验，下文也尝试性地进行了一定的探索。

三、数据与研究设计

利率双轨制下，信贷市场利率主要受基准存贷款利率的引导，货币市场利率对信贷市场利率的传导路径不够通畅，难以有效引导信贷市场利率。而在实施利率市场化改革后，信贷市场利率可能在一定程度上受到货币市场利率的影响。其主要原因在于，随着利率市场化改革的不断推进，金融机构贷款利率管制得到进一步放松，货币市场利率会影响银行等金融机构的资金成本并最终反映到贷款利率上，从而影响信贷市场利率水平。本章旨在运用助贷机构的互联网消费信贷数据和货币市场利率以及货币政策利率数据，考察现阶段我国货币政策的利率传导效率情况。

（一）数据来源与模型设定

本章主要采用微观借贷数据从实证上检验货币市场利率传导效率，其中微观借贷数据来自国内某头部金融科技助贷机构 2018 年 1 月 1 日至 2020 年 12 月 31 日的消费信贷数据。该借贷数据包含 50 万个借款人的逐笔借贷信息，包括借款时间、借款期限、借款金额、借款利率以及借款人年龄、性别、所在省市、受教育程度、收入水平、还款方式、是否有房产、工作类型、婚姻状况、是否有车和信用评级等脱敏信息。根据最高人民法院《关于审理民间借贷案件适用法律若干问题的规定》，其对借贷利率超过 36% 的部分不予支持。对此，本章删除了由各种特别原因存在的极少数借贷利率大于等于 36% 的样本，最终样本包括 485955 个借贷人的 872869 笔借贷数据，在样本期间内平均每天达成约 797 次成功借贷记录。同时，本章为每一笔贷款记录匹配了与其相同日期的货币政策利率和货币市场利率。参考郭豫媚等（2018）、Huang 等（2021）

的研究，本章选取的货币政策相关变量主要包括 7 天期上海银行间同业拆放利率（Shibor）、7 天期存款类机构质押式回购利率（DR）、1 年期中期借贷便利利率（MLF）以及代表数量型货币政策的 M2 增长率。根据研究目的以及样本数据的特点，本章选取的控制变量包括借款期限、借款金额以及借款人年龄、性别、受教育程度、收入水平、所在省市、是否有车和信用评级等借贷人个人特征变量以及季度 GDP 同比增长率、月度同比 CPI 和影子银行规模增长率等宏观变量，其中影子银行（包括委托贷款、信托贷款和银行承兑汇票）规模有关数据来自 Chang 等（2016）。上述各变量的名称以及变量定义如表 7-1 所示。此外，为了避免异常值对实证结果的影响，本章对借贷利率和借贷规模在 1% 和 99% 分位处进行缩尾处理（winsorize）。

本章主要基于微观借贷数据研究货币市场利率（SHIBOR 和 DR）对互联网信贷利率的传导效率。根据研究目的以及样本数据的特点，本章选取混合截面（pooled）模型进行回归分析，回归模型如下所示：

$$Loan\ R_{i,t} = \alpha + \beta MP_t + \Gamma \sum control_{i,t} + \Theta \sum Macro_t + weekend_t$$
$$+ quarter_t + \varepsilon_{i,t} \quad (8-1)$$

其中，i 代表借贷记录，t 代表借贷时间，$LoanR_{i,t}$ 代表借贷利率。MP_t 代表货币政策相关代理变量，包括 SHIBOR、DR、MLF 以及 M2 增长率。$control_{i,t}$ 代表个体控制变量，包括借款期限、借款金额以及借款人年龄、性别、受教育程度、收入水平、所在省市、是否有车和信用评级。$Macro_t$ 为宏观控制变量，包括季度 GDP 同比增长率和月度同比 CPI。此外，本章将代表是否处于武汉管控期间的虚拟变量加入控制变量中以控制新冠疫情的影响。由于个人借贷习惯可能受周末效应和季度效应的影响，模型中还控制了个体的周末固定效应（$weekend_t$）和季度固定效应（$quarter_t$）。$\varepsilon_{i,t}$ 为服从正态分布的模型残差项。货币政策代理变量 $MP_{i,t}$ 的系数 β 代表了货币政策传导效率的高低，该系数值越大代表传导效率越高。上述各变量的名称以及变量定义如表 7-1 所示。此外，为了避免异常值对实证结果的影响，本章对借贷利率和借贷规模在 1% 和 99% 分位处进行缩尾处理（winsorize）。

表7-1 变量名称及说明

类型	变量名称	英文名称	变量说明
因变量	借贷利率	$LoanR$	年化利率（%）
	互联网信贷利率	$Rate$	高信用借款人的日均借贷利率（%）
货币政策变量	上海银行间同业拆借利率	$SHIBOR$	7天期利率
	存款类机构质押式回购利率	DR	7天期利率
	一年期中期便利利率	MLF	一年期利率
	M2增长率	$M2$	M2月环比增长率
主要控制变量	借款金额	$Amount$	借款金额取对数
	借款期限	$Term$	借款时间（月）
	借款人年龄	Age	借款人年龄取对数
	借款人性别	$Gender$	男性=0，女性=1
	借款人受教育程度	$Education$	6个等级，加入5个虚拟变量
	借款人收入水平	$Income$	6个等级，加入5个虚拟变量
	借款人所在省市	$Province$	31个省份，加入30个虚拟变量
	借款人住房情况	$House$	9个类别，加入8个虚拟变量
	借款人有车情况	Car	4个类别，加入3个虚拟变量
	借款人评级	$Credit$	从A~H评级依次递增
宏观变量	GDP增长率	GDP	季度GDP同比增长率
	通货膨胀水平	CPI	月度同比CPI
	影子银行规模增速	$Shadow$	影子银行规模环比增长率
其他变量	高信用借款人	$High$	信用评级为A或B时为1，其余为0
	货币政策紧缩期	$Tight$	SHIBOR大于其中位数时为1，其余为0
	短期借款	$Short$	借款期限小于6个月时为1，其余为0
	货币市场波动（SHIBOR）	Sd_S	SHIBOR前后15日的移动标准差
	货币市场波动（DR）	Sd_D	DR前后15日的移动标准差

数据来源：作者整理。

（二）数据描述

货币政策相关变量SHIBOR、DR、MLF以及M2增长率均来自Wind数据库，其中SHIBOR、DR以及MLF为日数据，M2增长率为月数据。图7-3为周均SHIBOR以及周均DR和助贷机构周均贷款利率（Rate）的散点图。可以看出，无论是 SHIBOR 还是 DR 都和周均贷款利率大致成正相关关系，初步表明货币市场利率在互联网信贷市场上传导有效。

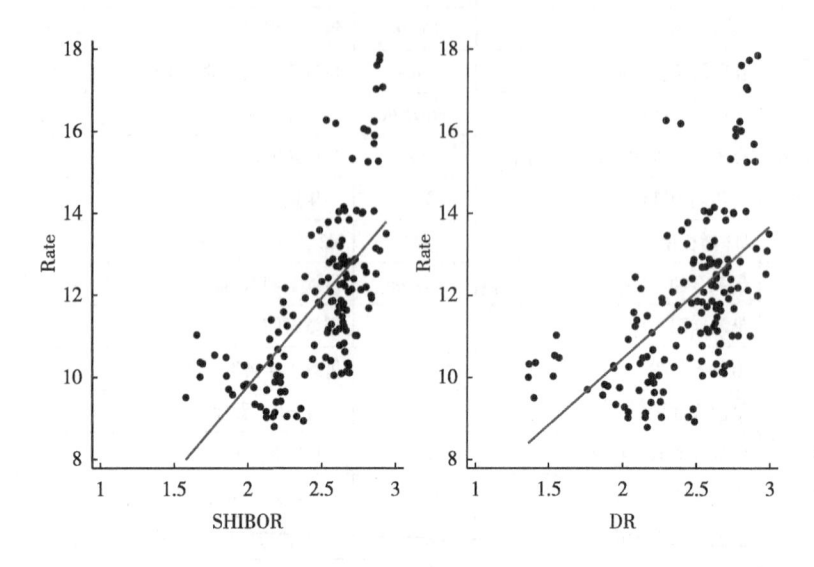

图 7-3　货币市场利率与平均借贷利率

（周均借贷利率的计算公式为 $lend\_rate_t = \sum_{i}^{n}(LoanR_{i,t} \cdot Amount_{i,t}) / \sum_{i}^{n} Amount_{i,t}$，其中 n 代表一周内发生的总借贷量，$Amount_{i,t}$ 代表借贷记录 i 的借贷量。SHIBOR007 和 DR 为周平均值）

表 7-2 为主要变量的描述性统计。可以看出，SHIBOR 和 DR 的特征较为接近，MLF 显著高于以上两种货币市场利率，但 MLF 具有更小的波动性。在样本期间内，借款人借贷利率的平均值约为 11.2%，明显高于货币市场利率与中期借贷便利利率。同时，借款人借贷利率的标准差达到了 4.8%，远高于货币市场利率与中期借贷便利利率。

表 7-2　变量描述性统计

变量	样本量	均值	标准差	最小值	中位数	最大值
宏观层面							
SHIBOR	1096	2.488	0.311	1.481	2.603	2.978
DR	1096	2.438	0.369	1.138	2.553	3.105
MLF	1096	3.170	0.159	2.950	3.250	3.300
M2	1096	0.745	0.794	-0.664	0.702	2.627
Rate	1096	15.578	3.632	7.697	15.626	29.074

续表

变量	样本量	均值	标准差	最小值	中位数	最大值
微观层面							
LoanR	872869	11.205	4.816	6.700	10	28
Amount	872869	7.898	0.996	2.485	7.863	10.309
Age	872869	3.477	0.21	2.944	3.466	4.078
Gender	872869	0.377	0.485	0	0	1
Term	872869	8.375	3.943	1	9	36
Short	872869	0.194	0.395	0	0	1
High	872869	0.305	0.46	0	0	1
Tight	872869	0.362	0.48	0	0	1
Sd_S	872869	0.057	0.046	0	0.043	0.212
Sd_D	872869	0.093	0.072	0	0.074	0.354

资料来源：作者整理。

从借款人性别组成来看，男性要明显多于女性，这可能与不同性别用户的消费习惯及金融习惯相关。从借款期限来看，最长借贷时间为 36 个月，平均借贷时间约为 8.4 个月，表明借款数据多为一年期以内的短期借款。虽然本章的研究数据仅来自一家助贷机构，但是该机构累积注册用户超过 1.2 亿人，活跃用户超过 2000 万人，用户覆盖了全国绝大部分省市。因此，该机构的用户行为特征具有较强的代表性，基于该机构大样本抽样数据所得到的结论，能够较为完整地反映当前我国消费信贷市场的真实情况。

四、实证分析

（一）基准回归结果及分析

接下来，本章分别将货币市场利率（SHIBOR 和 DR）引入模型进行回归分析。由于货币市场利率传导至个人消费信贷市场需要一定的时间，故本章以货币市场利率滞后一周的形式引入模型[1]。表 7-3 展示了基准回归结果，其

---

[1] 如无特殊说明，下文中所有利率变量均为滞后一周变量。

中列（1）—（2）为未控制季度固定效应和周末固定效应的回归结果，列（3）—（4）为控制周末固定效应而未控制季度固定效应后的回归结果，列（5）—（6）为控制周末固定效应和季度固定效应后的回归结果。对比分析列（1）—（6）的结果，SHIBOR 和 DR 均在 1% 水平上显著为正，表明货币市场利率对互联网信贷利率具有显著的正向影响，表明货币市场利率向互联网信贷市场的传导是通畅有效的。从边际效应来看，在控制季度固定效应后，两个货币市场利率的系数值相比不控制季度固定效应情形下均有所减小。

从列（5）和列（6）的结果来看，SHIBOR 和 DR 每提高 1 个基点，借贷利率则分别平均提高 3.52 个和 2.45 个基点，明显高于政策利率对传统银行贷款利率的传导效率。SHIBOR 和 DR 两个货币市场利率的系数均大于 1，这主要是由助贷机构的用户群体特征以及助贷机构和中小商业银行的运作模式决定的。首先，助贷机构的用户多为收入水平低、征信记录少的长尾用户，通常具有较高的违约风险。而针对这些长尾用户的贷款无需任何抵押品，一旦用户出现违约，银行将面临较大的损失，因此银行会对该客户收取一定的风险溢价。其次，从助贷机构和中小商业银行的运作模式来看，助贷机构通过强大的风控技术在贷款申请客户中初步筛选出符合条件的借款用户并推送给银行，银行再根据自有风控系统筛选出符合贷款发放条件的客户并发放贷款，助贷机构负责催收等贷后管理工作并从银行部门获得佣金或者利润分成。这一方面扩大了银行的业务范围、增加了银行的利润来源，另一方面也为助贷机构带来了收入回报。助贷机构和中小商业银行均以营利为目的，都希望得到较为固定的利润回报率，因此银行对助贷机构客户的贷款利率包含了银行自身和助贷机构的成本和利润诉求，从而侧面反映了利率传导过程中的"加成效应"。

表 7-3　　　　　　　　　　　基准回归结果

变量	(1)	(2)	(3)	(4)	(5)	(6)
	LoanR	LoanR	LoanR	LoanR	LoanR	LoanR
Shibor	4.0358***	—	3.5193***	—	3.5213***	—
	(0.0223)	—	(0.0224)	—	(0.0224)	—
DR	—	2.8311***	—	2.4492***	—	2.4504***
	—	(0.0178)	—	(0.0178)	—	(0.0178)

续表

变量	(1) LoanR	(2) LoanR	(3) LoanR	(4) LoanR	(5) LoanR	(6) LoanR
GDP	0.2825*** (0.0041)	0.3225*** (0.0041)	0.3525*** (0.0043)	0.3980*** (0.0042)	0.3524*** (0.0043)	0.3979*** (0.0042)
CPI	0.4705*** (0.0056)	0.5998*** (0.0055)	0.4681*** (0.0066)	0.5841*** (0.0065)	0.4680*** (0.0066)	0.5841*** (0.0065)
Age	0.5239*** (0.0264)	0.5205*** (0.0265)	0.4838*** (0.0263)	0.4710*** (0.0264)	0.4835*** (0.0263)	0.4707*** (0.0264)
$Amount$	−0.0483*** (0.0059)	−0.0458*** (0.0059)	−0.0461*** (0.0058)	−0.0440*** (0.0059)	−0.0462*** (0.0058)	−0.0441*** (0.0059)
$Term$	0.0357*** (0.0014)	0.0382*** (0.0014)	0.0296*** (0.0014)	0.0303*** (0.0014)	0.0296*** (0.0014)	0.0303*** (0.0014)
$Gender$	0.1881*** (0.0110)	0.2011*** (0.0111)	0.1761*** (0.0109)	0.1846*** (0.0110)	0.1761*** (0.0109)	0.1846*** (0.0110)
常数项	−4.5161*** (0.1769)	−1.9694*** (0.1754)	−2.8546*** (0.1227)	−0.3218*** (0.1199)	−2.8452*** (0.1227)	−0.3128*** (0.1200)
周末固定效应	无	无	是	是	是	是
季度固定效应	无	无	无	无	是	是
观测值	872869	872869	872869	872869	872869	872869
调整后的 R^2	0.1548	0.1454	0.1618	0.1559	0.1618	0.1559

注：控制变量列出了连续性变量，虚拟变量因个数过多而未列出；括号内为异方差稳健标准误；*、**、*** 分别代表参数在10%、5%、1%水平上显著。

从控制变量结果来看，GDP 和 CPI 均在1%水平上显著为正，表明在经济繁荣时期借贷利率水平更高；Age 的系数在1%水平上显著为正，表明高年龄人群的借贷利率显著高于低年龄人群；Amount 的系数在1%水平上显著为负，说明借款金额越高则借款利率越低；Term 的系数在1%水平上显著为正，说明更长的借款期限对应更高的借款利率；Gender 的系数在1%水平上显著为正，表明女性的借款利率要显著高于男性。

（二）异质性分析：信用与期限维度

不同信用等级的借款者具有不同的消费信贷习惯。一般来说，高信用借款者相对能接触到更多的融资渠道，助贷机构对该部分用户提供过高的贷款利率可能导致其转向其他机构。而对于低信用评级借款者来说，该部分借款者很难从银行等正规金融渠道获取贷款，助贷机构可能会对这部分借款者提供更高的利率。因此，高信用借款者的贷款利率随着货币市场利率变动而变动，低信用借款者的贷款利率则经常处于较高水平，货币市场利率对高信用借款者的传导效率可能高于低信用借款者。对此，本章将代表高信用借款者的虚拟变量 High 通过交互项的形式加入模型中进行验证，回归结果见表 7-4（1）—（2）列。从回归结果可以看出，High 系数均在 1% 水平上显著为负，说明高信用借款者比低信用借款者的平均借贷利率更低；同时 High 与两个货币市场利率变量的交互项系数均在 1% 水平上显著为正，表明货币市场利率对高信用借款者具有更高的传导效率。

根据利率期限结构理论，由于经济环境存在不确定性，投资者有理由要求对缺乏流动性的长期金融产品提出流动性补偿要求，从而长期利率等于现在短期利率加上相应的流动性补偿。因此，货币市场利率在不同期限金融产品中的传导效率可能存在差异。对此，本章将代表短期借款的虚拟变量 Short 通过交互项的形式加入模型中进行验证，回归结果见表 7-4 列（3）—（4）。从回归结果可以看出，Short 系数均在 1% 水平上显著为正，说明短期贷款的平均借贷利率更高，这可能是因为短期贷款的总利息成本相对于借款金额较低以及短期贷款可能用于借新还旧等应急性支出，使得用户对借款成本不敏感，平台对该部分借款收取了更高的借贷利率。同时，Short 与两个货币市场利率变量的交互项系数均在 1% 水平上显著为负，表明货币市场利率对短期借款的传导效率更低。

表 7-4　异质性分析（信用高低与借款期限长短）

变量	(1)	(2)	(3)	(4)
	不同信用水平		不同借款期限	
	LoanR	LoanR	LoanR	LoanR
Shibor	1.9310 ***	—	4.5698 ***	—
	(0.0216)	—	(0.0236)	—
DR	—	1.4159 ***	—	3.2468 ***
	—	(0.0176)	—	(0.0188)

续表

变量	(1)	(2)	(3)	(4)
	不同信用水平		不同借款期限	
	LoanR	LoanR	LoanR	LoanR
High	-2.9491***	-1.5298***	—	—
	(0.1378)	(0.1078)	—	—
Short	—	—	6.3458***	4.3506***
	—	—	(0.1047)	(0.0850)
Shibor×High	1.5312***	—	—	—
	(0.0617)	—	—	—
Shibor×Short	—	—	-2.9199***	—
	—	—	(0.0447)	—
DR×High	—	0.9211***	—	—
	—	(0.0493)	—	—
DR×Short	—	—	—	-2.1578***
	—	—	—	(0.0370)
常数项	-1.2908***	-0.0863	-5.4878***	-2.4750***
	(0.1279)	(0.1252)	(0.1262)	(0.1230)
其他控制变量	是	是	是	是
周末固定效应	是	是	是	是
季度固定效应	是	是	是	是
观测值	872869	872869	872869	872869
调整后的 R^2	0.124	0.117	0.1694	0.163

注：括号内为异方差稳健标准误；*、**、*** 分别代表参数在10%、5%、1%水平上显著。

五、拓展分析

（一）不同期限利率政策的比较以及数量型货币政策的传导效率

上文中关于货币政策利率传导效率的研究是将货币政策利率代理变量和消费信贷利率的原始值加入模型，但由于不同货币政策利率代理指标间存在一定的差异，无法对不同货币政策利率代理变量的系数大小进行比较。为了比较短期货币政策和中长期货币政策传导效率的差异，本章基于弹性模型进行了回归分析，结果见表7-5列（1）—（3）。从结果来看，L_SHIBOR、L_DR和L_MLF的系数分别为0.818、0.516和2.479且均在1%水平上显著为正，表明SHIBOR、DR和MLF每变动一个百分点，消费信贷利率水平则分别变动约0.82个、0.52个和2.48个百分点。从边际影响来看，MLF相对SHIBOR和DR对消费信贷利率的影响更大，SHIBOR比DR对消费信贷利率的影响更大。这表明，中长期货币政策利率对消费信贷利率的影响大于短期货币市场利率的影响，即中长期货币政策利率传导效率高于短期货币政策利率，这与有些学者的研究结论一致。其可能的原因是MLF为央行中期基础货币政策利率，相比货币市场短期利率而言，MLF与消费信贷利率的期限更为匹配，减少了短期利率向中期利率传导存在的效率损失，使其对贷款利率定价的指导性更高，进而引起MLF相比SHIBOR、DR对消费信贷市场利率的传导效率更高。

由于缺乏较高频率数量型货币政策的相关代理变量，前文主要分析了不同类型价格型货币政策的传导效率及其差异，而未对数量型货币政策传导效率进行考察。鉴于此，本章采取广义货币（M2）的月环比增长率作为数量型货币政策的代理指标，来考察数量型货币政策的传导效率，回归结果见表7-5列（4）。从回归结果来看，M2系数在1%水平上显著为负，说明数量型货币政策向消费信贷利率的传导同样是有效率的[1]，但传导效率偏低。

表7-5　不同期限利率政策的比较以及数量型货币政策传导效率

变量	(1) Log (LoanR)	(2) Log (LoanR)	(3) Log (LoanR)	(4) Log (LoanR)
Log (SHIBOR)	0.818*** (0.003)	—	—	—
Log (DR)	—	0.516*** (0.002)	—	—
Log (MLF)	—	—	2.479*** (0.009)	—

---

[1] M2增长率越高，表明货币政策越宽松，与其对应的利率水平就越低。从而M2增长率和贷款利率成显著的负相关关系表明数量型货币政策传导是有效率的。

续表

变量	(1) Log($LoanR$)	(2) Log($LoanR$)	(3) Log($LoanR$)	(4) Log($LoanR$)
M2	— —	— —	— —	-0.002*** (0.001)
常数项	1.540*** (0.008)	1.860*** (0.007)	-0.604*** (0.013)	2.393*** (0.007)
其他控制变量	是	是	是	是
周末固定效应	是	是	是	是
季度固定效应	是	是	是	是
观测值	872629	872629	872629	872629
调整后的 R^2	0.157	0.133	0.176	0.087

注：Log($LoanR$)、Log($SHIBOR$)、Log(DR) 和 Log(MLF) 分别代表 LoanR、SHIBOR、DR 和 MLF 的自然对数值；括号内为异方差稳健标准误；*、**、*** 分别代表参数在10%、5%、1%水平上显著。

（二）货币政策利率在紧缩期和宽松期传导效率的差异

为了考察货币政策利率在紧缩期和宽松期传导效率的差异，本章参考了刘海明和李明（2020）的方法，定义了代表货币政策紧缩期的虚拟变量①，并在模型中加入了该虚拟变量与货币政策利率代理变量的交互项以及与借款人信用水平或借款期限的三重交互项，回归结果见表7-6。从表7-6中列（1）—（2）回归结果来看，各货币政策利率代理变量和货币政策紧缩期变量的交互项均在1%水平上显著为正，说明货币市场利率在紧缩期具有更高的传导效率，表明互联网消费信贷利率具有更明显的"易升难降"的黏性特点。这一方面可能是因为互联网消费信贷客户对利率不够敏感，中小银行将紧缩期的利率成本分摊至宽松期；另一方面可能是因为货币政策宽松期多为经济不景气时期，此时中小银行普遍存在"惜贷"现象。

表7-6列（3）—（4）为各货币政策利率代理变量和货币政策紧缩期变量以及借款人信用等级虚拟变量的三重交互回归结果，旨在考察货币市场利率

---

① 采用如下方法定义紧缩货币政策期间：$Tight = 1\ if\ SHIBOR > Median(SHIBOR)$。

传导效率在紧缩期对不同信用等级借贷者是否具有显著差异。结果显示，三重交互项系数均显著为负，表明在货币政策紧缩期，货币市场利率对高信用与低信用借贷者传导效率的差距会缩小。

表 7-6　货币政策利率在紧缩期和宽松期传导效率的差异

变量	(1) LoanR	(2) LoanR	(3) LoanR	(4) LoanR	(5) LoanR	(6) LoanR
Tight	-4.4530*** (0.1853)	-1.6773*** (0.1423)	-8.9912*** (0.2091)	-4.7333*** (0.1583)	-4.7541*** (0.1887)	-2.1510*** (0.1438)
Shibor	3.4668*** (0.0232)	— —	1.1801*** (0.0247)	— —	3.9351*** (0.0244)	— —
DR	— —	2.3070*** (0.0184)	— —	0.8377*** (0.0197)	— —	2.6107*** (0.0193)
Shibor×Tight	1.8566*** (0.0695)	— —	3.5765*** (0.0786)	— —	1.9575*** (0.0709)	— —
DR×Tight	— —	0.9187*** (0.0540)	— —	2.0218*** (0.0602)	— —	1.1106*** (0.0547)
Shibor×Tight×High	— —	— —	-2.6134*** (0.3007)	— —	— —	— —
DR×Tight×High	— —	— —	— —	-1.4207*** (0.2512)	— —	— —
High	— —	— —	-3.5598*** (0.1715)	-1.7660*** (0.1237)	— —	— —
Tight×High	— —	— —	7.0614*** (0.7920)	4.1078*** (0.6577)	— —	— —
Shibor×High	— —	— —	1.7716*** (0.0795)	— —	— —	— —
DR×High	— —	— —	— —	0.9895*** (0.0590)	— —	— —
Short	— —	— —	— —	— —	4.6056*** (0.1224)	2.4970*** (0.0950)
Tight×Short	— —	— —	— —	— —	15.2072*** (0.6384)	12.6550*** (0.5065)

续表

变量	(1) LoanR	(2) LoanR	(3) LoanR	(4) LoanR	(5) LoanR	(6) LoanR
Shibor ×Short	— —	— —	— —	— —	−2.1443*** (0.0546)	— —
DR ×Short	— —	— —	— —	— —	— —	−1.2755*** (0.0435)
Shibor ×Tight ×Short	— —	— —	— —	— —	−5.8928*** (0.2423)	— —
DR ×Tight ×Short	— —	— —	— —	— —	— —	−5.1092*** (0.1934)
常数项	−3.5436*** (0.1243)	−1.1296*** (0.1212)	0.6378*** (0.1308)	1.3198*** (0.1267)	−3.9861*** (0.1262)	−1.0626*** (0.1225)
其他控制变量	是	是	是	是	是	是
周末固定效应	是	是	是	是	是	是
季度固定效应	是	是	是	是	是	是
观测值	872869	872869	872869	872869	872869	872869
调整后的 R^2	0.158	0.150	0.082	0.079	0.164	0.156

注：括号内为异方差稳健标准误；*、**、*** 分别代表参数在10%、5%、1%水平上显著。

表7-6列（5）—（6）为各货币政策利率代理变量和货币政策紧缩期变量以及贷款期限长短虚拟变量的三重交互回归结果，旨在考察货币市场利率传导效率在紧缩期对不同期限信贷产品是否具有显著差异。从三重交互项的系数来看，三重交互项系数均显著为负，表明在货币政策紧缩期，货币政策利率对中长期与短期贷款传导效率的差距也会扩大。

（三）货币政策利率波动对传导效率的影响

商业银行以及助贷机构在决定贷款利率定价时不仅会参考基准贷款利率，还会考虑市场因素，过高的市场利率波动可能导致商业银行和助贷机构增加贷款利率的"菜单成本"，不利于提高贷款利率的传导效率。参考郭豫媚等（2018）的方法，本章在回归模型中加入货币市场利率波动率以及货币政策利率代理指标的交互项来分析市场利率波动性对货币市场利率传导效率的影响①，回归结果见表7－7列（1）—（2）。从回归结果可以看出，货币市场利率波动与货币市场利率的交互项均在1%水平上显著为负，表明较高的市场利率波动将显著抑制货币市场利率对贷款利率的传导效率。以上结论和郭豫媚等（2018）对商业银行货币政策传导效率的结论一致。

表7－7列（3）—（4）为各货币政策利率代理变量和货币市场利率波动率以及借款者信用等级虚拟变量的三重交互回归结果，旨在考察货币市场利率传导效率在市场利率波动高低时期对不同信用等级借贷者是否具有显著差异。从三重交互项的系数来看，三重交互项系数分别在1%和5%水平上显著为正，表明在市场利率波动高时，货币市场利率对高信用与低信用借贷者传导效率的差距会增加。表7－7列（5）—（6）为各货币政策利率代理变量和货币市场利率波动以及借款期限长短虚拟变量的三重交互回归结果，旨在考察货币市场利率传导效率在市场利率波动高低时期在不同借款期限间是否具有显著差异。从三重交互项的系数来看，三重交互项系数均在1%水平上显著为正，表明在市场利率波动高时，货币市场利率对中长期与短期借款传导效率的差距会缩小。

表7－7　　　　　　　　　货币政策利率波动的影响

变量	（1）LoanR	（2）LoanR	（3）LoanR	（4）LoanR	（5）LoanR	（6）LoanR
SHIBOR	6.9820***	—	4.2982***	—	7.6745***	—
	(0.0405)		(0.0408)		(0.0439)	
Sd_S	63.0064***	—	52.6044***	—	67.7358***	—
	(0.6350)		(0.6840)		(0.7048)	
SHIBOR × Sd_S	－26.9114***	—	－24.7615***	—	－28.2817***	—
	(0.2626)		(0.2867)		(0.2894)	
DR	—	6.8661***	—	4.7151***	—	7.4158***
		(0.0424)		(0.0430)		(0.0460)
Sd_D	—	50.8452***	—	41.1762***	—	53.8987***
		(0.4536)		(0.4752)		(0.5026)

① 采用货币政策代理变量前后15日的移动标准差作为货币市场利率的波动指标。

续表

变量	(1) LoanR	(2) LoanR	(3) LoanR	(4) LoanR	(5) LoanR	(6) LoanR
$DR \times Sd\_D$	—	-22.0554***	—	-18.8869***	—	-23.6506***
	—	(0.1946)	—	(0.2044)	—	(0.2125)
$High$	—	—	-5.6285***	-3.5572***	—	—
	—	—	(0.3006)	(0.3156)	—	—
$SHIBOR \times High$	—	—	2.2691***	—	—	—
	—	—	(0.1266)	—	—	—
$Sd\_S \times High$	—	—	2.2141	—	—	—
	—	—	(2.0940)	—	—	—
$SHIBOR \times Sd\_S \times High$	—	—	3.2380***	—	—	—
	—	—	(0.9448)	—	—	—
$DR \times High$	—	—	—	1.5245***	—	—
	—	—	—	(0.1372)	—	—
$Sd\_D \times High$	—	—	—	0.1566	—	—
	—	—	—	(0.6783)	—	—
$DR \times Sd\_D \times High$	—	—	—	3.6980**	—	—
	—	—	—	(1.4702)	—	—
$short$	—	—	—	—	11.4419***	9.1900***
	—	—	—	—	(0.2389)	(0.2453)
$SHIBOR \times Short$	—	—	—	—	-4.7675***	—
	—	—	—	—	(0.0980)	—
$Sd\_S \times Short$	—	—	—	—	-43.4372***	—
	—	—	—	—	(1.5987)	—
$SHIBOR \times Sd\_S \times Short$	—	—	—	—	16.0107***	—
	—	—	—	—	(0.6941)	—
$DR \times Short$	—	—	—	—	—	-4.3905***
	—	—	—	—	—	(0.1037)
$Sd\_D \times Short$	—	—	—	—	—	-32.1076***
	—	—	—	—	—	(1.1277)
$DR \times Sd\_D \times Short$	—	—	—	—	—	15.2729***
	—	—	—	—	—	(0.5051)

续表

变量	(1) LoanR	(2) LoanR	(3) LoanR	(4) LoanR	(5) LoanR	(6) LoanR
常数项	-11.7507***	-11.6547***	-5.7391***	-7.0753***	-12.9221***	-12.0918***
	(0.1550)	(0.1573)	(0.1581)	(0.1601)	(0.1622)	(0.1653)
其他控制变量	是	是	是	是	是	是
周末固定效应	是	是	是	是	是	是
季度固定效应	是	是	是	是	是	是
观测值	872869	872869	872869	872869	872869	872869
调整后的 R^2	0.171	0.167	0.092	0.091	0.175	0.170

注：括号内为异方差稳健标准误；*、**、*** 分别代表参数在10%、5%、1%水平上显著。

（四）LPR 改革前后货币政策利率传导效率的变化

2018 年以来，我国金融市场无风险利率和实体经济贷款成本走势出现过多次背离，贷款利率"易升难降"的特点削弱了货币政策的逆周期调控效果（李宏瑾，2020）。另外，利率双轨制阻碍了利率向实体经济的传导链条，从而影响了我国货币政策利率传导效率。为此，中国人民银行于 2019 年 8 月发布公告，决定改革完善贷款市场报价利率（LPR）形成机制，明确要求各银行在新发放的贷款中主要参考 LPR 定价。LPR 改革在疏通货币政策传导机制和深化利率市场化改革方面迈出了重要一步，但由于我国没有明确的短端政策目标利率，改革后的 LPR 不再以中央银行设定的贷款基准利率为基准而是通过与中期借贷便利（MLF）利率挂钩形成（李宏瑾，2020）。在新的 LPR 机制中，利率传导更容易受商业银行风险和期限定价能力的影响，当商业银行要求较高的风险溢价或期限升水的情况下，即使中央银行降低了 MLF 利率，商业银行贷款利率下降的幅度也会大幅受限，从而影响政策利率向最终贷款利率的传导效率。另外，LPR 改革后部分商业银行协同定价贷款利率，这不仅损害了竞争和定价效率，也损害了货币政策向贷款端的传导（彭兴韵，2020）。

为了评估 LPR 改革前后货币政策利率传导效率的变化，该部分开展了实证检验。表 7-8 列（1）—（2）为在回归模型中加入 LPR 改革虚拟变量及其与货币政策利率代理指标交互项的回归结果。从回归结果可以看出，LPR 改革虚拟变量与货币政策利率的交互项均在 1% 水平上显著为负，表明 LPR 改革后货币政策利率向互联网消费信贷利率的传导效率出现了显著的下降。以上结果表明，在 LPR 改革后，货币政策利率向互联网消费信贷市场利率传导的效率出现了一定程度的弱化。其可能的原因包含以下几个方面：首先，LPR 改革后逐渐形成了从 MLF 利率到 LPR 再到贷款利率的传导机制，中小银行将贷款利率更多地"锚"向 LPR，从而表现为货币政策利率对互联网消费信贷利率的传导效率减弱[1]；其次，LPR 由 18 家大中型商业银行报价形成，反映更多的是大中型银行的利益，中小银行参与定价的能力较弱而只能作为价格的被动接受者，而大中型商业银行的定价策略可能损伤中小银行的利益，从而导致货币政策利率向中小银行贷款业务的传导效率大打折扣；最后，中小银行贷款业务多参照存贷款内部资金转移定价（FTP）收益率曲线，FTP 曲线又依赖贷款基准利率，如果 LPR 改革不能推动 FTP 曲线跟随利率并轨，那么货币政策利率的传导效率也将会受限。

表 7-8 列（3）—（4）为各货币政策利率代理变量和 LPR 改革虚拟变量以及借款者信用等级虚拟变量的三重交互回归结果，旨在考察货币政策利率传导效率在 LPR 改革前后时期对不同信用等级借贷者是否具有显著差异。从三重交互项的系数来看，三重交互项系数均在 1% 水平上显著为负，表明在 LPR 改革后，货币政策利率对高信用与低信用借贷者传导效率的差距在缩小。表 7-8 列（5）—（6）为各货币政策利率代理变量和 LPR 改革虚拟变量以及借款期限长短虚拟变量的三重交互回归结果，旨在考察货币政策利率传导效率在 LPR 改革后时期在不同借款期限间是否具有显著差异。从三重交互项的系数来看，三重交互项系数均在 1% 水平上显著为正，表明在 LPR 改革后，货币政策利率对中长期与短期借款传导效率的差距也在降低。

表 7-8　LPR 改革对互联网消费信贷市场货币政策传导效率的影响

变量	(1) LoanR	(2) LoanR	(3) LoanR	(4) LoanR	(5) LoanR	(6) LoanR
LPR	1.018*** (0.155)	-0.819*** (0.108)	7.205*** (0.182)	4.095*** (0.126)	0.882*** (0.157)	-0.724*** (0.110)

---

[1] 我们将研究样本分为 LPR 改革前后两个子样本，并分别考察了两个子样本中 MLF 利率与借贷利率之间的关系，结果表明在 LPR 改革后 MLF 利率和借贷利率显著正相关，而在改革之前为负相关，从而在一定程度上说明了这个观点。

续表

变量	(1) LoanR	(2) LoanR	(3) LoanR	(4) LoanR	(5) LoanR	(6) LoanR
SHIBOR	4.764*** (0.049)	—	5.523*** (0.057)	—	4.959*** (0.050)	—
DR	—	2.927*** (0.035)	—	3.449*** (0.040)	—	3.106*** (0.035)
SHIBOR×LPR	-0.911*** (0.062)	—	-2.431*** (0.073)	—	-0.972*** (0.063)	—
DR×LPR	—	-0.398*** (0.044)	—	-1.411*** (0.052)	—	-0.571*** (0.045)
High	—	—	2.047*** (0.398)	3.965*** (0.285)	—	—
High×LPR	—	—	-2.906*** (0.418)	-4.242*** (0.299)	—	—
High×SHIBOR	—	—	1.377*** (0.150)	—	—	—
High×DR	—	—	—	0.656*** (0.109)	—	—
High×SHIBOR×LPR	—	—	-0.874*** (0.161)	—	—	—
High×DR×LPR	—	—	—	-0.421*** (0.117)	—	—
Short	—	—	—	—	13.092*** (0.452)	7.987*** (0.304)
Short×LPR	—	—	—	—	-1.935*** (0.482)	-7.778*** (0.327)
Short×SHIBOR	—	—	—	—	-5.688*** (0.172)	—
Short×DR	—	—	—	—	—	-3.816*** (0.117)
Short×SHIBOR×LPR	—	—	—	—	5.263*** (0.189)	—

续表

变量	(1) LoanR	(2) LoanR	(3) LoanR	(4) LoanR	(5) LoanR	(6) LoanR
$Short \times DR \times LPR$	— —	— —	— —	— —	— —	3.800*** (0.130)
常数项	-1.681*** (0.168)	3.470*** (0.138)	-5.318*** (0.184)	0.408*** (0.148)	-1.572*** (0.169)	3.676*** (0.140)
其他控制变量	是	是	是	是	是	是
周末固定效应	是	是	是	是	是	是
季度固定效应	是	是	是	是	是	是
观测值	872869	872869	872869	872869	872869	872869
调整后的 R^2	0.149	0.140	0.128	0.119	0.157	0.148

注：括号内为异方差稳健标准误；*、**、***分别代表参数在10％、5％、1％水平上显著。

（五）货币政策风险承担渠道的存在性

根据寻求收益假说（Search for Yield Hypothesis），当货币政策宽松时，助贷机构有动机向商业银行推送更多的低信用客户，并促使商业银行向低信用客户提供风险溢价更高的产品以及发放更多的贷款来提升收益。因此，相比货币政策紧缩时期，低信用客户的借款利率与借款金额在货币政策宽松时期均会更高。为了验证这一假说，本章分别定义了低信用客户及货币政策宽松期两个虚拟变量（Lower 与 Loose）①，并参考 Huang 等（2021）的方法通过加入交互项的方式进行检验，结果见表7-9列（1）—（4）。从列（1）—（2）结果来看，无论是以借款利率为因变量还是以借款规模为因变量，Lower 和 Loose 的交互项均在1％水平上显著为正，即在货币市场宽松时，助贷机构与商业银行为获得更高的收益向低信用客户发放了更多的贷款和提供了风险更高的信贷产品，表明助贷市场存在货币政策的风险承担机制。从列（3）—（4）结果来看，SHIBOR 和 DR 与 Lower 的交互项系数均在1％水平上显著为负，说明在货币政策宽松时期低信用用户能获得更多贷款额度，进一步表明助贷机构在货币政策宽松期存在更大的风险承担。

---

① 货币政策宽松期和低信用客户采用如下方法定义：$Loose = 1 - Tight$；$Lower = 1 - High$。

表 7-9　　　　　　　　货币政策风险承担渠道的存在性检验

变量	(1) LoanR	(2) Amount	(3) Amount	(4) Amount
Lower	-3.502***	-0.248***	0.151***	0.084***
	(0.189)	(0.007)	(0.025)	(0.022)
Loose	-3.038***	-0.004	—	—
	(0.216)	(0.007)	—	—
Lower×Loose	2.439***	0.055***	—	—
	(0.203)	(0.008)	—	—
SHIBOR	—	—	-0.013	—
	—	—	(0.011)	—
DR	—	—	—	0.005
	—	—	—	(0.009)
SHIBOR×Lower	—	—	-0.147***	—
	—	—	(0.010)	—
DR×Lower	—	—	—	-0.123***
	—	—	—	(0.009)
常数项	7.137***	4.734***	4.742***	4.714***
	(0.402)	(0.028)	(0.033)	(0.031)
其他控制变量	是	是	是	是
周末固定效应	是	是	是	是
季度固定效应	是	是	是	是
观测值	872869	872869	872869	872869
调整后的 R^2	0.093	0.160	0.160	0.160

注：列（1）和列（2）没有加入 SHIBOR 和 DR 主要是因为这两个变量和 Loose 之间可能存在共线性；括号内为异方差稳健标准误。*、**、*** 分别代表参数在 10%、5%、1% 水平上显著。

六、稳健性检验

本章接下来主要从三个方面进行稳健性检验：一是内生性问题探讨，主要基于更换货币政策利率相关代理指标进行稳健性检验；二是基于样本调整的稳健性检验，包括仅包含未发生违约、每年至少有一次借贷记录、去除个体经营户和仅包含标准化产品（借贷期限为3个月、6个月、9个月、12个月）样本的稳健性检验；三是控制影子银行对模型潜在结果的影响。

（一）内生性问题探讨

货币政策利率与互联网消费信贷利率可能存在双向作用关系，导致模型存在内生性问题。处理内生性问题需要找到合适的工具变量，然而受限于数据可得性以及宏观经济系统的复杂性，很难找到和货币政策相关同时又和互联网消费信贷利率不相关的工具变量。因此，本章在基准模型中参考郭豫媚等（2018）的研究采用滞后一周的货币市场利率作为货币政策指标。然而，采用加入滞后项的方法没有完全处理好可能存在的内生性问题。2021年我国居民互联网消费信贷余额5.8万亿元，中国人民银行公布的截至2021年末人民币贷款余额192.69万亿元和住户贷款余额71.11万亿元。通过测算发现，互联网消费信贷占比分别为3.01%和8.12%，助贷市场规模占比则更小。从中央银行货币政策的目标来说，中央银行的货币政策目标包括稳定物价、充分就业、促进经济增长和平衡国际收支，互联网消费信贷的利率状况并不是中央银行政策利率考虑的重点。因此，有理由认为文章中的内生性问题可能较弱。但基于稳健性考虑，本章进一步将货币政策代理指标替换成滞后两周、滞后三周进行稳健性检验，结果见表7-10。从表7-10列（1）—（4）的回归结果来看，无论是采用滞后两周还是滞后三周的货币政策利率相关代理指标均在1%水平上显著为正，且系数大小均未发生明显变化，从而说明回归分析中采取滞后一周的货币政策利率代理指标具有稳健性，同时也说明本章实证模型的内生性问题较弱。同时，本章参考Huang等（2021）的研究将去趋势后的货币政策指标作为货币政策代理指标，结果见表7-10[①]。列（5）和列（6）为以SHIBOR_hp和DR_hp作为货币政策利率代理指标的结果，可以看出SHIBOR_hp和DR_hp系数同样在1%水平上显著为正。以上分析表明本章实证模型的内生性问题较弱。

[①] 采用HP滤波进行去趋势（平滑参数设定为 $\lambda = 1296000000$），去趋势后的货币政策指标去除了货币政策的趋势项，剩下的是相对"随机"的波动项，因此相对货币政策代理指标的水平值来说更满足外生性。

表 7-10　　　　　　　稳健性检验（内生性问题探讨）

变量	(1) LoanR	(2) LoanR	(3) LoanR	(4) LoanR	(5) LoanR	(6) LoanR
L2_SHIBOR	4.067*** (0.022)	— —	— —	— —	— —	— —
L3_SHIBOR	— —	4.198*** (0.021)	— —	— —	— —	— —
L2_DR	— —	— —	2.862*** (0.018)	— —	— —	— —
L3_DR	— —	— —	— —	2.989*** (0.017)	— —	— —
SHIBOR_hp	— —	— —	— —	— —	1.460*** (0.029)	— —
DR_hp	— —	— —	— —	— —	— —	0.835*** (0.021)
常数项	-4.518*** (0.177)	-4.746*** (0.176)	-1.917*** (0.175)	-2.126*** (0.174)	2.905*** (1.121)	2.883*** (0.121)
其他控制变量	是	是	是	是	是	是
周末固定效应	是	是	是	是	是	是
季度固定效应	是	是	是	是	是	是
观测值	872869	872869	872869	872869	872869	872869
调整后的 R^2	0.157	0.160	0.148	0.150	0.070	0.070

注：L2 开头的变量代表滞后两周的货币政策利率代理变量，L3 开头的变量代表滞后三周的货币政策利率代理变量，SHIBOR_hp 和 DR_hp 为去趋势后的货币政策代理变量，与基准模型一样均采用滞后一周的形式加入模型；括号内为异方差稳健标准误；*、**、*** 分别代表参数在 10%、5%、1% 水平上显著。

（二）基于样本调整的稳健性检验

由于助贷机构可能对曾经发生过违约的借贷人收取更高借贷利率，对此本章进行了仅采用未违约过借贷人的借贷样本进行稳健性分析，回归结果见表 7-11 列 (1) — (2)。从回归结果可看出，两个货币市场利率变量均在 1% 水平上显著为正，系数大小虽未发生较大变化，但相对全样本均有所减小，表明助贷机构对优质借贷者具有更小的利率"加成效应"。以上结果进一步说明本章回归结果具有稳健性。

部分活跃客户频繁借贷的很大原因是为了"借新还旧",因此助贷机构可能对活跃客户采取不同的定价策略。基于此,本章针对活跃用户样本也进行了稳健性检验,回归结果见表 7 – 11 列(3)—(4)。从回归结果来看,两个货币市场利率变量同样均在 1% 水平上显著为正,但两个货币政策利率代理变量的系数相较基准模型均有所上升,可见助贷机构对该部分借贷者收取了更高的利率。以上结论进一步说明本章回归结果具有稳健性。

表 7 – 11　　　　　　　　稳健性检验（调整样本）

变量	(1)	(2)	(3)	(4)	(5)	(6)	(7)	(8)
	无违约样本		活跃用户样本		标准化产品样本		去除个体户样本	
	LoanR	LoanR	LoanR	LoanR	LoanR	LoanR	LoanR	LoanR
SHIBOR	4.9990***	—	4.0454***	—	4.0648***	—	5.2932***	—
	(0.0260)	—	(0.0269)	—	(0.0279)	—	(0.0432)	—
DR	—	3.4776***	—	2.8368***	—	2.8692***	—	3.7901***
	—	(0.0206)	—	(0.0215)	—	(0.0226)	—	(0.0355)
常数项	-7.2723***	-3.9609***	-4.5535***	-1.7825***	-5.1445***	-2.5335***	-6.6890***	-3.0646***
	(0.1559)	(0.1533)	(0.1980)	(0.1955)	(0.2281)	(0.2267)	(0.4082)	(0.4084)
其他控制变量	是	是	是	是	是	是	是	是
周末固定效应	是	是	是	是	是	是	是	是
季度固定效应	是	是	是	是	是	是	是	是
观测值	629094	629094	586054	586054	554911	554911	191538	191538
调整后的 R^2	0.2219	0.2075	0.1592	0.1500	0.1631	0.1549	0.1629	0.1486

注：括号内为异方差稳健标准误；*、**、*** 分别代表参数在 10%、5%、1% 水平上显著。

为控制非标准化产品借贷利率对实证结果的影响,本章采用仅保留标准化产品的借贷数据进行稳健性检验,结果见表 7 – 11 列(5)—(6)。从结果可以看出,两个货币市场利率变量的系数对比基准模型均无较大变动,这进一步说明本章实证结果具有稳健性。用户中有一部分是个体工商户,尽管这些用户借贷目的主要用于资金周转,但这也会通过个人流动性约束影响其消费支出。为排除个体户与普通用户贷款利率对货币市场利率具有明显差异的可能性,本章单独分析了去除个体户的样本,回归结果见表 7 – 11 列(7)—(8)。结果显示,两个货币政策利率代理变量的系数对比基准模型均无较大变动,从而更进一步说明了本章实证结果具有稳健性。

（三）控制影子银行对互联网消费信贷市场传导效率影响

近年来，随着我国影子银行规模迅速膨胀，一些商业银行将其表内业务转移到处于监管真空区的表外业务，从而可能影响货币政策向贷款利率的传导效率。基于此，本章通过在基准模型中加入影子银行发展和其与货币政策变量交互项的方法进行稳健性检验，回归结果见表 7 – 12 列（1）—（4）。从结果来看，无论是将影子银行发展单独加入模型还是通过交互项的形式加入模型，SHIBOR 和 DR 的系数大小与显著性和基准模型相比均未发生明显变化。从影子银行与货币政策变量交互项的系数来看，SHIBOR 和 DR 与影子银行变量交互项均在 1% 水平上显著为负，但系数均较小。这说明影子银行发展对货币政策在互联网消费信贷市场上的传导效率影响较小，表明核心结论不受影子银行因素的影响。

表 7 –12　　　　　　稳健性检验（控制影子银行的影响）

变量	(1)	(2)	(3)	(4)
	加入控制变量		加入控制变量交互项	
	LoanR	LoanR	LoanR	LoanR
SHIBOR	3.7900***	—	3.5002***	—
	(0.0269)		(0.0298)	
DR	—	2.4574***	—	2.3224***
		(0.0205)		(0.0233)
Shadow	-0.0936***	-0.1980***	0.2923***	-0.0317
	(0.0049)	(0.0047)	(0.0278)	(0.0209)
SHIBOR×Shadow	—	—	-0.1721***	—
			(0.0118)	
DR×Shadow	—	—	—	-0.0758***
				(0.0091)
常数项	-4.4795***	-2.2032***	-4.2703***	-2.3048***
	(0.1769)	(0.1751)	(0.1310)	(0.1251)
其他控制变量	是	是	是	是
周末固定效应	是	是	是	是

续表

变量	(1)	(2)	(3)	(4)
	加入控制变量		加入控制变量交互项	
	LoanR	*LoanR*	*LoanR*	*LoanR*
季度固定效应	是	是	是	是
观测值	872869	872869	872869	872869
调整后的 R^2	0.1562	0.1488	0.1564	0.1488

注：括号内为异方差稳健标准误；*、**、*** 分别代表参数在 10%、5%、1% 水平上显著。

七、本章小结

基于 2018 年 1 月 1 日至 2020 年 12 月 31 日的宏观时间序列数据和助贷机构的大样本微观借贷数据，本章实证检验了中国货币市场利率在互联网消费信贷市场上的传导效率。研究发现，我国货币政策利率能够有效传导至互联网消费信贷市场，且其传导效率要明显高于对传统贷款利率的影响。异质性分析结果表明，高信用借贷者和长期贷款利率受货币市场利率的影响更大，说明货币政策利率传导效率在不同信用贷款人员间和不同期限借贷间具有显著的差异。拓展分析表明，我国货币市场以及中期货币政策利率和数量型货币政策均能有效地影响互联网消费信贷市场利率，而中长期货币政策利率对消费信贷利率的影响程度要远高于短期货币市场利率，再次表明我国货币政策利率向互联网消费信贷市场的传导是有效率的。货币政策在紧缩期具有更高的传导效率，体现贷款利率具有"易升难降"的特征，且这种特征对中长期贷款以及高信用借贷者更为明显。不仅如此，政策利率波动同样会影响到货币政策利率的传导效率，过高的利率波动显著降低了货币政策利率传导效率，且这种影响对高信用借贷者和长期借款者更为明显。除此之外，LPR 改革后货币政策利率向互联网消费信贷市场利率的传导效率出现了弱化的迹象。同时，在银行—金融科技公司以助贷模式合作的互联网消费信贷市场，货币政策的风险承担渠道依旧存在。

本章的相关政策建议如下。第一，支持金融科技发展，以金融科技助力传统金融渠道的有效下沉。线上助贷能够有效地向最终消费贷款端传导货币政策利率，拓展传统金融市场的边界，增加金融服务的覆盖面、可获得性以及便利性。此外，线上助贷模式还能在一定程度上替代民间借贷，拓宽货币政策传导渠道，有效遏制高息民间借贷等非法金融活动，有助于直达实体经济的货币政策工具更好地发挥作用。但同时也要厘清金融科技业务的边界和责任划分，在运用金融科技发挥提升资源配置效率的同时注重防范系统性金融风险。

第二，综合施策提升货币政策紧缩时期的货币政策利率传导效率。首先，要持续开展广泛的金融素养教育，提高居民对金融产品和服务的认知能力以及对贷款利率的敏感性，倒逼银行等金融机构跟随政策利率走势动态调整贷款利率。其次，中小银行"惜贷"主要源于其缺乏流动性来源以及足够的风险承担能力。因此，中央银行应适当降低法定存款准备金率来置换金融机构在中央银行尚未到期的各种贷款，减轻中小银行的成本负担，引导银行加大信贷投放。另外，要降低银行增加放贷规模的行政化监管要求，建立尽职免责和容错纠错机制，制定清晰的条款，打消员工怕被问责的顾虑。

第三，完善货币政策利率品种以及"利率走廊"模式的货币政策调控方式，稳定货币市场预期以减少利率波动。一方面，当前中央银行实施的利率走廊模式在一定程度上缺少清晰的利率目标，难以充分发挥利率走廊机制对货币市场利率的引导作用。因此，要尽快明确政策操作目标利率水平，增加较长期限以及细化较短期限的政策参考利率，形成更加完备的利率曲线，健全利率走廊机制。另一方面，要完善货币政策决策机制，增加货币政策透明度，缩小利率走廊的高低利差，强化前瞻性指引的作用，最终达到稳定市场预期以降低利率波动和提高货币政策传导效率的目的。

第四，有序推进 LPR 传导机制改革，增强 LPR 的弹性。一是引导金融机构逐步选取能够反映市场价格变动的利率曲线作为定价基准，逐步实现基准利率和市场利率的并轨，进一步提高贷款利率的市场化程度。二是鼓励更多具有代表性的中小金融机构参与 LPR 报价，增强 LPR 与银行间市场利率、国债利率之间的联动性，培育更具基准性的 LPR 形成机制。三是持续完善 LPR 的期限结构，将 LPR 应用情况纳入银行宏观审慎评估考核标准，鼓励商业银行增加以 LPR 为基准定价的贷款比重，加强 LPR 对不同期限贷款利率的引导作用。四是增强 LPR 的波动弹性，打开自主确定贷款利率的弹性空间，进而增强推动市场实际利率形成的力量，保证其形成方向与市场流动性状态的基本一致。

下篇

以提升货币政策传导效率为目标推进银行数字化转型的政策建议

本书下篇一共分为三章,重点分析商业银行数字化转型的国际成功经验,提出以提升货币政策传导效率为目标推进银行数字化转型的方向,以及进一步推进银行数字化转型的措施建议。

下篇 以提升货币政策传导效率为目标推进银行数字化转型的政策建议

第八章 银行数字化转型的国际镜鉴与启示

国际大型银行的数字化转型之路走在全球银行业的前列，多家代表性国际大型银行的数字化转型战略和典型做法也各具特色。因此，归纳总结全球顶尖银行数字化转型的成功经验，对于国内商业银行极具参考价值。

首先，本章归纳了国际大型银行数字化转型的三种战略模式：一是积极推进全面数字化转型的颠覆式革新模式，以花旗银行和摩根大通为代表；二是采用数字化技术创新方式下的系统性改造模式，以澳大利亚联邦商业银行和新加坡星展银行为代表；三是应用新型数字化信息技术的重点性突破模式，以汇丰银行为代表。

其次，本章在剖析部分银行数字化转型实践的基础上，汇总了国外大型商业银行推动数字化转型的成功经验：一是积极建立金融生态圈和布局全方位生态场景服务，形成海量资源信息和促进大数据分析营销，提供全面生态业务直接触达客户需求；二是面向客户推动业务模式数字化转型，推进端到端的数字化业务流程重塑，创新数字化和情景化的金融产品与服务，提升全渠道的客户数字化旅程体验；三是积极布局金融科技和创新金融科技投资模式，强化与金融技术企业的多领域合作；四是通过筑牢数字化基础增强金融技术实力，强化大数据挖掘和高级分析能力，创新IT开发模式和广泛应用业务场景，构建高效反应的敏捷型组织架构。

再次，本章选取全球数字化转型较为成功的美国摩根大通，针对其数字化转型进程展开重点案例分析。摩根大通的数字化转型实践可总结为五个方面：一是金融科技赋能推动数字化转型，大力推进数字化转型战略，持续加大金融科技投入和吸引技术人才，积极参与金融科技企业投资，提升自身创新能力，构建开放金融生态加速推动金融科技转化为生产力；二是数字化新引擎助力业务模式颠覆式变革，降低零售业务整体成本，提升批发业务服务效率和全渠道服务能力，强化零售与批发业务之间的板块联动；三是加速数字化技术实践应用不同业务场景，利用数字化实践减少贸易业务的交易时间和造假风险，缩减跨境交易清算周期和降低运行成本，简化回购交易流程和加速结算周期，实现合规审查的信息共享和实时监控；四是多措并举搭建数字化生态平台，丰富多元化渠道拓展金融服务边界，创新数字化产品提升金融服务效率，优化个性化服务增强数字化客户体验；五是持续提升技术能力完善数字基础设施，应用区块链完善金融基础服务模式，应用云计算促进数据分析与安全开发，应用人工智能提升数字化运营效率，应用机器学习强化数字化风控。

最后，本章借鉴了国际大型银行数字化转型的成功经验，系统阐述了未来银行数字化转型的目标与原则。我国银行应当基于服务能力、运营效率、新生态、创新模式和风险控制五个维度，坚持围绕客户需求的服务理念，持续提升服务客户能力，提高数字化运营效率，拓展数字化发展新生态和创新商业模式，提升风控效率和降低风控成本，从而分阶段、分层次不断推进自身数字化进程，保证未来数字化转型的正确方向。

一、国际大型银行的数字化转型策略

近年来，全球领先的国际主流商业银行纷纷启动数字化转型之路。根据美国安永会计事务所的调研报告，截至2018年末，超过85%的国际主流商业银行已将数字化转型作为未来战略发展方向，同时超过20%的国际大型银行也已经实际启动了包括大数据分析、云计算、人工智能和区块链等新型信息技术在内的变革实践，并由此推动了整体的数字化变革。而随着新冠疫情的暴发，以及各大商业银行更多物理网点遭遇疫情的负面打击，国际领先银行的数字化变革过程不断加速。从国际大型商业银行的实践过程来看，其数字化转型策略主要分为颠覆式变革、系统化改造和重点性突破三种类型。

（一）数字化转型颠覆式变革

以花旗银行和摩根大通为代表的部分国际大型银行，率先开启全面数字化转型的颠覆式变革。颠覆式变革的主要方向包括：一是打造全面数字化发展战略，推动组织变革和架构重构；二是从移动支付、大数据分析、IT技术应用和金融科技服务领域入手，推动业务模式领域全面数字化变革；三是借助金融科技推动场景布局领域数字化转型由线上业务扩展至所有生态场景，并开始探索由业务数字化向管理和风控数字化的全面变革路径（杜鑫星等，2022）。

以美国花旗银行为例，该行先后明确提出"移动优先"和全面打造"数字银行"转型战略。美国花旗银行的颠覆式数字化转型措施包括：一是以关注客户核心需求为导向，面向数据分析技术、移动支付系统、安全认证技术、数据货币化、IT新兴技术应用，以及全新金融科技服务六大数字化领域，积极开展外部合作强化自身数字化能力建设；二是创新和引入"花旗银行快车"软件系统，完成了包含账户设置、信贷申请审核和银行卡受理等内容的所有物理网点业务线上可办机制，全方位推进了业务流程数字化；三是依托国际网络资源推进移动银行业务平台的跨国应用，为跨国企业和用户提供电子商务服务，通过运用数字技术和引入"花旗手机直通车"系统，实现企业和消费者随时随地利用其支付设备完成移动支付；四是积极拥抱外部数字化合作伙伴，实施全面数字化，通过数字化方式扩展所开展业务深度，与墨西哥美洲电信公司展开合作共同创建"转账移动支付平台"，面向无银行账户人群进行服务，并与美国智能投顾技术SigFig公司进行全面数字化合作，面向全行超过100万名的中产退休人士的个人储蓄投资组合，进行全面数字化管理与风控。

（二）数字化转型系统化改造

以澳大利亚联邦银行和新加坡星展银行为代表的部分全球主要商业银行，采取了数字化变革下的系统化改造方法。系统化改造的主要方向包括：一是积极实施针对金融服务产品的数字化革新和系统性改造，聚焦现有业务提升服务效率，将大量数字化元素引入金融产品和服务之中，强化产品创新迭代；二是实施线下向网上推广，以契合客户多元化需求变化为目标，不断提升客户视觉体验和交互功能，继而通过自身系统化改造推动数字化转型，在激烈的金融产品竞争和金融市场竞争中占据一席之地。

以澳大利亚联邦银行为例，该行针对客户网络化、自主化和多元化金融服务需求，始终将"一流的团队与一流的服务"作为长期目标，分别于2008年和2017年提出打造"客户满意度第一银行"和"简单而优质银行"的发展战略。为促进数字化变革，澳大利亚联邦银行提出了系统化改造的三个举措：一是积极开展线下渠道的数字化升级，逐步实现从银行线下渠道向线上推广，2017年澳大利亚联邦银行数字客户总量提升了25%，其中移动终端数字客户数量甚至提升44%，移动用户总量突破了1700万，数字化销售渗透率迅速攀升至28%，超过2015年18个百分点；二是积极开发并引进了数字化创新产品，以虚拟零钱罐（Clever Kash）为代表的多项数字化创新产品赢得了客户和业界的一致好评；三是围绕现有业务提高服务效能，并采取了创新工厂、双速敏捷IT架构和强大数据挖掘能力等举措，促进数字化转型和革新。

（三）数字化转型重点性突破

以汇丰银行为代表的部分全球主要商业银行，选择了在新型数字化信息技术应用下的重点性突破模式（见表8-1）。重点性突破模式的主要方向包括：一是利用数字技术，在业务模式、组织形态和渠道流程等领域实施重点性突破；二是针对传统业务进行系统性重构，将有效改变传统业务模式，进而促进业务模式的数字化革新；三是通过推进组织结构敏捷化变革，形成数字化业务流程渠道的再造，降低了决策周期和执行运作成本，提升了业务领域的金融服务水平，进而促进整体数字化转型。

表8-1　　　　　　　国际大型商业银行数字化转型概况

银行名称	数字化转型概况
花旗银行	以解决顾客核心需要推动业务转型发展为契机，积极推进"移动优先"（Mobile First）、"数字银行"（Digital Bank）等数字化转型战略；面向数据分析技术、移动支付系统、安全认证技术、数据货币化、IT新兴技术应用，以及全新金融科技服务六大数字化领域，积极开展外部合作以加强自身数字化能力建设；创新引入"花旗银行快车"系统，实现全部物理网点业务线上化，推动业务流程数字化；创新引入"花旗移动直通车"系统，为跨国企业与顾客提供一站式电子商务服务；与美洲电信公司共同打造"转账移动支付平台"，主要面向无银行账户人群进行服务；与SigFig公司展开数字化合作，面向全行中产退休者的储蓄投资组合实现数字化管理和风控
高盛集团	对标定位全球领先金融技术企业，并高度重视新兴科技应用，通过高新技术运用实现数字化转型；全面布局数字化经营管理模式，创新发展数字现金监管支付平台和数字消费金融业务Marcus，构建全方位的数据财富管家服务

下篇 以提升货币政策传导效率为目标推进银行数字化转型的政策建议

续表

银行名称	数字化转型概况
摩根大通	针对提升客户体验,推动"移动优先"(Mobile First)和"数字万物"(Digital Everything)等相关数字化转型战略;扩大金融科技和数字人才投资,建立新金融中心科技园并引入大量数字科技人才。数字化转型的主要措施可以总结为五个方面:金融科技赋能推动数字化转型;数字化新引擎助力业务模式颠覆式变革;加速数字化技术实践应用不同业务场景;多措并举搭建数字化生态平台;持续提升技术能力完善数字设施
德意志银行	积极构建全行数字化和智能化生态系统,推动核心业务模块数字化转型和平台化创新(Platform Revolution)战略,打造端到端流程再造体系,建立数字化时代的平台银行
汇丰银行	积极落实"数字优先"(Digital First)发展战略,将"从根本上将业务模式和企业组织数字化"作为数字化转型总体目标,并采取多种措施推动实施重点性突破模式的数字化转型,包括连续多年推动"客户旅程数字化",加大投资力度和打造线上服务平台与"开放银行"APP,优化客户服务体验;积极建设金融服务生态圈和布局全方位生态场景,围绕金融服务领域创新发展数字化产品,运用大数据等数字科技提升价值创新,利用大数据科技精确把握顾客需求,创造差别化的金融产品与服务;优化IT结构与数据管理,实现企业组织架构灵活化与服务产品敏捷化发展;提倡"数字优先"(Digital First)的发展策略,把大数据分析技术运用到前、中、后台的各个方面,提高了银行经办业务工作效率和节省了人员工作时间与经营成本
瑞士银行	高度重视科技创新,将"创新与数字化"(Innovation Digitization)作为全行未来发展战略;利用大数据、人工智能等新兴技术,与美国智能投顾技术SigFig公司合作搭建SmartWhealth智能投顾平台;与美国金融科技领导者Broadridge公司展开合作搭建财富管理平台
新加坡星展银行	为对标亚马逊、谷歌等全球顶尖信息技术公司,提出了"带动亚洲思维"(Living, Breathing Asia)的品牌战略;构建"甘道夫"(GANDALF)[①]式电子化转型体系,逐步推进数字化改造;着力实现利用数字化信息技术,带给用户更完美和更为简单便捷的客户体验和使用感受(Live More, Bank Less),并积极导入API系统驱动数字业务系统,使用户感受到更简单、更便捷、更个性化的服务,并积极介入数字化的车辆市场、住宅市场、家庭用电领域,用户将能够在星展的网络中购买车辆、租车、租房、选择供电商
美国银行	推出"持续创新"(Keep Change)的数字化经营策略和数字化金融,并推出美国银行人工智能PRIAM交易分析技术和创新AI智能助手,改善数字银行服务

173

续表

银行名称	数字化转型概况
富国银行	积极推动智能化和线上线下一体化的数字化发展战略，同时引入广泛化、小型化和社区化的发展理念；积极创新金融科技和新兴技术，积极开展数字支付，率先引入智能手机"苹果支付"（Apple Pay）
摩根士丹利	构建金融科技生态体系，推出以数据驱动为核心的财富管理数字化转型战略，搭建 FinTech Summit 平台，与多家金融科技公司开展针对资本市场和商业银行领域的支付、投资和财富管理等业务的跨领域数字化合作
荷兰国际	创新"向前思考"（Thinking Forward）理念，关注客户前瞻性需求和差异化偏好，以提供"差异化的数字客户体验"（Differentiating Digital Customer Experience）和全新的银行金融服务
桑坦德银行	针对传统业务制定"游轮"（Cruise）战略以推动传统业务的数字化转型，针对新兴业务和数字化业务制定"快艇"（Yacht）战略，利用独立运营平台推动新兴业务和数字化业务快速发展
澳大利亚联邦银行	一直以"一流的团队与一流的服务"作为长期发展目标，分别于2008年和2017年提出打造"客户满意度第一银行"和"简单而优质银行"的战略目标；为促进数字化转型，提出了三大系统化转型举措，包括：积极开展线下渠道的数字化提升，以实现从银行线下渠道向线上推广；积极开发和引进了数字化创新产品，多个数字化创新产品获得了顶尖的国际金融创新产品奖项；围绕现有行业提高了服务效能，并采取创新工厂、双速敏捷的IT架构和强大数据挖掘能力等各种举措，促进了数字化技术创新
美国第一资本金融集团	利用大数据分析技术深入发掘了金融服务价值，将大数据分析技术与金融服务技术应用到企业构架、传统业务转型、投资活动等方面领域；采取独特的信息技术驱动策略，建立功能强大的数字信息处理系统；利用新金融技术提升传统银行，促进金融服务技术和IT科技的深入结合，运用大数据改进银行业务；高度重视高端数字人才的培养和引进，通过并购增强大数据技术能力，独树一帜地创立以数据为核心的金融企业文化

注：2014年，新加坡星展银行推出甘道夫（GANDALF）计划。GANDALF是小说《魔戒》中最强巫师的名字，星展用每一个字母代表不同的科技巨头，G代表Google、A代表亚马逊、N代表Netflix、D是星展银行、A是苹果、L是Linkedin和F是脸书，意即星展银行要与这些科技巨头并驾齐驱，成为最强的科技公司。

以汇丰银行为例，该行将"从根本上将业务模式和企业组织数字化"作为数字化转型战略目标，并采取多种措施推动实施重点性突破模式：一是连续多年推动"客户旅程数字化",加大投资力度和打造线上服务平台,通过"开放银行"APP,客户可整合多家合作的商业银行账户、贷款信息和银行卡,无须再从各家银行的网站中切换,从而优化客户服务体验;二是围绕金融服务领域创新发展数字化产品,运用大数据等数字科技提升价值创新,利用大数据科技精确把握顾客需求,创造差别化的金融服务产品;三是优化 IT 结构和数据管理,实现组织架构灵活化与服务产品敏捷化的发展;四是提出"数字优先"(Digital First)发展策略,积极拥抱世界最顶尖的金融科学技术,并将大数据分析技术运用到前台、中台和后台的各个方面,大大提高了银行经办业务工作效率和数据渠道活跃用户人数,也节约了 61 亿美元的经营成本。

二、国际银行数字化转型的成功经验

目前,全球领先商业银行数字化发展已经历了十多年的沉淀,各大国际银行数字化转型之路各具特色,表 8-1 系统列出了具有标志性银行的数字化转型概况,包括转型战略、具体措施和典型做法。本章在剖析部分商业银行数字化转型实践的基础上,总结了全球主要商业银行数字化转型的成功经验。

(一)打造金融生态圈并布局全方位生态场景

1. 形成海量资源信息并促进大数据分析营销

国际大型银行面向客户群体,建设金融生态圈和布局全方位生态场景,能够为其带来海量的客户资源和数据信息,继而使其能够更加准确地分析客户数据信息、开展资源匹配和数字化营销。国际大行纷纷构建客户生态圈平台,通过线上服务、移动端口和 APP 应用等多种方式切入客户生活,全方位参与客户生态场景,在各种场景布局下提供针对性的金融服务,采用多元化营销手段推出差异化金融产品,应用大数据分析能力实现精准化营销、敏捷性和持续性迭代运营以及独立性风险控制(耿薇薇,2022)。如澳大利亚联邦银行积极运用创新工场,成功开发并引入大批数字化创新产品,一系列的数字化创新产品都获得了广大客户的一致赞誉。对于房产买卖等相关行业,澳大利亚联邦银行成功建立了金融服务生态圈,通过整合房地产金融服务产品链,完善了房地产金融服务与买卖业务的流程。澳大利亚联邦银行还利用自建 APP 与网上银行终端,借助双速敏捷的 IT 架构和大数据分析技术,提供了分步购房专业服务体系,涵盖价格比较与买卖区域分布信息等,有效促进了消费者达成购房与租房交易。这种数字化创业举措,成功集成了大部分房源用户数据,撼动了传统的买房价值链。

2. 提供全方位生态服务直接触达客户需求

当前国际大型银行充分利用金融生态圈,提供"金融+非金融"的线上化、全方位生态服务,直接触达客户多元化和个性化需求以提升客户体验,增强了客户黏性和规模化获客能力。

例如,多家国际大型银行围绕金融生态圈推出直销银行业务,结合人工智能和大数据技术针对客户开展精准分析,推出差异化和个性化的直销银行产品,利用线上和线下联动模式经营和扩大客户群体,极大地提高了客户黏性和规模化获客能力(兰春玉等,2021)。又如,汇丰银行通过大数据技术精准掌握客户需求,围绕全方位生态场景创新数字化产品,提供差异化的金融服务,在数字渠道下极大地提高了规模化获客能力。2017 年,汇丰银行数字渠道活跃用户占比攀升至 50%,较 2014 年增长了 16 个百分点,带动其数字渠道销售额增长了约 75%。当前,全球领先商业银行已经开始建立并嵌入金融服务生态圈,积极布局全方位生态场景,在促进自身数字化变革的同时提高银行收益水平。麦肯锡研究报告测算认为,数字化策略的成功实施与不断引入,将可以在未来的 5~10 年,将商业银行的整体净资产收益率(ROE)2% 提高到 5%。

(二)面向客户推动业务模式数字化转型

国际领先商业银行高度重视客户数字化旅程评估,努力推动端到端的数字化流程再造和实现自身降本增效,积极创新数字化和场景化的金融产品,全面提升全渠道的客户数字化旅程体验,以客户为中心推动业务模式的数字化转型。

1. 推进端到端的数字化流程再造

当前全球主流商业银行开始针对业务重新定位并整合客户的数字化旅程,不断努力推进快速、敏捷化的数字化业务流程再造,继而提供客户驱动模式下的端到端金融服务。

例如,英国劳埃德银行在 2012 年的经营业务低迷时期积极推进数字化改革,通过多项举措实施了关键性突破转型和十大核心客户旅程端到端业务流程改革,并迅速在 2015 年实现业绩扭亏为盈,同时降低了近 20 亿英镑的运营成本和约 1.5 万名员工的人力成本。又如,意大利联合圣保罗银行,于 2014 年开启数字化和全面 IT 转型,坚持以大数据和客户需求为核心,构建"数字化工厂"模式和设置"数字化业务合伙人"平台。联合圣保罗银行通过上述渠道,积极推动业务模式数字化转型并迅速取得成效,带动端到端渠道运营效率在短期内提升超过了 15%。仅仅在数字贸易融资平台上线的 6 个月时间内,该银行客户抵押贷款业务总量增速就超过了 50%。

2. 创新数字化和场景化的金融产品与服务

金融科技企业的产品具有场景化设计、线上应用和开发快速迭代的独特优势,大大简化了从设计构想到上线使用的整个产品创新周期。国际主流商业银行通过与金融科技企业,进行联合、共同开发和探索学习的途径,主动追赶这种短平快的产品创新方法。借助金融技术等新型科技,国际主流商业银行能够迅速完成数字化金融产品革新,并针对用户特点迅速推出场景化的金融服务产品,再根据用户反馈不断调整迭代。

例如,西班牙对外银行高度重视消费场景下的线上化和数字化产品创新,推出的 Wibe 应用软件将金融产品与客户消费活动有机结合,在保障传统金融服务功能的同时,还能融入道路救援和停车辅助等全方位生活场景,以便满足客户的多元化需求。再如,由美国银行出品的智能财务助手 Erica,不仅能够为顾客带来个人账户信息查询的基本服务,也可以提供财富管理工作建议的投行业务服务,还能够提供网店预约等多元化生活场景服务,极大地提高了获客能力。又如,澳大利亚联邦银行通过开展面向年轻客户和儿童的储蓄行为大数据分析,推出"小象虚拟储蓄罐"的儿童储蓄产品,借助卡通形象实现储蓄过程的可视化和动漫化,提升了年轻客户黏性。

3. 提升全渠道的客户数字化旅程体验

商业银行金融技术的开发突破了线下物理网点的局限,使用户的反馈路径显著增加。同时,大数据挖掘、人工智能和可视化等数字技术的应用,使国际大型银行能够将分散在线上线下各个渠道的海量客户信息和数据资源成功整合在一起,实现各渠道数据和信息的无缝交互对接,有效缓解数据信息和客户体验不一致的难题(兰春玉等,2021)。全球主要商业银行都通过运用高级数据挖掘进行用户信息深层发掘，运用交互技术，不仅可以改善它们的数字化旅程品质与客户服务质效，同时还可以协助银行显著扩大交叉营销机会，增强全渠道协同效应。

例如，荷兰国际银行的"向前思考"方式，通过高度重视用户的前瞻性需求和差异化偏好，积极推进从传统渠道向线上销售、移动互联网终端、电话中心等多渠道的数字化转变，从而大大增强了用户的差异化、数字化需求。荷兰国际银行还通过大数据技术手段，通过单一用户在物理网点开户储蓄时的数据，以及通过移动互联网终端查询投资理财产品的频率和次数，判断出该用户的投资理财产品规模和风险偏好，进而有针对性地向用户推荐投资证券、保险等理财产品。这些举措都大大提升了用户数字化服务能力并提高了用户黏性，促进荷兰国际银行进一步将客户培育成主办客户（重要优先客户）。

（三）积极布局金融科技并创新金融科技投资模式

1. 全面强化与金融科技公司合作

2019年，麦肯锡曾对世界领先的100家主要商业银行展开了金融科技调查研究，调研报告中表明：参加调查的100家世界主要商业银行，都与金融科技企业以及互联网平台形成合作关系，其中52家银行与金融科技企业进行了深入合作，37家银行甚至选择了通过风险投资以及私募股权等融资方案布局金融科技企业。摩根大通、富国银行、摩根士丹利等全球大型银行长期密切跟踪金融科技企业，并通过战略合作伙伴、外延收购、服务外包等各种手段与互联网科技平台深度融合，将各类金融科技尽快引入并应用到自身业务模式之中，加速技术创新和成熟以及捕捉运营效益，实现金融科技赋能数字化转型。

例如，富国银行2016年与SigFig公司展开合作，面向希望通过利用数字技术获取最佳投资组合和整体财务建议的新兴投资者，构建联营平台，开发并推出专项数字咨询服务，提供基于投资问卷的在线投资组合，并通过数字技术和大数据分析持续优化平衡性投资组合。又如，星展银行与多家金融科技公司展开持续合作，于2017年创新和推出应用编程接口开发商API平台，该平台建立之初即链接20多个类别的155个API，实现客户的资金转账、PayLah、实时支付和积分兑换奖励等功能。经过多年发展，该平台已经成为全球最大的银行API平台之一，与包括AIG公司、新加坡国税局、Agrocorp公司、Bukalapak

公司、新加坡电信公司（Singtel）、Grab 公司和 SoCash 公司在内的 90 多家战略伙伴建立了合作联系，提供全球数量最多和关联性最高的银行 API。星展银行的 API 接口超过 350 个，面向客户打造全面金融生态圈和布局全方位生态场景，覆盖从金融科技到生活消费的各个领域，无论企业客户和个人客户从事什么业务都可以在该平台上找到对应的 API。

2. 积极创新金融科技投资模式

当前国际商业银行为了提升自身金融科技水平和更广泛推广金融科技应用，纷纷创新金融科技投资模式，主要有以下三种类型。

一是国际大型银行建立和参与金融科技公司股权投资基金，或者直接投资入股相关企业。摩根大通一直是金融技术初创公司的积极投资人，其融资过的主要金融技术企业有电子交易公司（Virtue Financial Inc.）、移动支付公司（Square、Level Up）、人工智能公司（Volley Labs）、移动支付系统公司（clear X change）、网络融资平台（Motif）、网络支付业务平台（WePay），以及区块链等技术研究企业（Axnoni）、云服务平台（InvestCloud）和云支付平台（Bill.com）等。摩根大通通过入股这些金融科技企业，成功将人工智能、大数据、云计算、区块链等新兴技术广泛应用于各种金融服务需求和各类生活服务场景之中。

二是国际大型银行设立创新加速器，积极布局、深度介入并帮助培育孵化项目。例如，美国富国银行于 2014 年推出了创新企业加速器项目，平均每年培育 6~10 个新金融科技项目。又如，星展银行与初创公司联合推出致力于解决中小企业客户难题的创业加速器计划（Startup Xchange）。Startup Xchange 将着力于人工智能、数据挖掘与分析、沉浸式媒体和物联网四个前沿数字化科技，引入初创公司与星展银行共同创建解决方案，以实现更快的无缝对接融合模式来满足中小企业客户的业务与市场需求。新 Startup Xchange 从成立以来已经成功推出 10 多项全新的服务解决方案，成功完成 20 多家初创公司与银行内部部门以及中小企业客户完美匹配，有效解决了上述企业客户的业务痛点和市场需求。

三是国际大型银行成立内设机构或搭建外部合作平台。国外大型银行通过建立数字实验室、银行工程研究所、技术研究机构和外部服务等机构，在加强与金融科技公司的合作中布局金融科技领域。例如，摩根大通与 Volley Labs

公司合作实现人工智能开发和员工培训,与 Bill.com 平台的合作实现客户支付活动电子化,与 InvestCloud 平台的合作实现了对移动应用程序和用户后台的定制化管理。又如,汇丰银行,与中国华为合作设立创新技术研究室,合作研发虚拟现实、大数据分析、物联网和 5G 网络等领域科技;与香港应用科技研究所在中国香港合作设立金融技术研究室,合作研发人工智能、机器学习等解决方案;与美国艾伦图灵学院合作,应用大数据分析技术评估一国的宏观经济表现并进行市场预估;与新加坡金融管理局(MAS)、新加坡交易所等数家商业银行联合发展区块链科技,推出了跨地区的贸易融资交易平台,以帮助全球银行改善交易金融服务和管理业务流程。

(四)筑牢数字化基础增强金融技术实力

1. 强化大数据挖掘和高级分析能力

一方面,大数据的挖掘和分析能力,是决定商业银行未来管理和发展的关键能力,被应用到诸多领域,给商业银行经营带来了显著效益。根据麦肯锡估算,利用大数据挖掘分析技术,可提升商业银行 10%~30% 的交叉销售业务量,减少 10%~15% 的整体信贷成本,并降低超过四分之一的后台操作成本。另一方面,大数据的挖掘和分析能力,也是商业银行实现创新发展的核心要素之一,商业银行建立"数据湖"并改善自身数据基础设施,是其实现数字化转型的必备条件。当前全球领先大型银行开始把发展大数据分析视为一个核心发展策略,重视数据资源统筹、整合和治理,着力推进基于数据用例的大数据挖掘与应用发展,紧密结合行业应用,促进数据挖掘与管理转型,不断提高大数据分析的应用效益(穆红梅等,2021)。另外,摩根大通、花旗银行、美国第一资本金融集团等全球大型金融机构积极打造大数据分析人才梯队,培养国内人员和吸纳国外人员,积极打造高级研究"卓越中心",厘清数据组织机制和管理结构。

2. 创新 IT 开发模式并广泛应用于业务场景

商业银行要想完成数字化改造,还需要具备完善的全渠道、全业务模式的敏捷型 IT 配套支撑系统。当前,国外主要商业银行开始学习和借鉴金融技术企业与网络平台公司的敏捷发展方式,研究双速 IT 发展方式,以及经营一体化的新一代 IT 技术发展与管理方法。双速 IT 开发模式,包括一个基于用户的迅速反馈的前台管理系统，和一个以客户交易为核心的强大后台管理系统，前台、后台两套管理系统的同步运作并行不悖。对包括澳大利亚联邦银行、花旗银行、美国第一资本金融集团在内的多个国外大型银行的经验研究表明，双速IT开发模式能够将银行产品创新开发的上市时间缩短40%~60%，同时减少60%的开发错误。

双速IT开发模式和研发运营一体化，不但促进了银行的技术创新和产品开发，推进了技术人员与数字基础设施团队间的高效衔接和敏捷交流，而且能够将各种金融科技全方位应用到业务场景之中，为数字化转型提供基础能力的支撑。例如，双速IT研发与运营系统支持在客户资信分析、贷款管理和授信服务、理财投资与咨询等范畴运用人工智能AI信息技术；支持在企业跨国开发、贸易融资、企业供应链投资、票据交易和资产管理等范畴运用区块链信息技术；支持在企业软件运营维护、提供企业开放式底层平台服务等范畴运用云计算技术；支持在企业信用反欺诈、反洗钱、精准销售、顾客画像服务等范畴运用大数据分析技术；支持企业探索系统上云、通过SaaS业务对外赋能，以及提高中台技术研发能力（唐兆涵等，2019）。

3. 构建高效反应的敏捷型组织架构

以往传统的部门结构和组织架构已无法支撑商业银行推动数字化创新和金融产品快速迭代的需求，敏捷型组织架构成为商业银行实现跨越式发展的必要前提之一。当前全球主要商业银行，为强化服务和科技的创新性融合，应不断学习和借鉴金融科技公司与网络平台之间的扁平化管理模式，以优化银行组织结构。一方面，国际领先银行纷纷突破业务和管理之间的传统部门壁垒，减少部门隔阂，并革新了扁平化的运行与决策制度，实现银行跨职能、跨部门和跨条线的内部合作；另一方面，国际领先银行面向客户需要或依据专项项目，从信息技术和服务等各部门抽调专业人才成立工作组，建立项目制的敏捷服务"部落"，从而提高敏捷型组织架构效率、实现高效快速反应效能（唐兆涵等，2019）。

例如，荷兰国际银行积极推进业务、职能部门和管理层级别的敏捷化和扁平化变革，将业务机构数量由30余个缩减到13个，管理层级别由六级缩减到三级，员工数量由3500余名缩减到2500余名。荷兰国际银行还建立跨条线、跨专业的协同工作敏捷组织架构，实现由单纯以业务请求为中心的单功能组织，转化为以产品基础设施需求和业务为核心的跨功能组织。在全新的敏捷型组织结构和运行机制下,荷兰国际银行金融产品的平均创新上限周期由4个月缩减至3个星期,员工平均工作效率提升超过30%,推动客户净推荐值大幅攀升。又如,英国劳埃德银行面向IT部门与业务部门展开资源和人力整合,组建跨条线和跨职能的敏捷团队,针对多项业务采取敏捷型开发和运营模式,将整体规划解构为一系列基础模块,交由敏捷团队分别高效运作和迭代升级,实现了对客户需求的快速响应。

三、摩根大通数字化转型的案例分析

本章在总结国际领先银行数字化转型的策略和成功经验的基础上,选取了美国摩根大通集团作为案例,针对其数字化转型进程和效果展开案例分析。

摩根大通成立于1968年,是当时全美最大的商业银行,隶属于全能型商业银行,分为零售和批发两大业务板块。零售板块涵盖消费金融与社区银行部,批发板块涵盖企业与投资银行部、商业银行部和资产与财富管理部(见表8-2)。摩根大通分为 J. P. Morgan 和大通两个主要品牌。J. P. Morgan 品牌下运营现金证券、投资银行、私人银行、资产和财富管理等业务,在大通品牌下运营国内零售、美加信用卡和商业银行等业务。摩根大通的数字化转型实践全面而成功,覆盖了其业务模块、产品特征、应用场景、生态平台和数字基础设施等多个维度,具体可以总结为以下五个方面:金融科技赋能推动数字化转型;数字化新引擎助力业务模式颠覆式变革;加速数字化技术实践应用于不同业务场景;多措并举搭建数字化生态平台;持续提升技术能力完善数字基础设施(见表8-3)。

表8-2　　　　　　　　　摩根大通业务部门划分

零售业务	消费金融与社区银行	消费金融与业务银行	消费金融
			财富管理
			业务银行
		住房贷款部	房地产组合
			住房贷款发放与服务
		金融服务部	银行卡与信用卡服务
			商户服务
			汽车服务

下篇 以提升货币政策传导效率为目标推进银行数字化转型的政策建议

续表

批发业务	企业与投资银行部	银行业务	投资银行
			财资服务
			融资贷款
		证券服务	固定收益部
			权益市场部
			证券服务与信用调整
	商业银行		公司客户部
			中间市场部
			商业地产部
	资产与财富管理		资产管理部
			财富管理部

资料来源：摩根大通公司年报。

表8-3 摩根大通数字化转型的五个方面

金融科技赋能推动数字化转型	持续加大金融科技投入和吸引技术人才
	积极参与金融科技企业投资提升自身创新能力
	构建开放金融生态加速推动金融科技转化为生产力
数字化新引擎助力业务模式颠覆式变革	数字化转型降低零售业务整体成本
	数字化转型提升批发业务服务效率和全渠道服务能力
	数字化转型强化零售与批发业务之间的板块联动
加速数字化技术实践应用于不同业务场景	利用数字化实践减少贸易业务的交易时间和造假风险
	利用数字化实践缩减跨境交易清算周期和降低运行成本
	利用数字化实践简化回购交易流程和加速结算周期
	利用数字化实践实现合规审查的信息共享和实时监控
多措并举搭建数字化生态平台	丰富多元化渠道拓展金融服务边界
	创新数字化产品提升金融服务效率
	优化个性化服务增强数字化客户体验
持续提升技术能力完善数字基础设施	应用区块链完善金融基础服务模式
	应用云计算促进数据分析与安全开发
	应用人工智能提升数字化运营效率
	应用机器学习强化数字化风控

资料来源：作者整理。

（一）金融科技赋能推动数字化转型

1. 大力推进数字化转型战略

摩根大通积极推进"移动优先"（Mobile First）和"数字万物"（Digital Everything）等数字化技术，以创造更优秀的客户体验并加深客户关系，实现业务模式的颠覆式变革。一是从围绕单一账户提供结算和现金收付产品，转型到覆盖整个上下游交易流程客户需求的类供应链产品和金融服务。二是从注重销售单一产品的服务模式，转型到提供一站式的个性化解决方案。三是从境内服务为主，转型到提供一体化的跨境服务、把跨境金融服务整合到企业的现金管理服务之中。

摩根大通还借助金融技术的升级与迭代，进一步整合金融产品与金融资产。一是面向用户提供高自主性与网络化的金融服务，以及个性化的端对端一站式解决方案。二是针对优质客户，摩根大通进行各类优惠活动，并提供包含低息按揭贷款等的各类折扣业务。三是针对投行业务和财富管理，摩根大通利用网络平台开展投顾费用打折和"You Invest"免费交易股票等费率折扣。数字化战略驱动的经营管理与业务模式创新，不但进一步降低了银行经营成本，同时借助丰富的服务内容和较低廉的价格，提升了客户体验并增加了客户黏性和忠诚度。

2. 持续加大金融科技投入并吸引技术人才

摩根大通长期持续加大金融科技领域投入，多年来金融科技投入约占摩根大通上年营业总收入的10%，约占其净利润的40%，可以说，金融科技投入是摩根大通最大的资本支出之一（见图8-1）。2019年，摩根大通金融科技投资超过114亿美元，位居全球商业银行金融科技投资第一，占其2018年经营总收入的10.9%（见图8-2）。目前，摩根大通已在世界各地拥有18家科技信息中心、31家数据中心，共6.7万台物理服务器和约2.8万个数据库，并规划在硅谷设立新金融中心科学技术园，同时建立技术创新管理中心和现代化工作场所。新金融中心科学技术园将注重于在大数据分析、人工智能、信息数据安全、区块链、机器学习以及云计算等前沿性研发应用，从技术和商业角度考量新兴技术的大规模应用，以及其将如何赋能于金融业务。同时，摩根大通还通过高端人才引进、战略投资和收购并购等方式吸引高科技人才，进一步扩大

下篇 以提升货币政策传导效率为目标推进银行数字化转型的政策建议

创新技术团队。该技术团队已经拥有技术人员 5 万余名,其中直接从事产品研发和金融工程类人才 3 万多名,为摩根大通的金融科技创新和数字化转型提供了有力的技术保障和人才储备。

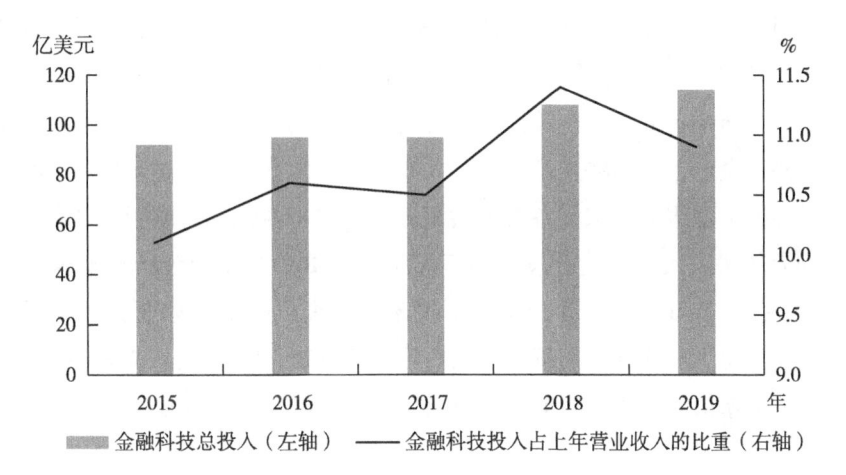

图 8-1 摩根大通金融科技投入和占上年营业收入比重

(资料来源:UBS Evidence Lab)

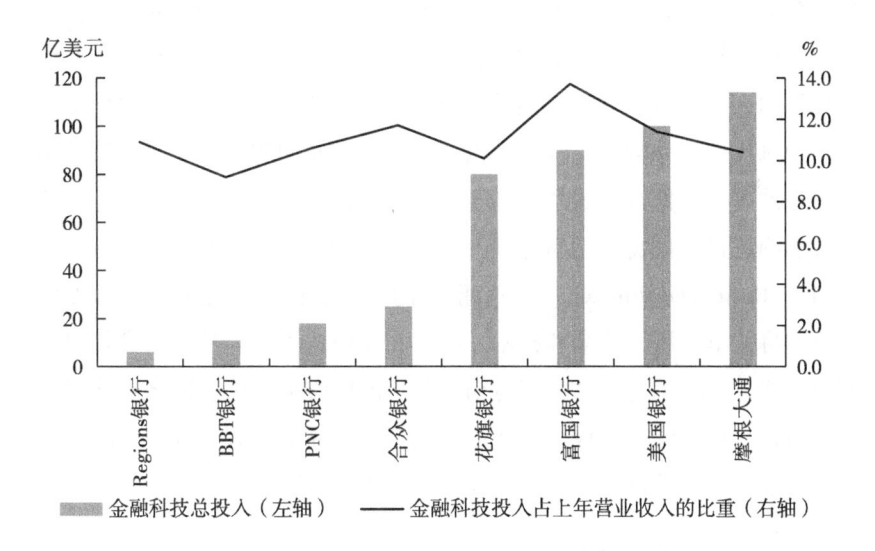

图 8-2 2019 年美国上市银行金融科技投入对比

(资料来源:UBS Evidence Lab)

3. 积极参与金融科技企业投资提升自身创新能力

摩根大通始终是金融科技初创企业的积极投资者，其投资过的企业包括电子交易公司（Virtue Financial Inc）、移动支付公司（Square、Level Up）、人工智能公司（Volley Labs）、移动支付系统公司（clear X change）、在线投资平台（Motif）、在线支付业务平台（WePay）、区块链应用开发公司（Axnoni）、云服务平台（InvestCloud）和云支付平台（Bill.com）等。摩根大通通过入股这些金融科技企业，成功将人工智能、大数据、云计算、区块链等新兴技术广泛应用于各种金融服务需求和各类生活服务场景之中。例如，摩根大通与Volley Labs的合作实现人工智能开发和员工培训，与Bill.com的合作实现客户支付活动电子化，与InvestCloud的合作不仅改善了客户财富管理业务在线开户体验，而且实现了对移动应用程序和用户后台的定制化管理。这些投资行为都极大地提升了摩根大通的创新能力和市场竞争力，以及后疫情时代的线上金融服务能力。

4. 构建开放型金融服务生态，加速金融科技转化生产力

摩根大通通过建立金融技术实验室和开放创新加速孵化器等方式构建开放型金融服务生态，并根据业务需要制定技术研发应用方向，同时积极推动数字化项目落地和解决实际业务问题。2014年，摩根大通与美国国家金融服务创新中心（CFSI）合作共建金融解决方案实验室（FinLab），旨在鼓励科技人员利用金融科技创新和数字化技术，以及开发财务应用程序和工具，为美国家庭提高信贷效率和降低资金成本。截至2019年末，FinLab已经帮助超过450万美国人节约超过1亿美元的资本支出。2016年摩根大通开启了创业"入驻计划"（In-Residence Program），与有能力的科技初创机构形成战略合作伙伴关系，双方将共享资源、产品和技术。摩根大通业务人员和技术专家将直接入驻初创公司并进行技术合作，在支持初创公司的同时吸收更多的金融技术方案和创新产品，与自身的批发板块业务进行整合，继而提高服务效率、降低业务成本和加快数字化创新，推动金融科技加速转化为实际生产力。

（二）数字化新引擎助力业务模式颠覆式变革

1. 数字化转型降低零售业务整体成本

摩根大通的零售板块涵盖消费金融与社区银行部，其业务主要向消费者与

企业提供信贷支持与金融服务。近年来,由于对顾客个性化和多元化的要求提高,零售服务市场呈现了更加明显的非标准化特点。摩根大通通过数字化变革,提升这些非标准化的金融服务增值功能,从而以服务收费和中间业务替代高成本的取得风险报酬模式,大大降低零售行业的服务成本和经营成本。一是从业务效益角度分析,摩根大通利用数字化革新下的自助平台,可以显著地降低服务用户的经营成本。摩根大通公司年报显示,2015—2019年消费金融客户通过自助服务渠道完成的交易规模提升达到了10%,家庭用户平均服务成本下降了14%。二是从经营效率角度考虑,相比高技能人才,数字科技和配套的硬件设施能够对零售业务产生更加显著的影响,因此重资本模式推动的数字化革新有助于摩根大通降低内部运营成本和减少重复性劳动。2015—2019年,摩根大通零售业务金融科技岗新增员工超过2000人,带动零售业务在线运营效率提升超过20%、运营部门员工缩减超过7000人。

2. 数字化转型提升批发业务服务效率和全渠道服务能力

首先,摩根大通在批发业务方面借助金融科技积极推动数字化革新,不仅努力提升了跨境结算、贸易清算、财富管理等批发产品的服务效率,同时也通过为核心企业和上下游供应链提供一揽子金融服务构建产业价值链生态,促进了批发业务收入的提升。例如,摩根大通2019年资产管理业务收入达到172亿美元,较2009年增加了47亿美元(见图8-3),带动非利息收入规模整体保持上涨趋势,2019年非利息收入攀升至584亿美元,较2009年增加了91亿美元(见图8-4)。其次,技术赋能有效促进摩根大通"交易立行",通过引入数字信息技术覆盖批发业务的前台、中台和后台的所有领域,运用人工智能、大数据分析、智慧投顾、机器学习、电子交易等技术手段,完成了投资银行产品和资产管理服务与数字信息技术的深度融合。这不仅显著提升了自身批发业务的全渠道服务能力,而且还有利于降低其在合规管理和风险控制领域的成本,特别是通过数字化风控提高事前风险控制能力,显著降低了风险活动运营成本。

3. 数字化转型强化零售与批发业务之间的板块联动

零售和批发作为摩根大通的两大业务板块,包括消费金融服务、商业银行、投资银行和财富管理四个主线,可以满足不同客户人群从开立个人账户到开展对海外交易进行支付清算、从进行住房抵押贷款到为并购企业提供贷款资

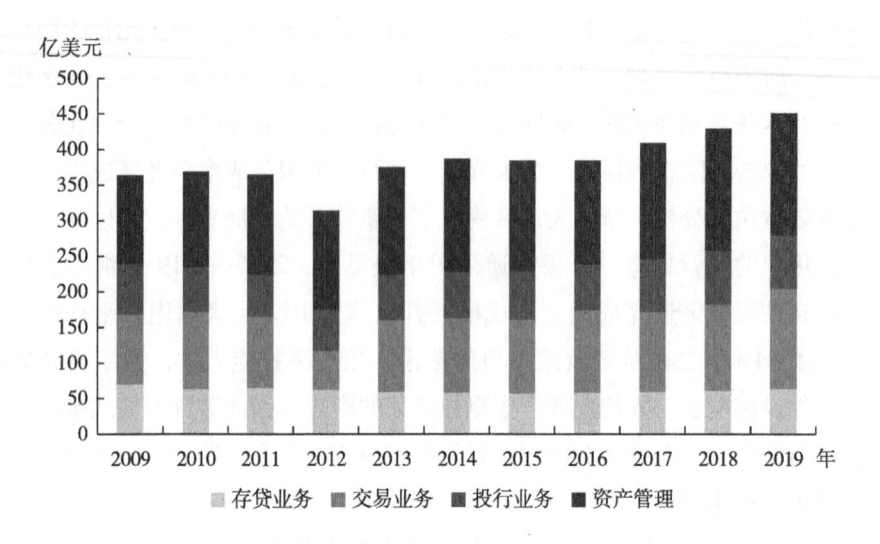

图 8-3　2009—2019 年摩根大通主要中间业务各项收入

（资料来源：摩根大通公司年报）

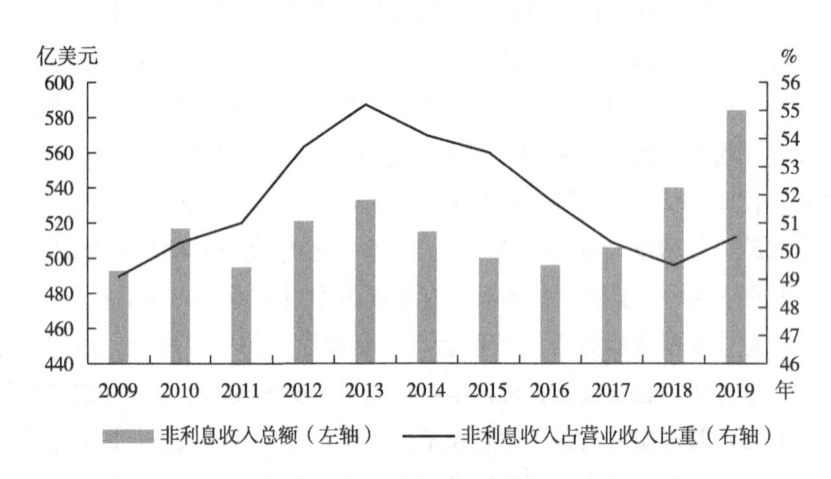

图 8-4　2009—2019 年摩根大通非利息收入和占比

（资料来源：摩根大通公司年报）

金的多样化需要，覆盖信贷、交易、投行、证券和互联网金融等多个领域。摩根大通正在通过推动数字化转型和构建最大化的数字化基础架构，以提高前台、中台、后台运营体系的金融服务效率和服务价值，进而加强零售银行业务与批发业务之间，以及批发业务中商业银行、投资银行与财富管理之间的板块互动。这不仅能够降低摩根大通人力和运营等成本、提升综合利润和核心竞争力，而且通过两大板块内不同业务间的风险对冲，可以降低经济下行时期给摩根大通经营带来的信用风险与冲击，实现全能型银行的有效跨周期平衡。

（三）加速数字化技术实践应用不同业务场景

面对传统业务模式遗留的问题，摩根大通主动探寻数字化应用情景，围绕贸易金融、跨境交易支付、回购交易等具体业务经营模式和合规审查要求，制订针对性的数字化解决方案以解决传统模式难题。

1. 利用数字化实践减少贸易业务的交易时间和造假风险

针对贸易金融业务，摩根大通利用数字化实践缩减贸易交易时间和减少造假风险。贸易金融业务本身存在以下问题：（1）交易成交笔数较多但单笔资金较少造成银行交易成本上升。（2）交易流程烦琐且周期长，单笔交易往往涉及交易双方和相关银行之间多个部门，一般需要7～14个交易日，有时甚至长达1个月。以跨境贸易中最普遍的信用证为例，其整个交易流程涉及出境商（开证申请人）、进口商（受益人）、开户银行和偿付银行等，流程环节较多。（3）存在丢件破损和贸易单据造假风险，境内企业向海外供应商支付货物贸易项下的外币货款时，需要向银行提供相关单据以证明贸易背景真实性；而纸质单证经过多次流转与处理耗时耗力，不仅容易引发丢件、破损等各种操作风险，而且贸易融资下的贸易背景真实性审核难度较大；银行在审核过程中难以有效防范纸质凭证重复使用和造假的可能性，加之一些交易链条安全性较差、风险性较高，导致存在单证造假等跨境贸易欺诈风险。

对此，摩根大通给出了针对贸易金融业务的数字化实践解决方案。

一是摩根大通通过充分利用区块链的智能合约技术实现参与主体的对等化，将在跨国交易和贸易融资领域下的所有出口商、进口商、开户行和支付行等参与主体，及其所有的交易环节，全部接入区块链平台。区块链的智能合约技术大大减少了流程处理所用时间，实时监测并处理贷前调查、贷中审核和贷后管控等问题，并确保在预设条款触发后可以立即自动或强制执行各环节流程，尽可能缩减交易周期和降低交易成本。

二是摩根大通通过充分利用区块链的共识和验证机制，实现业务数据可信性。区块链技术带来的可追溯性、透明性和不变性能够有效解决贸易融资真实性的调查和审查问题，在各个交易链条上实时追踪货物所有权变化和位置情况，保证交易数据的真实性和安全性。区块链的共识和验证机制，实现了全面性和便利性监管，在降低丢件、破损等操作风险的同时，能够有效防范单证重复使用和造假等跨境贸易欺诈风险。

2. 利用数字化实践缩减跨境交易清算周期和降低运行成本

针对跨境交易支付，摩根大通利用数字化实践缩减支付清算周期和降低运行机制成本。跨境交易支付业务本身存在以下问题：（1）周期跨度长和结算流程复杂的问题。跨国贸易支付传统上是采用环球银行金融电信协会（SWIFT）的体系完成清算，用户通过当地商业银行在SWIFT上完成跨国的汇款结算时，经常需要经过一系列的业务关联银行才能到达交易对手方银行账户；而资金每流转一次业务关联银行都会在SWIFT系统上清算一次（见图8-5），从而导致传统跨境汇款通常需要3~7个交易日，甚至更长时间，导致跨境交易支付周期跨度过长，同时传统支付结算平台要接入各国大量的金融机构，导致后续资金支付和结算流程更加复杂。（2）SWIFT系统进行的跨境支付结算成本过高，以客户通过美国银行向中国交易对手方汇款为例，SWIFT系统的跨境汇款交易的手续费高达1‰，另外还需承担货币汇率兑换成本。

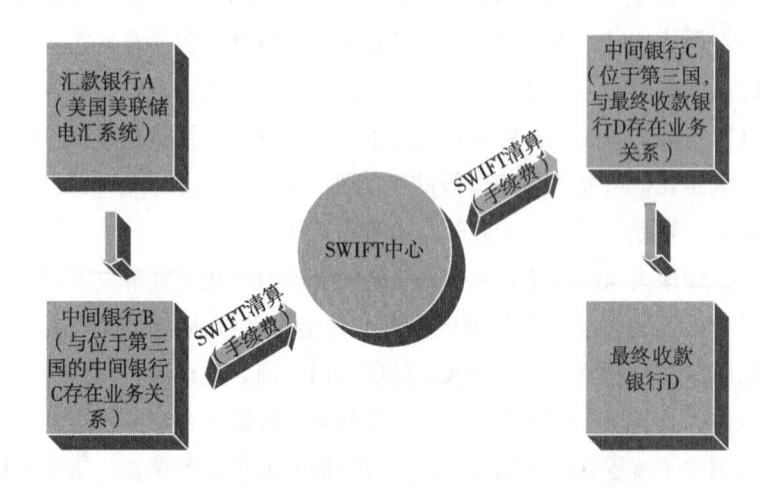

图8-5 SWIFT系统下的传统跨境支付结算简易流程

（资料来源：作者绘制）

为此，摩根大通提出了针对跨境支付业务的数字化实践解决方案。

一是摩根大通利用区块链技术，构建高效的跨境支付网络平台和共享账簿，实现快捷有效的点对点支付，能够满足跨境电子商务结算的全天候和即时收付的便捷需求，有效缓解了传统跨境交易支付周期跨度过长的问题。例如，银行间信息网络平台（Inter-bank Information Network）下的跨境交易支付结算，可通过即时获取用户的个人资料和地址等关联信息数据，将跨境支付处理周期从15个工作日减少至10分钟。同时，区块链中授权银行通过在线访问给定支付的关联信息数据，从而使传统支付模式下2~15天的工作量在数小时内得以完成，大大缩短了交易支付周期。

二是摩根大通充分利用区块链的共识和验证机制以及智能化合约，构建全球化和智能化的统一支付网络以及高安全性和低成本的信任平台，利用共享账簿形成快速便捷的支付路径（见图8-6）。区块链的共识和验证机制以及智能化合约，有效保障了跨国支付业务可信度，降低了跨国贸易的信用成本和交易成本，提高了跨境资金的安全性并减少了跨境支付欺诈风险。

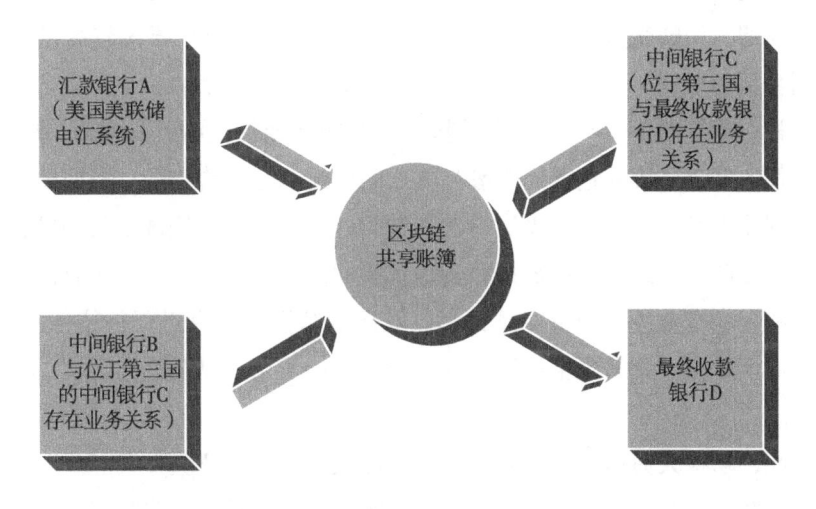

图8-6　区块链共享账簿下的跨境支付结算简易流程

（资料来源：作者绘制）

例如，作为中国境内首家货物贸易跨境支付交易全数字化和自动化的外资银行，摩根大通推出的中国国际贸易单一窗口购付汇平台，有效解决了货物贸易跨境支付中的周期跨度长、单证处理流程烦琐和信用欺诈问题。用户在该数字化平台下无须向进口商出具纸质单证，只要通过报关状态信息即可完成支付并在Access系统实时跟踪交易支付流程，大大提高了跨境交易支付效率。

3. 利用数字化实践简化回购交易流程和加速结算周期

针对回购交易，摩根大通利用数字化实践简化回购交易流程和加速结算周期。回购交易是指通过出售证券并约定在一定期限和固定价格购回证券，以此获得即时可用资金的交易行为，回购交易本身面临两大难题。

一是资本金监管要求增加了回购交易成本。美国回购市场交易规模较大，按照美联储统计数据，2019年美国两方和三方的日均回购交易未平仓量规模分别达到1.3万亿美元和1.5万亿美元。近年来，金融监管要求日益严格，特别是补充杠杆利率（SLR）下的资本金缓冲要求，倒逼各大商业银行不断优化自身资产负债表结构，导致回购交易成本大幅攀升和其市场规模被迫减少。纽约联邦储备银行估计，2013—2020年，美国回购账簿市场的规模大约缩减超过10亿美元。

二是流动性结构错配、复杂的抵押品管理和操作流程，延长了回购交易清算结算周期。回购交易的资金贷款方（多为对资产流动性要求较高的货币市场共同基金等机构）往往寻求短期隔夜回购，而资金借款方（多为自身资产流动性相对较低的不动产投资信托基金、对冲基金等机构）则优先选择贷款期限较长的资金，容易造成回购参与方之间的流动性结构错配。而回购交易结算的抵押品类型不同，导致无法简化其种类，也降低了经纪做市商的抵押品结算效率。因此，经纪交易商需按照资金规模和期限的实际需求，实时匹配流动性结构和寻求符合条件的特定抵押品，其净额结算和清算过程往往依次进行，实时大规模的回购交易现金流和抵押品管理增加了交易复杂性和延长了清算结算周期。

为此，摩根大通提出了针对回购交易的数字化实践解决方案。

一是摩根大通利用数字化技术，不仅实现了交易对手方实时在线协商回购价格和交易条款，消除耗时的手动干预措施，降低回购交易风险，而且能够提高抵押替代流程的速度和准确性以及可审计性，继而简化回购协议和确认流程。

二是摩根大通利用区块链的智能合约，能够有效提高回购交易的执行速度，缩减回购协议的结算周期，由传统模式下的20个工作日下降至6~8个工作日，极大地提高了清算结算效率。根据摩根大通的测算，上述加速美国回购协议市场结算周期1年节约下来的成本约为3亿美元，其中交易周期缩短节约的资金融资成本约为 6000 万美元，流程简化节约下来的人力成本和营业支出成本约为 1.3 亿美元，抵押品替代节约下来的资本成本约为 1.1 亿美元。同时，在实践方面，摩根大通于 2020 年 12 月与高盛和纽约梅隆银行在区块链平台实现了盘中回购交易试点，该区块链平台由金融科技部门 Onyx[①] 开发，从技术上实现了支持回购交易以小时为单位进行结算。

4. 利用数字化实践实现合规审查的信息共享和实时监控

针对合规审查，摩根大通利用数字化实践实现数据信息同步共享和实时监控，并降低获客成本和合规审核成本。反洗钱合规程序（Anti Money Laundering，AML）是为防范伪装或者隐瞒非法资金和财产所得的来源、存在、移动和使用的合规审查流程。针对洗钱等非法行为，商业银行开展了客户审查（Know Your Customer，KYC）合规流程，用于验证客户身份、审查其财务活动和相关风险因素评估，并监控可能存在的欺诈风险和洗钱活动。合规审查本身面临以下两大难题。

一是客户审查（KYC）合规流程要求商业银行对客户开展尽职调查，但是尽职调查所引发的获客成本大幅攀升。对个人客户而言尽职调查存在复杂性，需要付出大量时间成本；对企业客户而言，关于其经营范围、股权结构与上下游关联企业关系的调查则需要付出大量的人力成本。无论个人客户还是企业客户均可能存在重复性劳动，导致银行获客成本大幅攀升。2019 年高盛调查报告估计，当前美国商业银行针对每名客户开展尽职调查，所产生的平均成本约为 1.5 万~3 万美元。

二是数据信息缺失和人工筛查，导致反洗钱合规审核成本攀升。在反洗钱合规程序中由于交易对手方身份信息缺失，导致仅仅通过交易监控软件进行的反洗钱合规审查预警的错误率较高，需要利用人工手段开展后续筛查。2019 年高盛反洗钱调查报告显示，交易监控造成的人工成本约占反洗钱合规审查全部人工成本的 61%（见图 8-7），而反洗钱交易监控软件预警错误导致的额外人工成本甚至超过了 60 亿美元。

对此，摩根大通提供了针对合规审核的数字化实践解决方案。

[①] Onyx 是摩根大通的一个业务部门，专注于为机构客户提供基于区块链技术的解决方案。

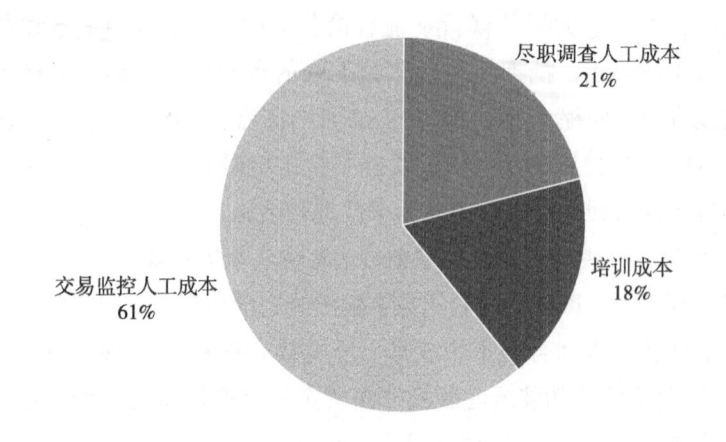

银行数字化转型与货币政策传导有效性

图 8-7 反洗钱合规审查的人工成本构成
（资料来源：高盛反洗钱调查报告）

一是反洗钱合规程序通常包括开户审查（身份验证、尽职调查和监察名单排查）、监管（交易监管、可疑交易复查和监察名单再排查）以及报告（可疑活动报告、货币交易报告和预警活动管理）。摩根大通利用区块链的可追溯和可验证功能，以及分布式账本技术，通过验证与采集客户的身份、经营范围和股权结构等相关信息，采用共享账簿分布存储各个节点并保存银行的签名确认，确保客户审查过程中有关信息从收集到变更的过程可追溯与可验证，有效实现对客户数据与信息的同步共享。同时，监管机构也接入该区块链网络，与摩根大通一起作为该网络的一个独立节点，从而能够使监管机构对商业银行发起的金融交易实行实时监管和事后监督。

二是摩根大通采用了区块链网络下的分布式账本技术，能够保证各个信息节点的安全稳定，实现了客户审查流程的信息安全存储，在一定程度上弥补客户数据信息缺失的不足。同时，存储区块链上的客户审查认证信息，其使用存在一定的访问权限控制，大大减少了 KYC 合规审核上的重复性劳动；还能够保证实时共享使用，减少人工后续筛查的工作量，降低了获客成本和合规审核成本。

（四）多措并举搭建数字化生态平台

摩根大通积极利用数字化技术，从渠道、产品和客户体验三个领域入手，多措并举搭建数字化生态平台，加速自身数字化转型。

下篇　以提升货币政策传导效率为目标推进银行数字化转型的政策建议

1. 丰富多元化渠道拓展金融服务边界

摩根大通高度重视金融科技在创新多元化渠道中起到的关键作用，积极拓展数字化渠道和移动渠道以提升金融服务效率，同时也始终关注传统线下渠道在金融服务生态系统中扮演的重要角色。

一是摩根大通充分利用金融科技改善数字化获客模式，改进数字平台和移动平台，丰富创新数字化渠道和移动渠道，带动活跃客户人数保持快速增长。摩根大通年报披露：2020年其数据平台活跃用户总量上升至5527万人（见图8-8），较2011年增长了85.8%；其移动平台2020年活跃客户总量攀升至4090万人（见图8-9），较2011年增长了39.8%；近年来数字平台和移动平台的活跃用户规模保持高速增长，平台客户总数也屡创历史新高；数字化渠道下平均日均客户浏览量已经达到了2800万；网络平台和自助功能也大大减少了传统分行物理网点的客户交易人数，2020年传统分行物理网点客户的平均交易次数较2014年下降了约50%。新冠疫情的暴发加速了摩根大通通过数字化渠道扩大新客户的发展趋势，使数字平台和移动平台的作用更加突出。新冠疫情后，摩根大通数字平台新增活跃用户中超过50%为50岁以上的新客户，通过Chase QuickDeposit等移动工具进行电子付款和支票兑现的用户数量占比也提高至40%，较疫情暴发前提高了10个百分点，形成了新的获客增长点。

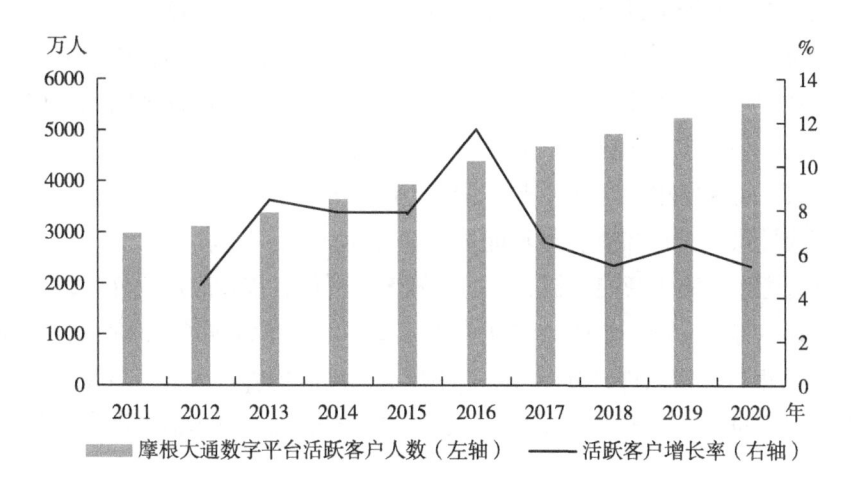

图8-8　摩根大通数字平台活跃客户人数和增速

（资料来源：摩根大通公司年报）

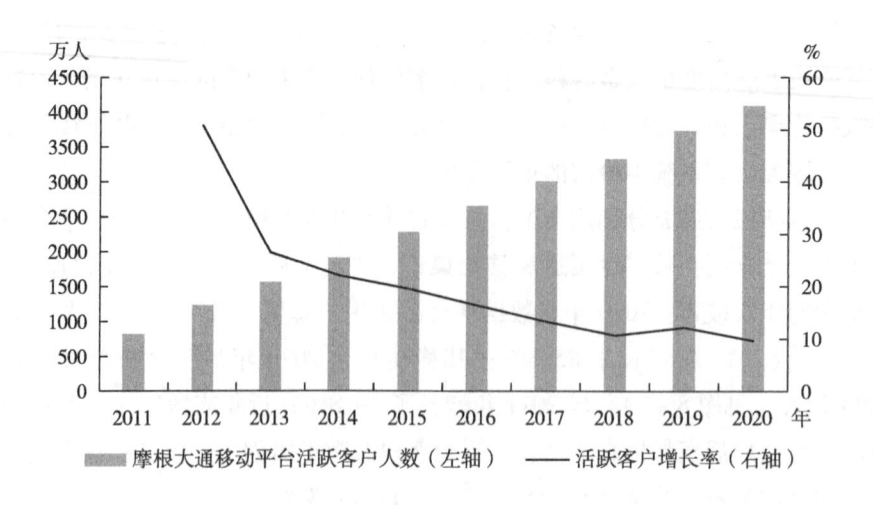

银行数字化转型与货币政策传导有效性

图8-9 摩根大通移动平台活跃客户人数和增速
（资料来源：摩根大通公司年报）

二是面对外部金融科技公司的激烈竞争，摩根大通坚持"移动优先"（Mobile First）和"数字万物"（Digital Everything）等数字化转型原则，利用移动平台和网络渠道，面向不同客户人群提供各种差异化用途和个性化特征的应用软件（APP）。随着功能和渠道的不断完善，摩根大通将应用软件相应的移动端功能和金融服务持续整合，通过数字化渠道拓展金融服务边界：（1）数字分行应用软件Chase Mobile，主要面向普通客户群体，该款应用软件可以实现客户的存款查询、支付和账单存储等功能；（2）数字钱包应用软件Chase Pay，该款应用软件可以实现客户的储蓄卡、信用卡或预付卡的全渠道电子化支付，可在摩根大通闭环支付系统的移动POS机上，扫描Chase Pay的二维码完成转账、支付和交易等功能；（3）移动银行应用软件Finn，主要面向具有储蓄意愿且熟悉智能手机交易的年轻客户群体，该款应用软件可以实现客户的活期存款、转账交易、定期存款、24小时在线服务和理财等功能；（4）移动银行应用软件JPM Mobile，主要面向高净值客户人群，该款应用软件可以实现高净值客户的账户清单监控、账户收支管理、市场信息推送和财富管理等功能。

三是尽管当前客户越来越倾向于使用方便快捷的数字平台和移动渠道，但在其设立新账户时，仍然有许多传统客户优先选择拥有线下传统物理网点的分行。这促使摩根大通不仅积极拓宽数字化和移动渠道，而且也始终高度重视传统线下渠道在满足客户金融服务中发挥的重要作用，因此采取了线上渠道与线下平台配合的共同发力策略。摩根大通关闭现有客户访问量较低的物理网点，并利用金融科技提升线下渠道的服务效率和客户满意度。2020年，摩根大通传统物理网点的总数量已经下降至4908家（见图8-10），较2014年的5602家下降了12.4%。在减少传统物理网点总数量的同时，摩根大通开拓潜在的重要市场，2018年初宣布在未来5年内于美国11个重要城市再开设约400个新的物理网点，用于开拓超过1万亿美元存款规模的潜在客户市场。

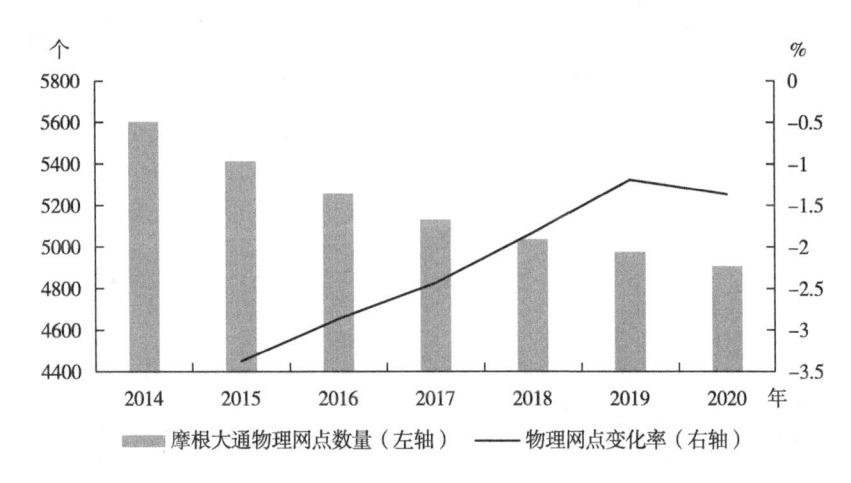

图8-10 摩根大通物理网点数量和增速

（资料来源：摩根大通公司年报）

2. 创新数字化产品提升金融服务效率

近年来，随着金融科技的快速发展，推动银行业务场景布局从传统金融向"金融+生活"全场景转变，以及获客群体从单一银行客户向"银行+互联网"客户群体转变。摩根大通也聚焦于增加获客（Becoming a Customer）、住房抵押贷款（Owning a Home）和汽车抵押贷款（Owning a Car）、增长财富（Growing Wealth）和增长业务（Growing Businesses）三大领域，积极从商业模式和新业态入手创新数字化产品。同时，摩根大通还充分考量客户的储蓄能力、个人偏好和投资风险承受能力等因素，为客户提供个性化的投顾意见和针对性的消费金融产品与服务，进一步优化金融服务体验。

一是创新信用卡会员增加获客能力（Becoming a Customer）和客户黏性。2016年，摩根大通创新信用卡会员的数字化产品Chase Sapphire Reserve，持有

Chase Sapphire Reserve 信用卡的客户虽然每年需支付 450 美元的固定年费，但持卡客户可以获得丰厚的信用卡奖励，新开卡客户即获得等价于 1000 美元现金或 1500 美元旅行支票的 10 万点积分。尽管摩根大通为了信用卡会员开卡福利承担了大约 2 亿美元的费用和负担，但是在短期内吸引了大量新开卡客户，极大地增加了获客能力和客户黏性，显现出超高的客户留存率。数字化产品 Chase Sapphire Reserve 的 10 万点积分促销活动集中在 2016 年第二季度到 2017 年第一季度（见图 8-11），不仅带动了当期摩根大通信用卡新开户数量显著攀升，而且持续到 2018 年末仍保有 90% 的高留存率，从而带动摩根大通信用卡占全美市场规模的份额从 2006 年的 16% 攀升至 2019 年的 23%。

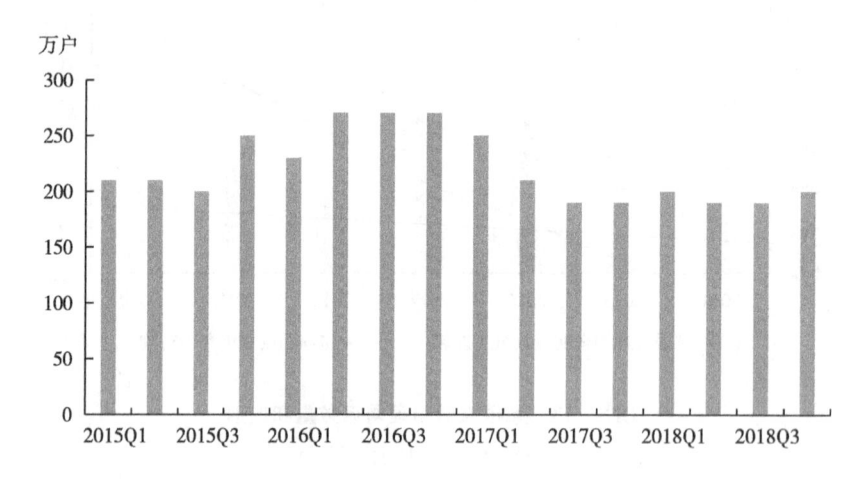

注：2019 年以后摩根大通季报不再发布信用卡新开户数据。

图 8-11　摩根大通新开信用卡客户数量（季度值）

（资料来源：摩根大通公司年报）

二是利用移动平台创新数字化产品，为客户住房抵押贷款（Owning a Home）和汽车抵押贷款（Owning a Car）提供更加方便快捷的金融服务。2012 年摩根大通利用移动平台率先推出了住房抵押贷款 APP（Chase My New Home）。客户在住房抵押贷款申请之前，就能在该 APP 上自主访问意向房产的照片和视频，了解房屋归属权等相关信息，通过估计个人信用分数来测算住房抵押贷款的首付金额和月供，并随时可以与摩根大通抵押贷款专员进行在线沟通咨询。2019 年，摩根大通基于"移动优先"（Mobile First）的数字化转型原则，进一步升级住房抵押贷款数字化产品（Chase My Home）。客户可在手机移动端利用数字分行应用软件 Chase Mobile 直接进行访问,更加准确地测算目标房产市值和了解周边房价变化,实现部分房产中介 APP 的功能。当前已有超过 100 万名客户使用了 Chase My Home 产品。此外,2016 年摩根大通与汽车电商 Truecar 展开线上合作,推出汽车金融服务的线上数字化产品(Chase Auto Direct)。客户使用该 APP 可在 Truecar 网站选择"汽车购买"服务,在线利用 Truecar 提供的汽车购买方案进行价格对比,然后在 Chase Auto Direct 上在线申请接受汽车抵押贷款,完成汽车购买手续。

三是创新数字化产品引领新业态,为个人客户提供定制化财富管理(Growing Wealth),为企业客户提供数字化贷款(Growing Businesses)。首先,摩根大通成为美国首家在在线投资市场针对投资银行业务开展"免佣金"服务的商业银行。面向个人客户,摩根大通在移动端手机银行 Chase APP 推出在线投资平台数字化产品 Your Invest。个人客户根据自身的财务目标、储蓄能力、风险偏好和承受能力构建投资组合,并在 Your Invest 平台开展交易。摩根大通为其提供最高次数上限为 100 次的股票或交易型开放式指数基金的免佣金交易服务,对 Chase Private 客户则提供无限制次数的免费交易服务(见表 8 - 4)。可见,数字化产品 Your Invest 有效降低了摩根大通 4800 万位客户的在线投资成本。其次,摩根大通积极创新数字化企业贷款(Growing Businesses),推动信贷业务增长。面向超过 400 万家的美国中小企业客户,摩根大通于 2014 年与 OneDeck 公司展开合作,探索面向中小企业的数字化贷款服务。双方利用中小企业自身的客户数据信息对其信用进行预评估,企业客户申请贷款后,摩根大通与 OneDeck 开展多轮审查和筛选,最终确定贷款与否和贷款金额。2016 年中小企业贷款产品(Chase Businesse Quick Capital)正式发放了首笔数字化贷款,利用金融科技手段实现贷款的合规审核和短期快速发放操作,最快可在贷款申请当日发放贷款,实现了数字化贷款实时决策,大大缩短了贷款流程和审核周期。

表 8 - 4 　　　　　美国在线交易平台交易佣金费率情况　　　　单位:美元

指标	YourInvest	E Trade	Fidelity	Interactive Brokers	TD Ameritrade
最低投资金额	0	0	0	0	0
股票	0	0	0	0	0
ETF	0	0	0	0	0

续表

指标	YourInvest	E Trade	Fidelity	Interactive Brokers	TD Ameritrade
期权基础费率	0	0	0	0	0
期权合约（美元/每份合约）	0.65	0.65	0.65	0.65	0.65
共同基金（美元/每笔交易）	0	19.99	49.95	14.95	49.99
经纪商中介费（美元/每笔交易）	25	25	32.95	30	44.99

资料来源：StockBrokers.com。

3. 优化个性化服务增强数字化客户体验

为了满足客户日益增长的个性化和多元化需求，摩根大通不断优化个性化金融服务和引入数字化产品，增强客户数字化体验和客户黏性，特别是人工智能（AI）虚拟助理和智能声控助手Alexa得到了客户的一致好评。

一是成功引入人工智能虚拟助理的数字化产品。企业客户因为本身业务特性，关联账户多、涉及金额大、交易类型繁杂，往往需要花费大量时间和精力，导出大量关联账户数据进行结算交易和转账汇款等服务，导出相关账户信息开展结算资金与转账汇款等业务。而人工智能（AI）虚拟助理的推出，能大大提高企业客户的服务效率，通过咨询AI虚拟助理，企业客户就可以掌握客户资料、账号数据和交易余额等重要信息。虽然中小企业客户的多账户和混合币种的特点使AI虚拟助理的研发复杂度远高于传统零售市场，不过为更好地适应其对资金业务咨询、清算和转账的需要，摩根大通已在2018年研发应用了中小企业客户版人工智能（AI）虚拟助理。该数字化产品能够实现移动端手机APP、网页端和语音虚拟助理设备的多平台应用，未来可能进一步开发主动推送和通知客户功能。

二是成功引入智能声控助手Alexa的数字化产品。面向批发业务以及投资银行客户，摩根大通和亚马逊展开合作并在2018年研发出了智能声控助手Alexa。该智能化、数字化产品向客户提供了一个浏览行研报告的新途径，客户利用Alexa能够获得金融市场数据、证券交易等资讯和分析师研报。摩根大通首先在其研发队伍中推广，之后又逐渐向银行部门、托管机构和基金服务等其他部门公开了数据，未来智能声控助手Alexa将能够使客户的金融信息收集渠道更加便利，实现客户通过该数字化产品发送相关指令的目标。

（五）持续提升技术能力完善数字基础设施

随着区块链、云计算、人工智能和机器学习等科技的不断发展，以及数字化技术的使用领域不断丰富，摩根大通持续提升相关领域的技术基础能力，完善数字基础设施和打造数据基础平台，以此在未来的金融科技竞争中抢占先机。

1. 应用区块链完善金融基础服务模式

区块链技术本身具备稳定、开放属性以及去中心化的特征，在全球金融服务行业应用领域具备先天优势，近年来受到了银行业的普遍重视。摩根大通高度重视区块链在金融业务方面的强大发展潜力，积极布局系统组织架构和瞄准区块链核心技术，主导组织和参与制定行业技术标准规范，积极推进系统架构整合以抢占区块链技术发展高地，打造全生态链区块链架构平台，维持新技术赛道竞争优势（赵润等，2017）。

一是摩根大通成立 Blockchain Center of Excellence（BCOE）全球技术团队，旨在围绕摩根大通自身金融业务和组织架构，从技术手段入手探索区块链在各领域的应用潜力和应用场景，并面向客户开发创新型解决方案。

二是摩根大通成立独立金融科技部门 Onyx，延续摩根大通面向业务与客户持续开发和提供更好、更便捷、更前沿、更具兼容性的金融创新理念，围绕包括区块链、数字货币等在内的新兴技术展开研发，始终处于美国金融行业重大技术变革的最前列。

三是摩根大通开发数字证券平台 Dromaius。该数字证券平台针对证券发行、销售、配售和交易，以及偿还本息等结算业务在内的一系列操作，实现有效简化和快速整合，紧密结合了债券发行人和投资人的联系，改善了资本获取渠道，大大提高了市场流动性和降低了双方对账难度。Dromaius 数字证券平台于 2018 年成功测试发行了首笔债券（Yankee CD），总价值为 1.5 亿美元，期限为 1 年，采用了浮动利率计息。Yankee CD 标志着摩根大通成功实现了创建标准化和自动化的数字债券，以及多方自动分配与结算。

四是摩根大通开发开源区块链平台 Quorom。摩根大通是全球首家开源区块链协议商业银行，于 2016 年基于以太坊分布式账本协议研发了 Quorom 平台，适用于任何高速运行和高吞吐量处理的私有交易应用程序平台，兼具网络授权、交易隐私性和高安全性特征，为金融服务实践提供了以太坊区块链解决方案。同时，摩根大通于 2017 年基于 Quorom 区块链平台，运行了首个生产级、可扩展和点对点的可相互访问的账本平台网络 Interbank Information Network（IIN）①，通过银行间的信息共享以解决跨境支付中延迟支付和低效率问题。

五是摩根大通开发数字货币 JPM Coin。数字货币不仅能够有效降低金融市场的结算成本和提高结算效率，而且能够降低加密货币的自身波动性。JPM Coin 就是一种基于区块链开发的数字货币，其币值兑美元为 1∶1。2020 年 10 月，摩根大通将 JPM Coin 投入商业化应用，初步面向机构客户之间使用，用于实现银行或国家间的大额支付，以及机构客户之间的即时交易清算结算，未来可能探索面向零售客户应用。

2. 应用云计算促进数据分析与安全开发

云计算技术对企业系统的运用，主要表现为远程服务器系统可访问共享应用、数据处理功能及数据库，而无须将其下载到服务器或个人数据中心。一方面，摩根大通利用云计算技术和云服务技术，可以做到更为方便和快捷地推进服务与业务整合，充分发挥其大数据挖掘和算法解析人类语言方面的自身优势，进而向其用户提供更为便捷和全面的一站式服务。摩根大通高度重视云计算应用，完善云计算相关的数字基础设施和打造数据基础平台，积极加大对云端服务的投资。例如 2015 年，摩根大通投资了云商务的行业技术龙头企业 AppDirect，该公司拥有数百款 SaaS 应用软件；2018 年投资了云服务初创企业 Cloud9，该公司主要面向亚马逊等企业开展云服务。另一方面，除了应用云计算促进数据分析，摩根大通还积极开展云计算下的混合云战略，将云计算技术广泛应用于安全开发，提升系统安全性：充分利用微软、谷歌和亚马逊 AWS 提供的公有云云端服务，在公有云上推出部分金融产品和金融服务的应用程序，通过不断学习提升自身的云计算能力；在西雅图组建云计算网络安全办公室，集聚云计算安全开发应用领域高端人才，构建摩根大通的私有云端，并逐步引入应用程序以满足客户的金融服务需求。

3. 应用人工智能提升数字化运营效率

人工智能技术在商业银行主要应用于金融科技、产品营销和运营管理等领

---

① 摩根大通的账本平台网络 Interbank Information Network（IIN）现在改名为 Liink。

域，能够提升产品的个性化和多元化、营销渠道的全面化，以及加速创新周期和提高银行利润。麦肯锡估计，当前人工智能技术的应用为整个银行业带来的潜在价值能够超过1万亿美元。

摩根大通高度重视人工智能（AI）技术，积极布局AI技术应用多种场景。

一是有效节约运营成本。摩根大通将AI技术应用于智能合约板块，推出数字化的智能合约解决方案，从冗长的文本中识别出有效信息，从而显著降低合同审核中的时间成本和资金成本。摩根大通还将AI技术应用于虚拟助手和聊天机器人，缩短对客户和员工请求的响应时间，从而改善了客户服务和提升了运营效率。

二是有效提升经营收益。摩根大通将AI技术应用于新闻分析，通过"新兴机会引擎"等工具预测分析和处理自然语言，能够有效汇总多源化新闻，辅助客户进行合理的投资决策。摩根大通还将AI技术应用于客户智能板块，通过多渠道的客户沟通和合理的风险分析，提升客户服务质量，实现定制化的金融产品推广。

三是在运营过程中，以高级诊断引擎替换或增强人为决策，提升工作任务的自动化程度和运营效率。摩根大通将AI技术应用于基于云计算的OminiAI平台，构建跨职能的业务部门和技术团队，形成平台运营人工智能模式，通过标准化流程并提供处理私密信息所需的安全性和控制力，促进AI技术得以大规模部署。摩根大通还建立了一系列可延展、全面化和适应性强的核心技术组件，如现代化的API架构，推动人工智能AI技术的全面部署。

4. 应用机器学习强化数字化风控

机器学习在商业银行的风险控制领域得到广泛应用，强化了商业银行的数字化风控能力，如欺诈检测流程、金融合同解析和ATM现金管理等方面。

一是摩根大通将机器学习纳入欺诈检测流程，构建反欺诈应用模型，通过不断训练模型学习正常账户和交易流程，能够识别出客户的异常行为继而发出预警，并反馈给银行员工。员工在此基础上进一步判断系统异常检测是否正确，大大提升了识别欺诈性活动的能力，降低了客户和银行的整体风险。2018年摩根大通年报显示，机器学习反欺诈应用为摩根大通节省了1.5亿美元的成本费用，随着反欺诈应用模型在机器学习下的持续强化，系统误差也得到了持续修正。

二是摩根大通把机器学习技术引入金融服务合同分析软件 COiN，利用机器学习的图像辨识方法，使 COiN 可自行比对金融合约中的相关文件条款。由于审查金融服务合同内容往往花费大量的人力和时间，摩根大通每年要求信贷人员和律师花费至少 36 万小时才能完成金融机构合同分析任务，而相同任务由机器学习技术下 COiN 程序完成仅需要几秒钟时间，同时 COiN 进行合同审查操作时的精确度也大大超过了律师和信贷人员。以往摩根大通每年由于人为失误造成的合同错误超过 1.2 万例，但通过 COiN 软件大大减少了以往人工分析和审核评估过程所产生的错误。

三是摩根大通将机器学习纳入 ATM 现金管理，在 ATM 服务运营管理过程中，摩根大通使用机器学习结合人工智能技术，优化 ATM 设备现金加载安排，降低 ATM 现金重新加载成本以及自动安排 ATM 设备的定时维护。同时，针对简单便捷的用户需求，摩根大通于 2012 年上线平板样式的 eATM，并已在全美部署超过 5000 台设备，成功提高了 ATM 现金管理的自动化程度。

四、启示：进一步推进我国银行数字化转型的目标原则

通过分析国外大型商业银行的成功案例，可以发现正确的数字化转型目标，保证了银行数字化转型的成功方向，这也是其应当遵循的转型原则。未来我国银行数字化转型的目标原则，应当围绕服务理念、服务能力、运营效率、新生态和创新模式、风险控制五个方面展开，国内商业银行也应当遵循上述转型目标原则，分阶段、分层次不断推进自身数字化进程。

（一）坚持围绕客户需求的服务理念

发展数字化技术的出发点和落脚点一直是以人为本，继而推动普惠金融和为商业银行创造更长远、更全面的价值，坚持以客户需求为中心的服务理念始终是银行数字化转型的最终归属。

一是通过数字化革新推动普惠金融，以满足更广泛客户需求。科技发展重构社会整体运行方式，更高的知识技术门槛可能造就更多的弱势群体，而数字化技术应当实现普惠金融，而不是使个体成为技术进步的淘汰者，即科技向善

应当成为银行数字革新的基本原则。当前数字化转型实现了金融服务触点指数级增长,不仅降低了银行整体服务成本,而且有效增加了客户服务覆盖力度,使得以往在成本预算约束下无法触达的长尾客群逐渐进入服务半径。未来商业银行仍需面向资产规模较小、风险承受能力较低和需求较为复杂的长尾客户,利用数字化技术推出门槛较低、适配度高的金融产品,以实现金融的普惠性和满足更广泛需求(赵润等,2017)。

二是通过数字化革新创造更长远和更全面的价值。当前新兴数字技术的升级演进,创新了金融产品和服务,在信息处理、数据整合和资源配置等方面实现了广泛应用,更有效地衍生和满足客户需要,使客户成为金融科技的受益者,有助于持续创造价值并形成长效机制。同时,随着数字化革新的持续推进,未来银行将更加重视长尾效应在其业务经营和客户管理中的应用,通过智能化技术和个性化手段,更加充分地挖掘长尾客户群体市场,充分释放代表着"小利润大市场"的长尾客户市场潜力,实现需求曲线尾部客户的价值增值。

(二)持续提升服务客户能力

商业银行的最重要任务之一,是不断改善金融服务和创新金融产品,以满足客户多层次需求。未来商业银行推动数字化革新的首要目标,依然是借助金融科技赋能重塑业务模式和创新金融产品与服务,提高服务客户网络化、自主化、多元化和个性化需求的能力。

一是金融科技赋能是未来银行数字化革新的重要技术基础,应当充分发挥金融科技的重要作用。一方面,银行借助金融科技打造柔性化组织模式,实施管理优化建立敏捷化生态系统,突出高层治理、技术监管、划分模块等功能,在数字化战略下构建各部门协同机制,搭建专业金融技术管理团队,完成金融产品与服务的数字化开发以适应市场价值增长,进一步形成数字化转型新模式。另一方面,银行深度融入金融科技,推动 IT 战略与客户需求深度融合,IT 技术与银行业务深度融合,基于自由化发展原则,建立敏捷化的统一业务流程,推动产品开发、上线推广、操作流程、价值创造等环节的数字化革新。

二是通过数字化革新提升更优质的客户服务能力,以满足客户网络化、自主化、多元化需求。未来数字化转型目标,要求商业银行持续培育智慧金融生产力,推动产品供给和金融服务能力向敏捷化、智能化方向发展。这不仅要推动业务数字化转型由零售全面扩展到对公业务和金融市场业务，针对业务重新定位并整合客户多元化需求，而且要推动场景布局数字化转型由线下业务扩展至线上业务，借助金融科技迅速完成产品数字化革新，并针对用户需求特点推出场景化的金融服务，利用用户反馈不断调整迭代。

三是通过数字化革新提升对客户需求的精准定位和交互能力，继而提高对客户的个性化服务能力。一方面，随着数据资源和客户信息的指数级增长，银行利用持续迭代的数字化技术，通过先进的数据搜索与分析技术，有效利用海量的客户信息资源丰富客户画像，从而更加了解、掌握和预测客户需求，实现对客户需求的精准定位，继而提高金融产品、服务与客户需求的匹配度（吴文婷等，2021）。另一方面，银行可以通过先进的人工智能技术、语音识别和声控技术，实现在多元场景下的人机对话。智能机器人营造自然开放的语言交互场景，借助语音识别理解客户需求，通过服务指引引导客户办理各种业务，显著提高与客户的交互能力以及客户的个性化体验。

（三）持续提高数字化运营效率

数字化技术要求银行基于快速化和敏捷化原则，针对业务模式重新整合客户的数字化旅程，简化业务流程，提升金融产品和服务的自动化与智能化水平，开展针对全系统的持续全面数字化升级，这也是银行数字化转型的目标之一。

一是通过数字化革新简化业务流程和提升运营效率。一方面，银行通过运用数字化技术显著提升了科技弹性，推动业务流程再造，实现点对点的交互式连接，叠加区块链分布式账本技术产生的数字化信任，能够有效减少中间环节与节点，继而提供客户驱动模式下的"端到端、点对点"的金融服务（赵青岩，2021）。另一方面，银行通过运用数字化技术，实现了金融科技和产品服务的创新性融合，突破了银行管理部门和业务部门的壁垒与隔阂，实现了跨职能、跨部门和跨条线的内部合作，提高了银行高效快速反应效能，共同简化了业务流程和提高了运营效率。

二是数字化技术和工具的应用，提升了商业银行产品和金融服务的自动化与智能化水平，以高级诊断引擎替换或增强人为决策并提升工作任务的自动化程度。这不仅大大减少了银行开展业务的人工成本和时间成本，使其能够投入更多的精力去维护和拓展客户，而且借助标准化流程和动态信息获取方式，利用人工智能、智能投顾、虚拟助理和声控助手等，为客户提供高品质定制化投资咨询服务，共同提升客户和银行的投资决策效率，提升投资的准确性。

三是针对全系统持续开展全面数字化升级。未来银行数字化转型必须开展全面数字化升级，运用数字化技术覆盖全系统。如管理层和董事会持续发挥领导转型功能，推动组织架构升级；银行前台、中台、后台等部门根据数字化管理要求进行升级，借助金融科技赋能，在人员、流程、技术、产品等方面推进数字化银行发展新模式。只有不断提高各个环节的信息化和智能化程度，才能使客户在一体化、开放化的金融生态场景中完成各项业务。

（四）拓展数字化发展新生态和持续创新商业模式

在数字经济时代，商业银行要适应金融科技和互联网技术造就的发展新生态，同时高度重视数字资产的核心价值，持续创新银行商业模式。

一是数字化革新在推动商业银行业务模式全面升级的同时，拓展了新生态。一方面，在金融科技构建的全新发展生态下，商业银行要以各类场景生态系统为切入点，建立融合了政府、互联网平台、企业和客户在内的数字化渠道、全产业链条和全方位生态场景，充分发挥商业银行作为平台中间枢纽的场景撮合与链接作用（杨涛，2022）。另一方面，商业银行要实施平台化发展路径，通过推动转移支付结算、远程储蓄、网上银行、手机银行、投资融资和财富管理等业务的数字化转型，带动数字化连接价值释放，共建共享数字化发展新生态圈。

二是数字资产成为未来银行的重要价值核心。利率市场化改革的背景下，银行依靠净利差实现盈利的传统商业模式已无法适应市场化发展要求，而数字化转型的持续推进，为银行在业务模式和经营管理等方面带来技术上的突破。数字化发展新生态下，银行借助数字化技术催生新动力和新能力，形成客户信息共享、金融服务共享的共赢机制，推动场景布局数字化逐步由线上业务扩展至各类生态场景，实现线上和线下结合、金融服务和非金融活动相融合的多元化生态商业模式。同时，平台模式、生态化发展、去中介化、跨界竞争等数字商业特征，也为银行勾勒出第二条价值增长曲线，持续推动着银行的商业模式创新。

（五）提升风控效率和降低风控成本

金融风险是银行经营过程中面对的持续挑战，如何防范化解风险是银行面临的重要任务之一。未来商业银行推动数字化革新的一大目标，是运用各类新兴数字技术，缓解面向客户的信息不对称问题，降低自身的资产负债错配和流动性错配风险，提高风险识别能力和应对水平，提升风险控制效率和削减风险控制成本（李俊强，2022）。

一是面向客户利用大数据分析等技术，搜集和整合客户信息资源，提高对客户的了解程度，开展客户审查（KYC）合规流程，用于审查其财务活动和开展相关风险因素评估，缓解信息不对称，并监控可能出现的欺诈风险、金融合同文本风险和洗钱活动。二是银行利用人工智能等技术，评估市场信息、分析价格走势和提升市场投研水平，提升基于信息对称的风险认知能力，以改善银行的资产配置状态，降低资产负债错配和流动性错配风险。三是商业银行借助金融科技，构建虚拟场景和布局金融生态圈，开展压力测试和沙盒监管，提高银行的风险识别能力和应对水平。四是金融科技的快速发展为商业银行计算、评估和处置金融风险，有效提升风险控制效率，以及削减风险控制的人力投入和资金成本，奠定了数据基础和提供了技术支撑。2020 年 8 月，易观发布的《中国智能 + 银行市场专题分析 2020》报告显示，2019 年我国商业银行智能催收人工替代率已上升至约 19%，预计到 2025 年我国商业银行智能催收人工替代率将进一步攀升至 73%。

第九章　以提升货币政策传导效率为目标推进银行数字化转型的方向

本章结合银行数字化转型对货币政策传导效率的影响机制分析与实证研究，提出以提升货币政策传导效率为目标推进银行数字化转型的方向。

一是高度重视银行数字化转型对货币政策传导效率的非线性影响，无论是大型银行还是中小银行，都需要尽快提高数字化转型程度，提升银行业经营效率和服务实体经济能力。与大型银行相比，中小银行加快数字化转型更加迫切。

二是高度重视银行数字化转型对货币政策传导的双重影响，不仅要重视在利率、银行信贷、银行资产负债表和银行风险承担四种传导渠道下，银行数字化转型对货币政策传导的正向或负向影响，而且要重视银行数字化转型对数量型货币政策工具和价格型货币政策工具传导效果的差异化影响。

三是优化货币政策组合，提高政策传导效果。一方面，积极拓宽数量型货币政策工具的可调控范围，继续发挥数量型货币政策工具的重要作用。另一方面，注重发挥货币政策利率传导渠道的作用，优化货币政策中介目标，提高利率中介目标运用效果，提升对利率变动的敏感性，充分发挥价格型货币政策工具功能，优化相关利率市场化定价技术，提升利率渠道传导效率，促进数量型货币政策体系向价格型货币政策体系转变。

四是未来应当以提升货币政策传导效率为方向加快推进银行数字化转型。商业银行要明确稳健数字化转型策略以应对货币政策冲击，采取积极数字化转型措施以提升货币政策调控效果，特别是中小银行要加快数字化转型进程以畅通货币政策传导渠道。

一、高度重视银行数字化对货币政策传导效率的非线性影响

本书第六章针对紧缩性货币政策在不同程度的银行数字化转型背景下所产生的宏观经济效应展开了实证分析。其结果表明，随着银行数字化转型程度的逐步提升，紧缩性货币政策引发的投资与产出的下降幅度呈现先缩小、后扩大的变化趋势。具体而言，银行数字化转型处于不同阶段，其对货币政策传导效率具有差异化影响。当银行数字化转型的程度低于一定的临界阈值时，银行数字化产生的"金融加速器效应"，大于银行贷款期限转换效应，从而降低了货币政策的传导效率。当银行数字化转型的程度超过一定的临界阈值时，银行贷款期限转换效应会起到主导作用，其作用效果将会超过"金融加速器效应"，导致货币政策传导效率上升，进而导致宏观经济波动性的增大。这说明，银行数字化转型对货币政策传导效率的影响具有非线性特征，呈现出先减弱后增强的U形变化趋势。基于此，银行数字化转型应当高度重视其对货币政策传导效率的非线性影响，尽快提高数字化转型程度，提升银行业经营效率和服务实体经济能力，继而带动货币政策传导效率的提升。

二、高度重视银行数字化对货币政策传导的双重影响

银行数字化转型对货币政策传导效率具有双重影响：一方面，银行数字化转型通过利率、信贷、银行资产负债表和银行风险承担四种传导渠道对货币政策传导效率产生正向和负向双重影响；另一方面，银行数字化转型对数量型货币政策工具和价格型货币政策工具传导效果的影响会产生分化。

（一）重视银行数字化转型基于货币政策传导渠道的双重影响

基于利率、银行信贷、银行资产负债表和银行风险承担四种传导渠道，银行数字化转型对货币政策传导效率具有正向和负向的双重影响。为此，未来商业银行开展数字化转型，应当高度重视发挥其对货币政策传导效果的正向影响，尽量弱化其对货币政策传导效果的负向影响。

下篇　以提升货币政策传导效率为目标推进银行数字化转型的政策建议

1. 负向影响

银行数字化转型通过利率渠道对货币政策传导的负向影响表现如下：一是银行数字化转型强化金融市场竞争，产生市场负向挤出效应，对转型相对缓慢的银行的经营管理、盈利能力、信贷市场份额和资产质量造成冲击；二是银行数字化转型引发客户服务和商业银行服务分层问题，造成信贷需求难以全面满足，降低信贷市场资金配置效率；三是银行数字化转型降低银行信贷投放对于数量型货币政策和价格型货币政策反应的敏感度；四是银行数字化转型降低广义货币或狭义货币作为交易媒介的流通速度，共同弱化货币政策基于信贷渠道的传导效果。

在银行资产负债表渠道下，一方面，银行数字化转型缩减银行存贷利差，对基于信贷利差的银行传统盈利模式造成冲击，降低其经营收入、资产质量和流动性水平，造成资产负债表收缩；另一方面，银行数字化转型提高了移动支付和电子网络支付比重，改变了经济主体的交易方式，降低了现金货币需求，导致中央银行和商业银行的资产负债表收缩，共同弱化货币政策基于银行资产负债表渠道的传导效果。

在银行风险承担渠道下，数字化转型能够提高银行运营效率，降低其管理成本，提升其盈利空间，促使其削减过度承担风险的动机，从而抑制其风险承担水平。基于"类金融加速器"机制，银行数字化转型加剧了大型银行与中小银行的差异化表现，转型相对较慢的中小银行，其风险容忍度、风险承担水平和信贷政策的调整速度相对较慢，导致信贷市场的整体资金配置效率出现下降，降低了货币政策的整体传导效果。

2. 正向影响

银行数字化转型通过利率渠道对货币政策传导的正向影响表现如下：一是银行数字化转型提升了利率信号等信息传递效率，提高了金融市场运行效率，有助于降低金融摩擦程度，减少信息搜寻成本和监督成本，强化政策利率变动与投资、产出变动的相关性，提高了利率的透明度；二是银行数字化转型促进金融产品创新，推动利率渠道多元化发展，提高依据市场利率有效定价的业务占比，促进市场化利率预期形成；三是银行数字化转型提升了金融服务效率和金融普惠性，推进利率市场化进程，优化存款、贷款利率的市场化定价水平，提高金融市场资金需求方与供给方对利率变动的敏感性；四是银行数字化转型提升放贷效率，能够缩短银行与企业之间的贷款期限，促进政策利率水平变动引发合约到期企业融资成本的相应变动，增大企业投资对政策利率的敏感性。上述表现影响共同提升了信贷资源配置效率，提高了货币政策传导效果。

在银行信贷渠道下，银行数字化转型一方面能够使银行以更低成本和更高效率获得更多小微企业和客户的信息，更好地甄别客户质量，提升对借款人的信用评估能力、信贷评估效率，以及信贷资源匹配能力；另一方面提升了贷款服务的便捷性，降低了企业的信贷成本和信贷难度，扩大了信贷业务和金融服务覆盖面，强化货币政策基于银行信贷渠道的传导效果。此外，从影子银行的角度来看，银行数字化转型后的银行线上服务与影子银行的业务形成竞争关系，这有可能减少影子银行的生存空间，进而降低影子银行数量。因为影子银行具有逆周期特征，所以影子银行数量的减少将有利于货币政策有效传导。

在资产负债表渠道下，银行数字化转型一方面能够提升金融资产的价值评估能力和管理效率，灵活调整金融资产配置；另一方面能够加强银行自身资产与负债结构的灵活调整能力，以及流动性调整能力，有助于改善其资产质量和流动性状况，强化货币政策基于资产负债表渠道的传导效果。

在风险承担渠道下，银行数字化转型将增强银行业之间的竞争，使银行对货币政策更为敏感。竞争将减弱银行的垄断能力、降低银行的边际利润率，这将鼓励银行追逐高风险以获取更高的利润回报。例如，竞争能促进银行信贷扩张、银行同业业务的发展，银行利用同业业务渠道放贷，最终将导致其风险资产比例上升与风险增加。这会弱化银行的"自动避险"投资行为，提升其在货币政策变动过程中的风险承担水平，从而强化货币政策基于银行风险承担渠道的传导效果。

（二）重视银行数字化转型基于货币政策工具的双重影响

结合利率传导渠道和信贷传导渠道①，银行数字化转型对数量型货币工具和价格型货币工具产生差异化影响。

一方面，银行数字化转型通过利率传导渠道对数量型货币政策工具传导效果产生弱化影响。一是银行数字化转型不仅会导致货币数量和货币供应量难以

---

① 为了简化分析，此处将银行信贷传导、资产负债表传导和银行风险承担传导，均纳入信贷传导渠道展开分析。

下篇 以提升货币政策传导效率为目标推进银行数字化转型的政策建议

控制和调节,增大央行调节货币供应量的难度和不确定性;二是银行数字化转型对基于信贷利差的银行传统盈利模式造成显著冲击,导致商业银行持有的货币数量和净现金流减少;三是银行数字化转型引发了金融市场的结构性变化,可能导致银行错过面向货币政策变动的最佳响应时机,降低利率调整对金融市场的影响度。另一方面,银行数字化转型通过信贷传导渠道弱化了货币政策传导效果。一是降低货币供应量的可测性、可控性和相关性,降低了广义货币或狭义货币的流通速度;二是可能降低银行未用储备贷款的资金数量,用于储备应对信贷风险和流动性的资金数量减少,降低通过贷款方式调节宏观经济的能力;三是引发现金和电子货币替代现象,增加货币创造乘数的内生性和波动性,削弱中央银行对数量型货币工具的控制力,降低数量型货币工具调控通货膨胀的能力。

针对价格型货币工具,一方面,银行数字化转型通过信贷传导渠道弱化价格型货币政策传导效果。一是基于"类金融加速器"机制,转型较慢的中小银行,其风险容忍度、利率中枢水平和预期违约率的调整速度都相对较慢,未能充分发挥价格型货币工具的调节作用,导致信贷市场整体资金配置效率下降。二是在银行资本监管体系和差异化资本监管要求下,资产质量、信贷质量和监管表现相对较差的中小银行,其面临的市场利率优惠程度更低,存款利率和融资成本更高,信贷资金限制更多,加剧商业银行服务分层问题,造成信贷资金的配置效率进一步下降。另一方面,银行数字化转型通过利率传导渠道,提高利率透明度和金融市场运行效率,通过促进金融市场竞争提高资金供给方和需求方对利率的敏感程度,促进了利率渠道多元化发展,提升依据市场利率有效定价的业务占比,进而提高价格型货币政策工具的作用效果。

可见,针对数量型货币工具,银行数字化转型弱化了货币政策基于利率渠道和信贷渠道的传导效果;针对价格型货币工具,银行数字化转型弱化了货币政策基于信贷渠道的传导效果,但强化了利率渠道的传导效果。结合金融科技对货币政策传导效果的影响来看,金融科技作用于货币政策的货币工具、中介目标和传导渠道,弱化了数量型货币政策工具和信贷传导渠道,强化了价格型货币政策工具和利率传导渠道。为此,未来商业银行开展数字化转型,应当高度重视其对货币政策工具的双重影响,要强化其对货币政策传导效率的正向影响,尽量弱化其对货币政策传导效率的负向效应。

三、优化货币政策工具组合提升政策传导效率

银行数字化转型对数量型货币工具和价格型货币工具传导效果的影响具有差异性,在弱化数量型货币工具传导效率的同时,会提升价格型货币工具的传导效率。鉴于此,建议优化货币政策工具组合,提升政策传导效率。一方面,积极拓宽数量型货币政策工具的可调控范围,继续发挥数量型货币政策工具的重要作用。另一方面,注重发挥价格型货币政策工具和利率传导渠道的作用,促进数量型货币政策体系向价格型货币政策体系转变。

(一)拓宽数量型货币政策工具的可调控范围

针对数量型货币政策工具,银行数字化转型降低了货币供应量中介目标的可测性、可控性和相关性,弱化了货币政策的利率传导渠道和信贷传导渠道。同时,非银行金融机构也对商业银行造成额外冲击,如非银金融机构推出的互联网金融产品,不仅对银行的客户存款形成负向的挤出效应,导致银行可贷资金来源减少和数量下降,而且这部分高息吸收的资金再以同业存款形式重回银行,导致银行无须缴纳存款准备金的同业存款占比提高,需要缴纳存款准备金的客户存款占比下降。最终,这些互联网金融产品缩小了数量型货币工具存款准备金率的可调控范围,对数量型货币政策的传导效率产生显著的负面影响。当前我国货币政策还未完全实现价格型调控,为了畅通货币政策的信贷传导渠道,仍然不能忽视数量型货币政策工具的重要调控作用。银行数字化转型,要努力巩固银行信贷在社会融资渠道中的重要地位,扩大银行信贷供给总规模,从而扩大数量型货币政策工具的可调控范围。

一是未来银行应当积极运用数字技术,推出有针对性的数字化产品和金融业务,面向微观经济主体特质完善对应的数字基础设施,加大客户存款的回笼力度,赋能商业银行资产负债结构优化。

二是商业银行可以进一步加强与金融科技公司的助贷模式合作,加快数字化转型进程,创新信贷方式和风控模式,增加对小微企业和"三农"企业的信贷供给,扩宽数量型货币政策工具的可调控范围,畅通数量型货币政策的信贷传导路径。

三是银行要借助数字化转型,充分发掘和利用软信息,改良传统的贷款审核和风控技术,在商业可持续性基础上,将更多按照传统标准无法贷款的企业和客户纳入金融服务范畴之内,提高表内贷款业务规模,减少资金由表内转向表外流入影子银行,从而增强银行服务实体经济的能力。

(二)注重发挥价格型货币政策工具和利率传导渠道的作用

银行数字化转型对货币政策利率传导具有强化影响。为了畅通货币政策传导渠道,未来银行数字化转型应当提高利率中介目标的运用效果,提升对利率变动的敏感性,优化相关利率的市场化定价技术,从而发挥价格型货币政策工具的有效性,强化利率渠道的货币政策传导效率。

1. 优化货币政策的中介目标,提高利率中介目标的运用效果

在银行数字化转型实践过程中,应当优化货币政策的中介目标,提高利率中介目标的运用效果。随着金融科技的广泛应用,货币供应量作为货币政策中介目标的有效性出现下降,而利率中介目标的可测性、可控性和相关性均有所提升。当前应当充分发挥稳定性更好的利率中介目标的功能,考虑在增加货币供应统计量的基础上,进一步提高中间利率基准的有效性,以减少银行数字化转型对货币供应量中介目标有效性的不利冲击。为此,一是中央银行进一步推动货币政策由数量型向价格型过渡,进一步完善利率市场化改革,充分发挥各类价格型货币工具的调节功能,提升利率市场化水平。二是银行要不断完善金融基础服务模式,充分发挥大数据挖掘和算法解析等技术优势,保证交易业务的真实性和安全性,保持金融市场服务的高效性。三是银行要不断缩减交易环节和流程的时间成本,借助金融科技有效降低运营成本,增加货币政策执行有效性。

2. 提升对利率变动的敏感性,充分发挥价格型货币政策工具功能

银行数字化转型需要提升企业投资对利率变动的敏感程度,提升银行自身对市场利率的敏感程度,充分发挥价格型货币政策工具的功能,进一步提升利率渠道的货币政策传导效率。

一是银行要通过数字化转型降低银行与企业之间的供给侧金融摩擦,以及银行与客户之间的需求侧金融摩擦,从而弱化由信息不对称导致的"金融加速器效应",继而放大价格型货币政策工具的功能,强化货币政策在价格渠道

的原始冲击。同时，银行通过数字化转型助力传统金融渠道的有效下沉，利用如互联网消费信贷等方式，有效地向最终贷款端传导货币市场利率，拓展传统金融市场的边界，增加金融服务的覆盖面、可获得性以及便利性。上述银行数字化转型方向，有助于通过价格渠道提高企业投资对利率变动的敏感程度，继而提升货币政策利率渠道的传导效果。

二是银行数字化转型要提升公开环境下的价格竞争机制，改变以往客户信息和数据资源搜集更多倾向于大客户和大型企业的传统做法，增加对长尾客户和中小企业的数据搜集和信息资源整合，盘活长尾客户的数据资产。同时，银行数字化转型要构建一系列可延展的高级诊断引擎，取代人为决策，形成平台运营人工智能模式，继而提升系统运作效能，推出智能合约板块和数字化智能合约解决方案。上述银行数字化转型方向，有助于提高信息透明度和信息的快速获取，缩小存贷利差空间，强化国内存款市场的竞争，提高银行对市场利率的敏感性，继而提升货币政策利率渠道的传导效果。

三是银行数字化转型要结合传统利率传导路径，充分发挥价格型货币工具功能，促进数量型货币政策体系向价格型货币政策体系转变。传统货币政策利率传导路径为"中央银行到货币市场利率，再到银行贷款利率"。在货币市场，大型银行为中小银行供应资金，形成短期的市场化利率。中央银行以调控短期政策利率的方式，通过大型银行、中小银行等机构传递政策意图，实现对货币市场、债券市场以及信贷市场利率的调控。随着中央银行实施LPR改革，"央行—MLF利率—LPR（大型商业银行定价为主）—中小银行贷款利率"，成为新的货币政策利率传导路径。为此，银行在开展数字化转型时，要不断创新金融产品实现与MLF、SLO等各类价格型货币工具的有效结合，促进数量型货币政策体系向价格型货币政策体系的转变，继而充分发挥价格型货币工具的功能。一方面，不断优化货币政策工具箱，引入或完善价格型货币工具，以增强利率渠道传导的可操作性和市场反应灵敏度。另一方面，持续发展完善货币市场，不仅要加强货币市场建设和监管，形成市场化利率机制，提高利率渠道传导效率，而且要提高金融市场透明度，强化货币政策有效沟通和市场预期管理，以增强货币政策有效性。

3. 改进相关利率的市场化定价技术，提升利率渠道传导效率

银行数字化转型要为各项业务进行市场化定价提供技术支撑，提高依照市

场利率有效定价的业务占比,加速自身表内业务的利率市场化程度,从而促进价格型货币政策传导效率的提升。

一方面,银行数字化转型要借助金融科技,优化贷款利率的市场化定价技术,助推贷款利率实现市场化,进一步提升利率渠道传导效率。在互联网和数字经济环境下,非银金融机构和金融科技公司往往按照市场供求关系进行资金定价,相比商业银行的传统信贷利率具有明显的价格优势。同时,金融科技产生的竞争效应和负向市场挤出效应,也倒逼银行开展数字化转型。这些因素都促使商业银行的信贷资金定价方式,向非银金融机构采用的市场化定价方式转变,以提升银行自身的竞争力水平,继而减弱非银金融机构和金融科技公司对银行信贷业务造成的冲击。目前,包括大数据、人工智能、云计算、区块链等在内的新兴技术,提供了丰富的软硬件支持和大数据支撑。商业银行借助金融科技开展数字化转型,能够优化对贷款利率开展市场化定价的方法,提升自身的市场化定价能力,助推其加快贷款利率的市场化进程,进一步提升货币政策利率渠道的传导效率。

另一方面,银行数字化转型要优化理财产品定价模式,纳入内部转移价格的参考范围。随着我国由数量型货币政策逐步转向价格型货币政策,互联网消费信贷市场的规模以及理财业务在银行业务中的占比不断增大,互联网信贷市场下的助贷模式在信贷市场的重要性日益凸显。为了畅通货币政策的利率传导渠道,商业银行应该通过数字技术手段,进一步完善银行理财产品的定价模式。一是商业银行要积极开展数字化转型,通过制定市场化的价格水平提高自身竞争力,进一步引导互联网信贷、互联网消费信贷和理财资金向表内回笼,疏通价格型货币政策工具的传导路径。二是商业银行应当持续优化存贷业务的利率管理和定价机制,将包括理财产品在内的市场化利率纳入内部转移价格的参考范围,改善银行理财收益率、存款利率、贷款利率和市场利率存在的"双轨制"现象。

四、以提升货币政策传导效率为方向加快推进银行数字化转型

商业银行作为重要的金融中介,其在货币政策的传导过程中扮演着至关重

要的角色。未来应当以提升货币政策传导效率为方向加快推进银行数字化转型。一方面，商业银行要明确稳健数字化转型策略以应对货币政策冲击，采取积极数字化转型措施以提升货币政策调控效果；另一方面，中小银行要加快数字化转型进程以畅通货币政策传导渠道。

（一）明确稳健的数字化转型策略以应对货币政策冲击

商业银行应当积极利用数字化技术，明确稳健的数字化转型策略，前瞻性应对数字化转型引发的市场格局重塑和货币政策冲击，确保自身健康发展。

一是商业银行要进一步加强风险管理能力，打造全方位的风险管理体系和合规实践标准制度，改善资本充足率和流动性覆盖比率等监管指标，运用先进的风险评估工具和数字化技术，提升应对信贷风险、流动性风险、操作风险和市场风险的评估与管理能力，增强抵御货币政策变动和外部冲击的能力。

二是商业银行在数字化转型背景下，还应当加强对银行风险承担行为的监管，以及对银行风险评估和内部控制体系的完善，尤其是在信贷投放结构和资产负债管理方面，确保银行在追求盈利的同时充分考虑风险，以应对宏观经济环境与货币政策变动的挑战。

三是要强化银行数字化转型的监管与指导。政府监管机构应密切关注银行数字化转型对货币政策传导效率的影响，定期对银行数字化进程进行风险评估并提供技术和管理方面的指导，及时识别相关风险和解决潜在问题，防止系统性风险爆发。

四是要适当鼓励银行业内部，以及商业银行与科技企业之间的协作，以此共同解决数字化转型过程中的挑战，并制定专门针对银行数字化转型的监管框架，确保银行数字化转型既能促进创新和效率，又能维护系统稳定性和合规性。

（二）采取积极的数字化转型措施以提升货币政策调控效果

商业银行应当采取积极的数字化转型措施，推动系统升级和管理优化，以提升货币政策调控效果。

一是商业银行不仅要结合自身特色和明确差异化定位，开展针对性的数字化转型，以规避新兴技术溢出引致的市场竞争激烈程度加剧，而且要通过行业协会或政府部门实施反垄断法规和公平交易准则,避免金融市场激烈竞争过程中出现的不正当行为,尽量削弱客户服务分层和商业银行服务分层问题所带来的负面影响,提升货币政策的整体传导效率和调控效果。

二是商业银行要注重金融市场下金融产品与服务的信息披露,提高信息透明度,进行更为详细和精确的信息定期披露,从而使政策制定者得到政策传导进程的反馈信息更加准确和及时,增强货币政策制定和施行的灵活性;与此同时,商业银行将获得更广阔的经营余地和调整空间。

三是商业银行要注重减少金融摩擦,提高资金的流动性和金融市场的透明度,疏通货币政策传导路径,提升货币政策传导效果。一方面,商业银行要完善和健全金融市场的数字基础设施体系建设,如支付系统和结算机制,以压缩金融交易成本和提高市场运行效率。另一方面,商业银行要持续降低市场参与者的信息不对称程度,如借助大数据、区块链等技术加强信用信息系统的建设和应用,以提高金融市场对货币政策的敏感性和反应力。

四是高度重视银行业务数字化转型的重要影响。在银行数字化转型的战略、业务和管理三大维度中,业务数字化对于货币政策的银行信贷传导效率的削弱力度最为明显。为此,在商业银行数字化转型的过程中,不能一味重视数字技术与产品、服务的结合,更要注重对配套基础设施、平台搭建、监管制度、发展规划等一揽子远景实施操作的统筹安排,增强货币政策的中介调控效力,用数字技术赋能货币政策的信贷传导效率和金融体系的完善发展。

(三)加快中小银行数字化转型进程以畅通货币政策传导渠道

中小银行的数字化转型进程较大型银行相对较慢。在银行资本监管体系和差异化资本监管要求下,受"类金融加速器"机制影响,中小银行面临的市场利率优惠程度更低,存款利率和融资成本更高,信贷资金限制更多,商业银行服务分层问题加重,导致信贷资金配置效率下降。为此,要加快中小银行数字化转型进程,畅通货币政策传导渠道。

一是政策制定者应当考虑提供专门的政策支持和资源扶持,如税收优惠、补贴或低息贷款,以加快数字化转型相对较慢银行的数字化项目和转型进程,尤其是加强针对数字基础设施和技术平台方面的投资。同时,可建立孵化器等项目,来为此类银行提供技术革新及风险管理方面的运营策略,从而提升金融市场整体的信贷资金配置效率,从源头上畅通货币政策的传导效果。

二是要加快中小银行数字化转型进程,促进银行间的健康竞争。在利用数字化技术促进产品和服务的创新来提高金融服务的质量和效率的同时,需要注重公平竞争政策的健全和实施,防止市场垄断和不公平竞争行为的滋生,从而进一步鼓励数字化转型赋能金融业的良性竞争,优化和调整银行业的市场结构,促进中小银行立足当地开展特色化经营。这不仅能够增强整个银行系统的竞争力,也能提升金融市场整体的信贷资金配置效率。

下篇　以提升货币政策传导效率为目标推进银行数字化转型的政策建议

第十章　进一步推进银行数字化转型的措施建议

随着我国银行业数字化转型进入"深水区",所面临的问题和挑战日益突出。同时,大型银行与区域性银行所面临的问题又存在较大差异。为了有效应对上述挑战,本章结合前文阐述的数字化转型实施路径,提出进一步加快数字化转型的措施建议。一是应当努力培育数字化增长新动力和新敏捷,培养和引进复合型数字化人才,完善数据、业务与金融科技联动的敏捷化组织架构。二是打造数字化转型新引擎和新智能,从"质"和"量"入手强化数据基础,盘活数据资产,提高数据资源治理能力,提升数据应用智能化程度。三是筑牢数字化技术新底座和新基建,打造分布式结构①并提升应用程序技术,强化数据处理技术和数字化技术在业务领域的应用,加强前沿技术探索。四是构建数字化革新新生态和新连接,连接本地生活服务场景,连接本地特色产业与政务场景,连接客户社交生态,连接客户群体差异化需求,高效连接渠道节点。五是完善数字化体系新安全和新风控,开展核心系统和重点项目体系建设,强化智能化风控体系,从而加快数字化转型进程,向全面深化数字化转型模式发展。

一、培育数字化增长新动力和新敏捷

未来数字化发展趋势,要求商业银行必须持续提升对金融服务需求的敏捷应对能力。为此,商业银行需要沿着多层次推进数字化转型战略路径,持续培养和引进复合型和创新型的数字化人才,从而培育数字化增长的新动力,而且

---

① 分布式架构是一种系统设计模式。它将应用程序的不同组件或服务分布在多个独立的计算节点(如服务器等)上,并通过网络进行通信和协作,以实现共同的业务目标。

要进一步打造数据信息、业务经营与金融科技融合协同的敏捷化组织，从而培育数字化增长的新敏捷。

（一）培养和引进复合型数字化人才

熟悉业务知识兼具金融科技和创新能力的复合型数字化人才，是商业银行实现数字化转型的重要保障，也是推动其数字化增长的新动力。但之前的分析表明，我国银行业整体面临复合型和创新型数字化人才短缺的问题。为此，商业银行应当大力培养和持续引入兼具金融知识和互联网思维、熟悉银行业务操作和掌握金融科技能力的数字化复合型人才，重点关注数据挖掘治理、敏捷化组织架构搭建、系统建模、大数据、人工智能、模型算法、云计算等专业领域人才。同时，商业银行要注重完善针对高端核心人才引进、培养和激励机制，加强对领军人才和核心专家的激励措施，实现数字化人才梯队储备建设。此外，相较于大型银行，区域性银行受到自身规模和资金实力相对较小的影响，以及数字化转型相对较慢的限制，其数字化人才不足问题显得更为突出，大数据分析、业务研发和技术架构人才尤为紧缺。未来区域性银行更应当进一步加快数字化转型步伐，继而完全释放对上述领域的复合型数字化人才需求。

一方面，在复合型数字化人才引进方面，商业银行可以给予针对性的高端人才引进政策和特殊薪酬，特别是面向顶尖人才的招聘人数和薪酬方面，可以考虑实行"双不封顶"政策。商业银行可以借鉴摩根大通等国际大行的成功经验，通过开展战略投资和收购并购金融科技公司与创投企业，以及建立金融科技中心、信息中心和数据中心等方式，进一步扩大创新技术团队，吸引复合型数字化人才，为数字化转型提供有力的技术保障和人才储备。

另一方面，在复合型数字化人才培养方面，商业银行要积极利用敏捷化组织架构配置人力资源，在培养员工上赋予更多的自由裁量权和资源倾斜，充分调动员工积极性，不拘一格选拔内部优秀人才开展形式多样的学习与培训。同时，商业银行要积极推进人才业务和技术领域"两侧融合"：在业务侧，银行要注重培养精通银行业务、具有数字化思维、熟悉金融科技的数字化经营专业人才，继而提升数字化转型创新能力和促进业务科技化；在技术侧，银行要注重培养科技团队的业务理解能力和产品实现能力，继而提升数字化转型实施能力和促进科技业务化。

（二）完善数据、业务与金融科技联动的敏捷化组织架构

当前新兴数字化技术快速发展，要求商业银行的组织架构、管理体制与运行理念主动变革，以更好地匹配数字生产力迭代升级的需要。但之前分析表明，我国银行业组织架构敏捷化转型程度不够，主要表现为部分银行的管理体制和经营理念仍不适应敏捷化转型要求，或者现有组织架构敏捷化转型不到位。为此，商业银行需要进一步促进自身组织架构的加速转型，特别是完善基于数据、业务与金融科技三方联动的敏捷化组织架构，推动银行数字化增长的新敏捷。同时，相较于大型银行，区域性银行受到自身经营理念和技术能力的影响，其组织架构转型问题显得更为突出，很多区域性银行的组织架构转型仍然停留在规划阶段，尚未具体实施。未来区域性银行应当进一步加快组织架构的敏捷化转型步伐，推动形成业务、数据、金融科技等多个部门高效协同的组织架构。

一方面，我国银行业已逐渐认识到敏捷型组织架构的重要性，积极开展扁平化、敏捷化的组织架构转型，实现对客户需求的敏锐感知和迅速响应，但部分银行的管理体制和经营理念仍不适应敏捷化转型要求。为此，商业银行管理层和员工需要彻底转变传统的经营管理理念，从组织架构层面对数字化转型目标和实施路径形成统一认知，结合自身实际情况制定针对性的数字化实施路径（王诗卉等，2021）。一是商业银行可借鉴国际经验，基于内部全流程优化创新制度，建立数字信息、业务经营和金融科技三部门参与的创新机制和协调配合，强化三部门和多条线之间的融合互促。二是商业银行注重打造关键共性数字化能力的中台赋能组织，显著降低关键共性能力的重复建设与浪费，提升共享复用程度，形成稳态创新和敏态组织的双轮驱动模式。三是商业银行要从战略层面提升数字化转型的决策层级，从组织层面提升数字化转型的执行效率，继而提升数字化渗透率，努力提高转型成果在业务经营和产品应用上的转化率，保证数字化转型效果。

另一方面，商业银行传统的组织架构和工作模式强调条线分工，各部门和各条线之间仍然存在一定的组织壁垒，并且在部分银行领导和员工的思维中根深蒂固。如部分银行的业务部门在短时间内难以彻底改变条线分工传统模式和建立数字化思维，阻碍了与职能管理、IT科技等部门之间跨条线的敏捷化协

作。针对部分银行由于自身组织架构和工作协作模式，导致敏捷化转型程度不到位的问题，一是商业银行要打破各部门、各业务条线之间的组织壁垒，持续开展跨部门、跨条线的组织架构创新和工作机制融合，形成数据信息、金融科技和业务经营的三方板块联动架构；二是商业银行要创新跨部门工作协作机制，构建扁平化的信息科技组织架构，根据业务条线打造工作小组，形成小而全的轻敏型组织，从而实现数据信息、数字技术和业务经营各部门的紧密配合、同步开展和深度融合。商业银行只有通过持续推进敏捷化组织架构转型，才能保证金融产品和服务的敏捷快速创新，避免数字化转型步伐脱节导致的资源错配问题，继而提升敏捷化数字服务能力。

二、打造数字化转型新引擎和新智能

数据已成为第五大重要生产要素，而作为典型的数据密集型行业，未来银行数字化转型也必须充分挖掘数据要素价值，提升数据运用效能，继而完善基于数据支撑的营销体系、运营体系和管理体系。但之前的分析表明，部分银行的数据基础较为薄弱，多源异构数据容量较大导致数据资源常年分散存储，数据断层、碎片化和数据孤岛现象严重，数据标准不一致和不统一导致难以有效整合，数据资源颗粒细化程度和数据管理精细化程度不够，数据资产缺乏有效管理，未能充分利用数据资源带来的长尾效应等。同时，相较于大型银行，区域性银行的数据基础薄弱问题更为突出，显著缺乏数据搜集、分析、应用和治理能力，严重阻碍了其数字化转型。为此，各类商业银行要沿着数据赋能路径推进数字化转型，不仅要从"质"和"量"两方面入手，强化数据基础和盘活数据资产，打造数字化新引擎，而且要进一步提高数据资源治理能力，提升数据应用智能化程度，打造数字化新智能。

（一）从"质"和"量"入手强化数据基础

1. 优化数据资源质量和夯实数据基础

商业银行要不断优化数据资源质量，持续夯实数据基础。一是针对多源异构数据容量较大的特征，商业银行未来应当搭建面向客户的全面数据服务平台，形成以数据质量为基础的信息资源管理控制系统，制定企业级的数据标准体系，推进数据要素标准化和一致化处理。这不仅可以扩大银行数据资源的适用范围，而且为数据要素的充分流动创造有利条件，继而发挥标准化数据对提升数据质量、打通数据孤岛、释放数据价值的积极促进作用。

二是商业银行应当制定全行层面的数据资产目录，解决数据资产目录缺失问题。银行自身应当引入数据生产管理部门制，缓解数据生产部门与使用部门之间的信息不对称程度，为银行内部和同业之间的数据信息共享创造有利条件。

三是商业银行应当持续提升和维护已有数据质量，完善和补充银行前台网点和分支机构搜集保存的客户信息与数据资源，加速上传已有数据，助力后台数据和 IT 技术部门充分分析利用客户信息。

四是商业银行应当强化数据中台建设，打通数据价值链条的"最后一公里"。商业银行应当持续疏通通用平台和私域平台的数据断点，打造统一、标准化的数据底座，缓解数据断层和碎片化现象，从而强化共用数据和基础性数据管理。

2. 增大数据容量和持续扩充数据资源

商业银行要努力增大数据容量和持续扩充数据资源。

一是未来银行应当高度重视融合多层次和高质量的内、外部数据，强化数据资产积累。针对内部数据，商业银行应当在全行层面的数据资产目录下，完善、补充和唤起内部沉睡数据，加速数据资源分类上传。

二是商业银行针对外部数据要持续增强引入能力，加强第三方数据资源引入，坚持在合法和合规的前提下，选择和整合可靠的外部数据资源，采取外部合作、数据共享等方式，快速沉淀数据并获取数据结果。

三是商业银行应当在有效运用第三方数据的基础上，加强已有数据的隐私保护。商业银行可以考虑引入联邦学习系统，通过该系统对机器学习算法进行定制化的隐私保护改造，保障本地系统能够完成数据的内部模型训练，实现在安全基础上的数据资源价值最大化。

四是商业银行应当基于市场化的定价参考和交易机制，推动数据资源的产权界定机制建设，搭建数据要素流通体系，促进数据要素的市场交易与流通。这不仅可以引导数据资源向需求方聚集，推动自身向开放型银行转型，而且有助于提升数据资源配置效率，改善金融机构之间自主发掘数据要素引发的差异化数据孤岛现象，最终实现整体的帕累托最优改进。

（二）盘活数据资产

各类商业银行应当努力完善面向客户的数据体系，增强数据管理能力和盘活数据资产，打造数字化转型新引擎。

一是各类银行应当构建基于全生命周期的数据资产管理体系，注重强化源头数据管理，优化数据资源结构。商业银行应当积极打造企业级大数据平台，全面整合数据资源，开展数据要素采集、脱敏、清洗、存储、挖掘、分析与应用，实现数据资源在全行层面的统一管理、集中开发和融合共享。

二是商业银行应当完善数据的精细化管理，提高数据信息的颗粒细化程度和可视化程度，保障数据资源的识别率和提取度，进而提升后台数据、IT技术和业务经营等部门对客户数据资源的整体利用率。例如，商业银行应当开展立体化数据的精细化管理，从而实现客户的精准画像和精准化金融服务。

三是商业银行应当高度重视和充分利用金融科技与大数据技术带来的长尾效应。商业银行应当改变以往客户数据资源搜集倾向于大客户和大型企业的传统做法，增加对长尾客户以及中、小企业的数据搜集和信息资源整合，盘活长尾客户数据资产。在此基础上，商业银行可以面向长尾客户群体，提供基于数据分析整合后的针对性金融服务方案，最终提高客户黏性和市场占有率。

（三）提高数据资源治理能力

各类商业银行应当加强数据治理，强化大数据挖掘和分析能力，实现数据信息资源的有效整合。

一是各类银行应当健全数据资源治理体系，推动从传统资金经营模式向数据经营模式转型。商业银行要打造结合自身特色的企业级数据管理部门，制定大数据发展战略和完善数据治理机制，运用金融科技推动数据治理的系统化、自动化和智能化。麦肯锡研究表明，开展数据治理和利用大数据挖掘分析技术，有助于商业银行提升销售业务规模，降低信贷成本和后台操作成本。

二是商业银行应当强化内部、外部数据的治理与应用，对内部和外部数据进行准确、及时、有效的整合，提升金融科技因素下数据资源的搜集、整合、分析和运用能力。商业银行需要努力实现多维度数据资源的跨界融合集聚，缓解业界数据孤岛问题,促进数据信息与业务经营的价值融合。商业银行要充分挖掘各行业数据优势打造数字生态圈,如利用数据渠道关注各类客户的现金链、投融资链和物流链,开展面向客户需求的针对性链式营销。

三是商业银行应当提高数据应用能力。商业银行要全面提升数据的标准化和可视化程度,提高大数据分析对实时业务应用、风险监测和管理决策的支撑功能,从而降低数据应用门槛和激活数据要素潜能。同时,商业银行要深度挖掘业务场景,全面深化数据在金融服务、营销运营、投资顾问等场景中的应用,完善考核评价机制,强化数据治理和应用的全流程效果评估。

(四)提升数据应用智能化程度

商业银行结合数据资源治理能力,拓展数据应用领域,提升数据资源智能化应用,打造数字化转型新智能。

一是各类银行要充分发挥数据中台的重要功能,整合与分析各类结构化数据资源,提升数据信息共享能力,改善部门之间的数据孤岛和数据割裂等现象。商业银行应当将不同部门和各业务条线分别开展数据应用的传统模式,转变为直接向业务部门提供数据支持的服务模式,以实现数据对业务及时响应的精细化管理和智能化应用。

二是商业银行应当强化数据中台建设。未来数据中台是基于银行企业级数据资产的综合性生产和服务中心,是连接前台和后台的"数据变速器",是实现数据智能化应用的核心基础。商业银行应当充分利用数据中台,快速搜寻、有效管理和智能化运用数据资源,提升汇聚共享复用数据的能力,继而提高数据应用服务的自动化和智能化程度。

三是商业银行应当提升数据要素整合应用能力,基于数据要素培育增长新动能,建构智能识别、智能营销、智能服务和智能风控的数字化展业模式。商业银行要充分激发数据要素的乘数效应,通过数据驱动催生新产品、新业务和新模式,提高金融服务效率,降低运营成本和人工成本。

三、筑牢数字化技术新底座和新基建

数字化技术快速发展与银行业务的创新融合,是商业银行打造智能化银行的技术底座。未来，商业银行应当进一步重视金融科技的引领功能。但之前的分析表明，部分银行的应用程序技术和数据处理技术有待提升，前沿技术探索相对落后，数字化技术合作有待加强。同时，相较于大型银行，区域性银行的数字化技术基础薄弱问题更为突出，自身金融技术水平相对较低，外部技术合作产品与服务匹配度不够等，严重阻碍了其数字化转型。为此，各类银行要沿着金融科技赋能路径推进数字化转型，打造分布式结构，提升应用程序技术，强化数据处理技术，筑牢数字化技术新底座，同时要提升数字化技术在业务领域的应用，加强数字化技术前沿探索，筑牢数字化技术新基建。

（一）打造分布式结构和提升应用程序技术

一方面，商业银行应当逐步打造高效的分布式结构。以往商业银行主要采取集中式的核心系统架构，该架构体系具有相对稳定和由核心管理部门最终决策的特征。当前具备较强承载能力和维持一定业务冗余量的集中式架构，仍是许多银行核心系统的主要形式，但随着数据资产累积和大数据技术运用，集中式核心系统架构开始面临交易并发量大且系统性能面临瓶颈的问题。同时，数据、业务与金融科技联动的敏捷化组织架构转型，也倒逼商业银行打造中台化和分布式的新一代智能化系统平台。新一代智能化系统平台采用敏捷迭代的分布式架构，逐步替代传统的集中式架构，为数字化革新提供技术支撑。

另一方面，商业银行应当提升应用程序技术，聚焦金融产品和服务的个性化、趣味性与生活场景融入性。一是商业银行应当针对当前客户自主化和个性化特征，设计符合客户习惯的应用页面，努力改善移动端与PC端相关应用程序，避免在使用过程中出现卡顿和断点等情况。二是商业银行应当加大应用程序开发力度，学习和借鉴金融科技公司与网络平台的优秀产品，持续改善相关应用程序的用户体验。三是商业银行应当建立移动端与PC端应用程序评估机制，定期邀请使用客户和潜在客户，参与应用程序的评分和反馈活动，为进一步改进应用程序的客户使用效果提供价值参考。

（二）强化数据处理技术

商业银行应当提升数据处理技术水平。数据要素的价值实现离不开数字技术的底层支撑。为此，各大银行要充分激发数据处理技术的潜力，将数字技术与数据要素紧密结合，构建基于业务需求的新一代智能化数据共享技术平台，实现分布式架构和中台化管理，为数字化转型下的业务经营和数据资产运营提供技术支撑。

一是各大银行应当基于数据中台先行原则，推动数据共享技术平台向中台化转型，促进银行业务、数据和技术的标准化和服务化，并减少数据系统"烟囱"，提升研发效率。二是各大银行应当完善数据中台，建立"数据湖"体系，提升银行的核心数据存储和应用能力，有效支持前台的金融产品定制化创新，以及业务中台基于数据反馈的快速响应与持续迭代。三是各大银行应当打造移动中台，依托数据资源可视化开发技术构建统一的移动开发平台，从而提升移动金融服务的开发效率。四是各大银行应当打造人工智能中台，以大数据算法和智能模型为基础，赋能银行前端业务的多元化应用场景，推进数据资源智能化管理。五是各大银行应当着力推进基于数据用例的大数据挖掘与分析技术的发展，重视数据资源统筹、整合和治理，紧密结合行业应用，不断提高大数据分析的应用效益。

（三）提升数字化技术在业务领域的应用

未来银行的数字化转型需要面向全渠道和全业务，为此应当探索和引入双速IT开发模式，不断扩大数字化技术的业务场景应用。

一是各大银行应当借鉴花旗银行、美国第一资本金融集团等国际大型银行成功经验，打造敏捷型的IT技术支撑系统，探索研发运营一体化的新一代IT技术发展与管理方法，即双速IT开发模式。双速IT开发模式，包括一个基于用户反馈的前台管理系统，以及一个以客户交易为核心的后台管理系统。该研发模式通过前台、后台两套管理系统的同步协作，能够实现研发与运营的一体化运作，促进数字信息、业务经营和金融科技三部门高效衔接，从而缩短金融产品创新、开发和应用的时间，加快银行技术创新和产品研发进程。

二是双速IT开发模式能够将各种金融科技全方位引入业务场景，为数字化转型提供技术支撑。在双速IT一体化研发与运营系统下，商业银行可以引入人工智能技术，并将其应用到客户画像分析、贷款授信管理、财富理财等业务；可以引入区块链技术，并将其应用到跨国贸易融资、供应链金融、票据回购、资产管理等业务；可以引入云计算技术，并将其应用到开放式平台服务、混合云和系统云、数据存储、软件运营维护、安全开发等业务；可以引入大数据技术，并将其应用到数据资源分析、反欺诈、反洗钱、精准销售等业务。

三是数字化技术的应用，不仅有助于银行降低零售业务的服务成本和经营成本，提升批发业务的服务效率和全渠道服务能力，减少合规管理和风险控制领域的成本，而且有助于银行形成产业价值链生态，从而促进批发业务收入的提升。例如，数字化技术的运用能够减少贸易业务的交易时间和造假风险，缩减跨境交易清算周期和降低运行成本，简化回购交易流程和加速结算周期，实现合规审查的信息共享和实时监控。

（四）加强前沿技术探索

各类商业银行应当不断提升前沿技术探索，利用数据要素和技术驱动业务发展的新趋势，强化机器学习和大数据分析平台建设，推动人工智能技术提升，以及区块链和云计算等技术运用。

一是商业银行应当积极扩大前沿技术的应用范围。当前，商业银行应当充分应用区块链技术，发挥其特有的稳定、开放以及去中心化特征；充分利用其智能合约技术，以实现参与主体的对等化管理；充分利用其共识和验证机制，以实现业务数据的可追溯性、透明度和不变性。未来，商业银行应当打造开源区块链平台和数字证券平台，尝试参与数字货币，进一步探索区块链技术在交易清算、跨境支付、贸易结算、证券发行交易、供应链融资、回购等业务领域的应用场景。同时，商业银行还应积极布局系统组织架构和瞄准区块链核心技术，推进系统架构整合，尝试打造生产级、可扩展和点对点的可相互访问的账本平台网络，构建全生态链区块链架构平台。

二是商业银行应当积极应用云计算和云服务技术，借助其直接访问数据共享应用的功能，以及远程系统快速处理数据机制，探索其在企业客户系统的广泛运用。云计算和云服务技术，能够充分发挥其在大数据挖掘和算法解析人类语言方面的优势，向银行用户提供更为便捷和全面的一站式服务，有效降低运营成本，更好地接触外部生态场景和数据系统。同时，云计算和云服务技术能够调整每一种计算环境，尽量处理最擅长和最适合的工作，让虚拟计算工作负载尽量处于合适位置，从而降低银行系统运营风险和提高云计算敏捷性。此外，云计算和云服务技术还可以广泛应用于安全开发，提升系统安全性，从而更加便捷有效地推进金融服务与银行业务整合。

三是商业银行应当构建持续发展的云数据中心。面向分布式架构体系、双速IT开发模式和智能化平台系统，云数据中心能够提供稳定、高效、灵活的开发环境和运行系统，从而推动银行数字基础设施和产品软件程序开发的高效性和智能化发展，不断扩展业务创新应用领域。同时，云数据中心应当充分发挥其高效、灵活和自动化的优势，将工作负载和接口与最合适的计算平台保持一致，向新一代智能化、开放式的"混合多云"系统演进，从而提升银行平台私有云、公有云和管理云的服务效率。

四是商业银行应当在产品创新和运营管理等领域，积极应用人工智能技术，提升产品个性化和多元化，扩大营销渠道的全面化。商业银行未来需要构建一系列可延展的高级诊断引擎，减少人为决策的工作量，提升工作任务的智能化程度，形成平台运营人工智能模式。人工智能技术应用于客户智能板块，利用人脸识别等新兴技术，加强自动取款机、移动客户端和网络平台等设备的改造和功能优化，实现定制化的金融产品服务。同时，人工智能技术通过智能引擎等工具实现预测分析和自然语言处理，开展多渠道的客户沟通和合理的风险分析，继而推出智能合约板块和数字化智能合约，辅助客户作出合理的投资决策，实现定制化的金融产品推广。

四、构建数字化革新新生态和新连接

连接能力是商业银行在数字经济时代完成价值变现的实现路径。未来银行数字化转型，必须积极创新共建场景平台，努力提升场景服务智能化水平，向数字生态圈和全场景的数字化链接方式迈进。但之前的分析表明，部分银行的金融生态场景功能开发程度不足，生活场景布局仍处于起步阶段，未能向全场景数字化生态链方向发展。同时，展业模式引发的数字化转型速度较慢，使业务部门的产品设计和客户营销难以快速、敏捷地反馈客户需要，阻碍了银行针对业务流程、产品服务模式和经营管理等方面的数字化转型进程。为此，各类银行要沿着共建生态场景平台、打造开放型银行的路径，连接本地生活服务和政务场景，连接客户社交生态，构建数字化革新新生态，同时连接客户群体需求和渠道节点，构建数字化革新新连接。

（一）连接本地生活服务场景

商业银行应当借助地缘优势，发挥良好的客户群体基础，从连接本地生活服务场景入手，向着搭建 C 端客户、B 端企业和 G 端政府的数字生态链发展。商业银行不仅要基于社区化、网格化和数字化路径，辐射本地周边连接生活服务场景，而且要深入下沉市场和社区网点，建立围绕本地社区网点的生活服务生态，从而提供便利的一体化服务集成，连接高频社区生活场景。

一是社区化。商业银行要整合网点辐射社区的客群资源，开展客户与企业的信息数据资源网格化管理，实现客户与企业的精准画像、需求描述、信息建档和管理维护等。

二是网格化。面向社区客户和本地企业，商业银行要整合网上商城、日常生活缴费、保险基金代售等业务，以 APP 小程序矩阵为载体，打造以网点为中心向周围辐射的社区商业生态，实现信息传递、供需交易和支付结算等金融服务功能。

三是数字化。商业银行利用数字化技术，提升本地化场景聚合能力以及线上与线下的便捷触达与导流能力，打造连接客户与企业的营销工具，持续提高在银行客户日常生活场景中的"出镜率"。同时，商业银行应当构建总行与分行协同运营的平台体系，引入金融虚拟营业厅，提升社区场景运营能力，拓展网点金融服务的广度和深度。金融虚拟营业厅能够远程连接客户经理和业务专家，为本地周边客户提供高质量金融服务，实现本地生活服务场景建设和流量高效转化。

（二）连接本地特色产业与政府场景

商业银行应当连接当地特色产业和政务场景，提供数字化综合解决方案。

一是商业银行要从擅长或具有政企资源的行业客户入手，加深对具体场景下产业与政务客户的日常运营需求的理解力，从而服务垂直领域的产业与政务客户，实现产业服务和政府公共服务的金融科技赋能。如商业银行面向当地数字化水平较低的行业和政务客户，提供数字化解决方案，创新数字化系统，实现银行与行业客户和政务客户的深度绑定及批量获客（颜冬，2022）。

二是商业银行要持续提升技术水平和不断扩充数据资源，保障针对特色场景的开发，以及可持续性管理与运营的金融科技能力，提升特定场景下的用户维护能力、总分联动运营能力和数据化经营能力。同时，商业银行维持自身的金融服务标准化输出能力，基于开放式银行路径构建开放式平台，整合客户管理和账户管理，在保证安全可靠的前提下，提升标准化输出能力。

三是商业银行要打造匹配特色产业和特定政务场景的数字化产品与综合解决方案，通过引入数字技术，提升日常场景运营的线上化、智能化水平和运营管理能力。商业银行需要逐步完善人脸识别、档案管理、实时数据报表等网点特色服务，在数字化综合解决方案中不断嵌入基础金融服务，提升 B 端企业场景下 C 端客户的获客量。

（三）连接客户社交生态

一方面，商业银行应当借助社交程序等高频触点，连接客户生态。当前数字经济快速发展，客户社交化触点的移动化倾向越发显著。相较于物理网点、电话银行、网上银行和手机银行等传统渠道，社交应用软件成为大多数商业银行客户的高频触点，成为银行与客户之间即时触达、高效互动、忠诚度维护的有效渠道。例如，当前拥有超过 10 亿活跃用户的微信 APP 已成为客户黏性最高的移动社交软件。为此，商业银行应当积极连接客户社交生态，利用微信等移动社交应用软件增强客户引流，通过智能化的社交客群运营提升获客能力，实现获取客户、活跃社交生态和提供金融服务的功能。

一是有效连接客户社交生态，商业银行要设置线下导流入口，采用线下活动拉动和二维码设置等宣传方式，针对客户搭建线下导流平台并导入企业微信生态群，形成便捷的客户触达渠道。二是构建小程序矩阵，商业银行要以低成本的小程序为载体，推出涵盖视频、小游戏、直播等新媒体内容，以业务内容、多样内容矩阵、场景体验等为触点吸引获客。三是提升社交生态运营能力，商业银行要通过打造内容库、活动库、游戏库、标准权益库等智能化内容矩阵，实现营销内容的快速生产和客户群体的高效触达，持续产出与客户相关的活动类社交内容以保持客户黏性。四是实现精准营销，商业银行要建立社交生态和整合零散客户资源，积累客户行为偏好和财富数据，继而精确匹配相关产品和金融服务，实现在客户全生命周期管理内的一对一精准营销，提升流量到客户的高效转化。

另一方面，各大银行应当切入本地特色生活场景，充分利用自有支付和信贷业务，积极寻找和加入合适的商业生态圈，形成本地商户联盟体系。

一是商业银行要深谙本地消费者消费习惯，连接本地客户的高频生活和消费场景，完善本地社区群体运营工具和商户经营工具，围绕特色消费场景提升自营能力，形成完整的银行营销平台、获客平台和生活场景平台。例如，银行可灵活加入供应链，为企业商户提供资金支付、交易查询、现金管理、商业贷款、代收代缴、资金托管等业务。二是各大银行要面向中小微企业和个体工商户，打造本地商户联盟，形成银企共享会员流量池和本地化流量联盟，通过活动运营和权益平台建设等方式，实现银行与商户之间的客户双重导流。商业银行在经营商户、获得商户流量和客户流量的同时，也能够提升自身的商户盘活能力、用户运营能力和金融科技能力。

（四）连接客户群体差异化需求

商业银行要想提升全场景生态圈的连接能力，就要实现经营要素与客群需求的精准匹配，从而构建数字化革新新连接。为此，未来商业银行要精准连接客户细分群体的差异化需求，围绕产品、服务、内容、权益和渠道等要素，实现各类经营要素与客群需求的精准匹配，从而加速客户需求反馈机制和信息数据回流。

一是深挖客户细分群体的差异化需求。首先，商业银行需要从全场景客户群体分析切入，基于客户人数与构成、存贷款余额、人均资产管理量、客户活跃度等多维度指标考量，识别和分析客户群体的现金流收益、存量按揭、代发、信用卡、财富理财等数据。其次，商业银行需要综合评估战略性、成长性、客群关联度、银行收益率等多种因素，结合市场趋势和竞争对手动态，最终识别差异化的目标客户群体。再次，针对差异化的目标客户，商业银行要运用大数据挖掘技术提升客户分析能力，利用内部、外部数据资源，建立覆盖客户全生命周期的标签体系。最后，围绕客户细分、行为聚类、价值分析的不同评估模型，商业银行需要深度挖掘各类细分客户的潜在需求，实现对客户需求的深度洞察。

二是商业银行要提升围绕产品、服务、内容、权益和渠道的精准高效匹配能力，实现各类经营要素与客户群体需求的精准匹配。首先，商业银行应当基于人工智能、模型推荐算法和大数据算法，结合自身资源约束条件和业务经验，构建事件模型或联合建模。其次，商业银行应当围绕产品、服务、内容、权益和渠道的匹配策略，形成"产品和服务—权益"的快速匹配能力，以满足客户综合性的产品和服务需求，实现客户群体与各类经营要素的精准匹配。再次，商业银行应当持续完善覆盖客户权益中心、内容中心、产品和服务中心的营销中台，实现低成本高效率的营销获客。最后，商业银行借助多种渠道与客户群体展开互动和推荐，利用移动端和PC端，通过远程系统、APP、人工智能、手机银行等，随时随地为客户提供个性化和差异化的金融产品与服务，真正实现客户的私人定制和深度服务。

（五）高效连接渠道节点

未来银行要想提升全场景生态圈的连接能力，就需要实现客户与线上、线下渠道触点的无缝高效连接，加速商业银行针对业务流程、产品服务模式和经营管理等方面的数字化转型，从而构建数字化革新新连接。

一是明确渠道节点的差别化定位。商业银行应当以细分客户群体为中心，全面考量客户的个性化、信任感、心理预期、产品体验等特征因素，结合不同业务、条线、渠道节点，明确不同渠道节点在获客领域、业务办理、交易流程、信息推送等多个环节的功能。根据客户偏好和渠道节点的功能优势，商业银行需要明确各渠道节点的差别化定位，并聚焦关键渠道节点，继而识别客户核心诉求（沈栋，2022）。

二是提升客户与产品接触渠道节点的数字化程度。商业银行应当构建客户数字化旅程①的多维度渠道评估系统，对线上、线下相关的渠道节点进行有效评估，分析渠道节点的必要性与关联度。在兼顾效率与成本的前提下，商业银行要借助数字化技术，提升客户与产品接触的所有渠道节点的数字化水平和应用程度，实现对渠道节点的整合、删减、补充和延展，继而提升客户数字化体验。

三是打通渠道节点壁垒，实现高效连接。在客户数字化旅程中，商业银行

---

① 客户数字化旅程是指客户在与企业互动的整个过程中，通过各种数字渠道所经历的一系列体验和交互的总和。它涵盖了从客户首次接触企业的品牌信息，到最终购买产品或服务，再到后续使用和反馈等各个阶段。

应当疏通渠道和节点的壁垒，实现各类信息和数据资源在线上和线下多个渠道和节点之间顺畅迁移和高效连接。同时，商业银行也需要强化各渠道节点数字化体验的一致性，形成实时更新的统一客户视图，使得任一渠道节点的数据资源和信息变化能够实时和准确传递至其他节点，保证客户在所有渠道和数据节点的数字化体验。

四是持续优化精细化运营程度。在客户数字化旅程中，商业银行应当打造渠道节点精细化运营闭环，构建涵盖产品、服务、内容、权益和渠道等多要素的实时监控评估系统，综合分析不同渠道节点的经营收益、运营成本、获客能力等，不断提升渠道节点的精细化运营程度。

五、完善数字化体系新安全和新风控

当前，数字化转型对我国银行的数字化体系安全和系统化风险管理能力都提出了全新挑战。之前的分析也表明，商业银行面临的战略风险、信用风险和操作风险等多种风险都发生了显著变化。同时，相较于大型银行，区域性银行数字化风控基础薄弱的问题更为突出。为此，各类银行要沿着金融科技赋能路径推进数字化转型，不仅要开展核心系统和重点项目体系建设，完善数字化体系新安全，而且要强化智能化风控体系，完善数字化体系新风控。

（一）开展核心系统和重点项目体系建设

商业银行本质上是风险经营与管理机构，通过有效的风险管理措施来分散和化解风险。在数字经济时代下，商业银行应当积极开展核心系统建设，完善数据信息管理和风险管理，从而分散化解战略风险、信用风险和操作风险等，完善数字化体系新安全（李东荣，2017）。

一是积极开展核心系统建设。从软件层面来看，商业银行需要实现数字化系统重构，打造个性化、多元化的创新产品工厂；构造多层次账户体系和统一化客户视图，有效集中整合柜面系统；完善支持限额、授权等操作风险的控制系统，保证多渠道、多维度的数据接入安全；提供完备的基础信息支持管理系统，最终实现核心业务系统的数字化转型。从硬件层面来看，商业银行要按照相关科技规范要求进行核心业务系统主机升级，包括主机硬件升级、操作系统升级，完成系统改造，提高机器性能，确保未来主机运行效率。

二是积极开展数据与信息管理系统建设。首先，商业银行要基于新一代智能化数据共享技术平台，利用敏捷迭代的分布式架构核心系统搭建全行级数据库系统；构建分行管理指标体系，实现分布式数据架构和中台化管理；基于数据库搭建即时查询环境，整合全行级数据库系统和信息管理系统，以支持符合数据共享技术平台的信息管理和风险管理应用；构建并持续优化基础数据模型和通用汇总模型，以支持数据信息安全管理和风险管理应用。其次，商业银行需要搭建统一报表平台和全行级公共指标体系，逐步完善指标服务能力，保证指标口径一致性，开发统计分析类报表的汇总、调整和审批等功能。最后，商业银行需要搭建历史数据存储平台，实现交易系统和管理分析系统的历史业务数据与指标报表数据的归档存储，为内部风险管理机构和外部监管机构的审计、监管和司法查询提供支持。

三是积极开展风险管理项目体系建设。首先，商业银行要开展财务绩效项目体系建设，明确绩效考核和预算管理的数据需求，持续优化管理会计方法，统一财务数据口径和格式的一致性，整合预算管理和绩效考核功能，推动数据资源质量提升。其次，商业银行要参照资本监管要求开展数据需求分析，明确风险管理工具的应用方法和操作流程，分析数据与源系统的映射规则，推动信贷管理等改造方案，整合和评估风险管理数据需求，开发和完善风险管理信息指标和报表需求。再次，商业银行需要整体评估和升级优化现有的稽核、监控、反洗钱系统，增加反洗钱工作评价和分析模块。最后，商业银行需要制定可疑交易模型和上报流程，增加操作风险监测预警及反欺诈项目实施模块，增设黑白名单库和核心系统、SWIFT等业务系统的应用，提升客户身份识别功能和风险等级评定模块。

（二）强化智能化风控体系

商业银行未来应当持续完善基于金融科技支持的智能化风险防控体系，引入金融风险防控的新模型和新工具，强化银行自身风险防控能力。

一是积极应用数字化技术，解决信息不对称问题。金融机构能够有效管理资产配置的前提是，准确把握信息不对称。数字化技术的广泛应用，能够提升银行了解自身客户能力和市场投研水平，通过收集和整合客户的数据信息资源，降低信息不对称程度，为客户提供合理的资产配置方案和投资咨询服务，助力资产与负债的精准匹配。同时，数字化技术的广泛应用，有助于开展客户审查（KYC）合规流程，用于验证客户身份、审查其财务活动和相关风险因素评估，并监控可能存在的欺诈风险和洗钱活动，有效降低风险发生的概率。

二是积极应对各类风险，提升银行风险防控能力。针对战略风险，各商业银行要预防因战略性定位或经营目标设定错误而过度承担风险。针对操作风险，商业银行应当建立符合新数字经济和经营环境中开放式价值链的风险评估和管控框架。针对技术风险，商业银行应将数字化新技术引入安全风险评估机制，以加强技术风险管理。针对信贷风险，商业银行应当关注信贷管理中的数据风险、期限风险、流动性风险和模型风险，定期评估模型数据的来源、准确性及充分性，并定期评估模型的预测能力和不同场景下的局限性，确保模型的可解释性和可审计性。

三是高度重视数据安全和信息风险。近年来，数据资源的重要性日益凸显，数据要素在增进银行效益的同时也增加了数据滥用和信息泄露等风险，使金融数据安全面临诸多挑战。未来银行应当积极构建全程可溯源的一体化数据资源平台和客户信息平台，实现事前预防、事中控制和事后审计功能，持续全面防护网络平台、数据资源和客户信息安全，促进数据要素安全成为数字经济持续健康发展的长效保障。

四是积极构建覆盖金融产品与服务，实现数字化技术创新与安全运营管理相结合的全流程、跨部门的安全防护操作系统。首先，商业银行应当建立基于后台数据的批量业务审批及风险控制模型，做好反欺诈、虚假开立账户、伪造经营数据、提供虚假贸易背景等场景的风险防范。其次，商业银行应当建立健全业务审批流程，对新产品、新服务及新业务渠道的合规性进行审查，评估范围应覆盖消费者权益保护、客户隐私保护、合规销售、产品及服务定价、反洗钱及反恐融资等。最后，商业银行应当建立有效的业务变更管理流程，对新产品、新服务以及新业务渠道带来的技术和业务逻辑变化进行系统性的和针对性的评估，制定相应的风险管理策略。

参 考 文 献

[1] 白晶洁. 结构性货币政策的国际比较 [J]. 中国金融, 2017 (15): 86-88.

[2] 蔡栋梁, 王海军, 黄金, 等. 银行数字化转型对小微企业自主创新的影响——兼论数字金融的协同作用 [J]. 南开管理评论, 2024, 27 (3): 39-51.

[3] 曾海舰, 苏冬蔚. 信贷政策与公司资本结构 [J]. 世界经济, 2010, 33 (8): 17-42.

[4] 陈红, 郭亮. 金融科技风险产生缘由、负面效应及其防范体系构建 [J]. 改革, 2020 (3): 63-73.

[5] 陈瑶雯, 冯文博. 新形势下数据集成驱动金融业数字化转型的现状与挑战 [J]. 广西大学学报 (哲学社会科学版), 2022, 44 (4): 131-139.

[6] 楚尔鸣, 曹策, 李逸飞. 结构性货币政策: 理论框架、传导机制与疏通路径 [J]. 改革, 2019 (10): 66-74.

[7] 褚蓬瑜, 郭田勇. 互联网金融与商业银行演进研究 [J]. 宏观经济研究, 2014 (5): 19-28.

[8] 翟胜宝, 程妍婷, 谢露. 商业银行数字化转型与风险承担水平 [J]. 北京工商大学学报 (社会科学版), 2023, 38 (2): 75-86.

[9] 丁蔚. 数字金融: 商业银行的未来转型发展之路 [J]. 清华金融评论, 2016 (4): 48-49.

[10] 杜莉, 刘铮. 数字金融对商业银行信用风险约束与经营效率的影响 [J]. 国际金融研究, 2022 (6): 75-85.

[11] 杜鑫星, 王玮怡, 邢廖菲. 我国商业银行数字化转型发展现状及国际经验借鉴 [J]. 金融发展评论, 2022 (10): 16-28.

[12] 段永兴. 大数据时代商业银行的经营管理策略探析 [J]. 商业经济, 2018 (2): 159-160.

[13] 房颖. 金融科技赋能究竟如何影响银行小微企业信贷——基于调研数据的实证检验 [J]. 金融监管研究, 2021 (7): 69-85.

[14] 高蓓, 陈晓东, 李成. 银行产权异质性、影子银行与货币政策有效性 [J]. 经济研究, 2020, 55 (4): 53-69.

[15] 高然, 陈忱, 曾辉, 等. 信贷约束、影子银行与货币政策传导 [J]. 经济研究, 2018, 53 (12): 68-82.

[16] 耿薇薇. 商业银行数字化转型国际经验借鉴 [J]. 中国外资, 2022 (4): 43-45.

[17] 何德旭, 冯明. 新中国货币政策框架70年：变迁与转型 [J]. 财贸经济, 2019, 40 (9): 5-20.

[18] 何德旭, 余晶晶, 韩阳阳. 金融科技对货币政策的影响 [J]. 中国金融, 2019 (24): 62-63.

[19] 何德旭, 余晶晶. 中国货币政策传导的现实难题与解决路径研究 [J]. 经济学动态, 2019 (8): 21-39.

[20] 侯晓. "双循环"背景下商业银行零售业务发展趋势 [J]. 企业经济, 2021, 40 (6): 145-152.

[21] 胡志鹏. 中国货币政策的价格型调控条件是否成熟？——基于动态随机一般均衡模型的理论与实证分析 [J]. 经济研究, 2012, 47 (6): 60-72.

[22] 黄宪, 王旭东. 我国央行货币政策实施力度和节奏的规律及效果研究——基于历史演进和时变分析的视角 [J]. 金融研究, 2015 (11): 15-32.

[23] 黄益平, 邱晗. 大科技信贷：一个新的信用风险管理框架 [J]. 管理世界, 2021, 37 (2): 12-21+50+2+16.

[24] 黄益平. 数字金融发展对金融监管的挑战 [J]. 清华金融评论, 2017 (8): 63-66.

[25] 黄志刚, 许伟. 住房市场波动与宏观经济政策的有效性 [J]. 经济研究, 2017, 52 (5): 103-116.

[26] 黄志刚. 货币政策与贸易不平衡的调整 [J]. 经济研究, 2011, 46

（3）：32-47.

[27] 纪洋，谭语嫣，黄益平．金融双轨制与利率市场化［J］．经济研究，2016，51（6）：45-57.

[28] 纪洋，徐建炜，张斌．利率市场化的影响、风险与时机——基于利率双轨制模型的讨论［J］．经济研究，2015，50（1）：38-51.

[29] 贾丽平，张晶，贺之瑶．电子货币影响货币政策有效性的内在机理——基于第三方支付视角［J］．国际金融研究，2019（9）：20-31.

[30] 蒋海，唐绅峰，吴文洋．数字化转型对商业银行风险承担的影响研究——理论逻辑与经验证据［J］．国际金融研究，2023（1）：62-73.

[31] 蒋水全，刘星，徐光伟．金融股权关联对上市公司现金持有之影响：基于货币政策波动视角的实证考察［J］．管理工程学报，2018，32（1）：9-23.

[32] 姜增明，陈剑锋，张超．金融科技赋能商业银行风险管理转型［J］．当代经济管理，2019，41（1）：85-90.

[33] 解维敏，吴浩，冯彦杰．数字金融是否缓解了民营企业融资约束？［J］．系统工程理论与实践，2021，41（12）：3129-3146.

[34] 金洪飞，李弘基，刘音露．金融科技、银行风险与市场挤出效应［J］．财经研究，2020，46（5）：52-65.

[35] 兰春玉，叶似剑．商业银行数字化转型的国际经验及启示［J］．银行家，2021（11）：91-93.

[36] 李成明，王月含，董志勇．货币政策不确定性、银行贷款期限结构与金融服务实体经济——来自银行业的证据［J］．经济科学，2023（4）：5-27.

[37] 李东荣．金融科技发展要稳中求进［J］．中国金融，2017（14）：36-37.

[38] 李俊强．强化内控合规管理助力银行数字化转型［J］．中国金融，2022（24）：50-52.

[39] 李俊青，李双建．跨区经营与商业银行风险：分散抑或加剧［J］．现代财经（天津财经大学学报），2017，37（11）：52-62.

[40] 李力，温来成，唐遥，等．货币政策与宏观审慎政策双支柱调控下

的地方政府债务风险治理 [J]. 经济研究, 2020, 55 (11): 36-49.

[41] 李双建, 田国强. 银行竞争与货币政策银行风险承担渠道: 理论与实证 [J]. 管理世界, 2020, 36 (4): 149-168.

[42] 李瑛. 金融科技风险下的监管转型研究 [J]. 当代经济管理, 2022, 44 (2): 87-96.

[43] 刘冲, 庞元晨, 刘莉亚. 结构性货币政策、金融监管与利率传导效率——来自中国债券市场的证据 [J]. 经济研究, 2022, 57 (1): 122-136.

[44] 刘春红. 商业银行数字化转型的可行路径 [J]. 中国金融, 2022 (12): 65-66.

[45] 刘海明, 李明明. 货币政策对微观企业的经济效应再检验——基于贷款期限结构视角的研究 [J]. 经济研究, 2020, 55 (2): 117-132.

[46] 刘澜飚, 齐炎龙, 张靖佳. 互联网金融对货币政策有效性的影响——基于微观银行学框架的经济学分析 [J]. 财贸经济, 2016, 37 (1): 61-73.

[47] 刘少波, 张友泽, 梁晋恒. 金融科技与金融创新研究进展 [J]. 经济学动态, 2021 (3): 126-144.

[48] 刘洋. 货币政策传导机制的深层探析 [J]. 东北师大学报 (哲学社会科学版), 2011 (5): 202-203.

[49] 雒敏, 聂文忠. 财政政策、货币政策与企业资本结构动态调整——基于我国上市公司的经验证据 [J]. 经济科学, 2012 (5): 18-32.

[50] 马名杰, 戴建军, 熊鸿儒. 数字化转型对生产方式和国际经济格局的影响与应对 [J]. 中国科技论坛, 2019 (1): 12-16.

[51] 梅冬州, 雷文妮, 崔小勇. 出口退税的政策效应评估——基于金融加速器模型的研究 [J]. 金融研究, 2015 (4): 50-65.

[52] 梅冬州, 温兴春, 吴娱. 财政扩张、信用违约和民营企业融资困境 [J]. 经济研究, 2021, 56 (3): 116-131.

[53] 孟娜娜, 粟勤, 雷海波. 金融科技如何影响银行业竞争 [J]. 财贸经济, 2020, 41 (3): 66-79.

[54] 孟娜娜, 粟勤. 挤出效应还是鲶鱼效应: 金融科技对传统普惠金融影响研究 [J]. 现代财经 (天津财经大学学报), 2020, 40 (1): 56-70.

[55] 穆红梅,郑开焰.商业银行数字化转型的国际经验与我国策略[J].亚太经济,2021(1):59-64.

[56] 齐晔.布局"第二曲线"加快数字化经营转型[J].中国金融家,2022(4):34-36.

[57] 邱晗,黄益平,纪洋.金融科技对传统银行行为的影响——基于互联网理财的视角[J].金融研究,2018(11):17-29.

[58] 裘翔,周强龙.影子银行与货币政策传导[J].经济研究,2014,49(5):91-105.

[59] 沈栋.中小商业银行数字化转型的探索和实践[J].中国金融,2022(S1):33-35.

[60] 盛朝晖.中国货币政策传导渠道效应分析:1994—2004[J].金融研究,2006(7):22-29.

[61] 盛松成,吴培新.中国货币政策的二元传导机制——"两中介目标,两调控对象"模式研究[J].经济研究,2008,43(10):37-51.

[62] 盛天翔,范从来.金融科技、银行异质性与货币政策的流动性创造效应[J].南京社会科学,2020(12):19-25,42.

[63] 盛天翔,朱政廷,李祎雯.金融科技与银行小微企业信贷供给:基于贷款技术视角[J].管理科学,2020,33(6):30-40.

[64] 宋寒凝,郭敏,尹学超.基于金融科技视角下我国货币政策中介目标的选择研究[J].河北经贸大学学报,2020,41(1):49-57.

[65] 宋科,刘家琳,李宙甲.县域金融可得性与数字普惠金融——基于新型金融机构视角[J].财贸经济,2022,43(4):36-52.

[66] 宋立.我国货币政策信贷传导渠道存在的问题及其解决思路[J].管理世界,2002(2):29-38.

[67] 宋清华,谢坤,邓伟.金融科技与货币政策有效性:数量型与价格型工具的比较研究[J].国际金融研究,2021(7):24-35.

[68] 宋首文.商业银行数字化转型:数据治理体系的重构[J].国际金融,2022(11):54-64.

[69] 宋晓迪.中小商业银行数据驱动管理的实践[J].中国金融,2022(S1):36-39.

[70] 孙旭然，王康仕，王凤荣．金融科技、竞争与银行信贷结构——基于中小企业融资视角［J］．山西财经大学学报，2020，42（6）：59-72．

[71] 唐兆涵，满明俊．商业银行数字化转型的国际经验［J］．农村金融研究，2019（6）：30-35．

[72] 田国强，赵旭霞．金融体系效率与地方政府债务的联动影响——民企融资难融资贵的一个双重分析视角［J］．经济研究，2019，54（8）：4-20．

[73] 仝冰．混频数据、投资冲击与中国宏观经济波动［J］．经济研究，2017，52（6）：60-76．

[74] 汪勇，李雪松．外生冲击、房地产价格与企业投资［J］．财经研究，2019，45（3）：60-72．

[75] 王君斌，王文甫．非完全竞争市场、技术冲击和中国劳动就业——动态新凯恩斯主义视角［J］．管理世界，2010（1）：23-35，43．

[76] 王诗卉，谢绚丽．知而后行？管理层认知与银行数字化转型［J］．金融评论，2021，13（6）：78-97，119-120．

[77] 王勋，黄益平，苟琴，等．数字技术如何改变金融机构：中国经验与国际启示［J］．国际经济评论，2022（1）：70-85+6．

[78] 王永钦，吴娴．中国创新型货币政策如何发挥作用：抵押品渠道［J］．经济研究，2019，54（12）：86-101．

[79] 卫晓锋．数字普惠金融的风险与监管［J］．金融理论与实践，2019（6）：49-54．

[80] 吴文婷，欧阳敏姿，陈会雄．数字化时代银行小微金融服务创新研究［J］．金融与经济，2021（1）：90-96．

[81] 向虹宇，王正位，江静琳，等．网贷平台的利率究竟代表了什么？［J］．经济研究，2019，54（5）：47-62．

[82] 谢绚丽，王诗卉．中国商业银行数字化转型：测度、进程及影响［J］．经济学（季刊），2022，22（6）：1937-1956．

[83] 谢治春，赵兴庐，刘媛．金融科技发展与商业银行的数字化战略转型［J］．中国软科学，2018（8）：184-192．

[84] 熊健，张晔，董晓林．金融科技对商业银行经营绩效的影响：挤出效应还是技术溢出效应？［J］．经济评论，2021（3）：89-104．

[85] 徐明东，陈学彬. 中国微观银行特征与银行贷款渠道检验[J]. 管理世界，2011（5）：24-38，187.

[86] 徐阳洋，陆岷峰. 关于商业银行数字化转型模式实践与创新路径的研究——基于近年来部分 A 股上市银行年报分析[J]. 西南金融，2022（8）：72-83.

[87] 徐忠. 经济高质量发展阶段的中国货币调控方式转型[J]. 金融研究，2018（4）：1-19.

[88] 徐忠. 中国稳健货币政策的实践经验与货币政策理论的国际前沿[J]. 金融研究，2017（1）：1-21.

[89] 许志伟，刘建丰. 收入不确定性、资产配置与货币政策选择[J]. 经济研究，2019，54（5）：30-46.

[90] 颜冬. 大数据时代商业银行管理数字化转型[J]. 清华金融评论，2022（12）：94-96.

[91] 杨劭，杨杰煜. Shibor、网贷利率及民间借贷利率间的波动溢出效应[J]. 金融经济学研究，2018，33（4）：14-23.

[92] 杨涛. 金融科技与中小银行数字化转型研究[J]. 农村金融研究，2022（7）：29-37.

[93] 姚立杰，罗玫，夏冬林. 公司治理与银行借款融资[J]. 会计研究，2010（8）：55-61+96.

[94] 姚余栋，李宏瑾. 中国货币政策传导信贷渠道的经验研究：总量融资结构的新证据[J]. 世界经济，2013，36（3）：3-32.

[95] 尹振涛，罗朝阳，汪勇. 数字化背景下中国货币政策利率传导效率研究——来自数字消费信贷市场的微观证据[J]. 管理世界，2023，39（4）：33-48，99.

[96] 游家兴，林慧，柳颖. 旧貌换新颜：金融科技与银行业绩——基于 8227 家银行支行的实证研究[J]. 经济学（季刊），2023，23（1）：177-193.

[97] 袁康，唐峰. 金融科技公司的风险防范与监管对策[J]. 山东大学学报（哲学社会科学版），2021（5）：59-71.

[98] 战明华，李欢. 金融市场化进程是否改变了中国货币政策不同传导

渠道的相对效应？[J]. 金融研究, 2018 (5): 20-36.

[99] 战明华, 汤颜菲, 李帅. 数字金融发展、渠道效应差异和货币政策传导效果 [J]. 经济研究, 2020, 55 (6): 22-38.

[100] 战明华, 张成瑞, 沈娟. 互联网金融发展与货币政策的银行信贷渠道传导 [J]. 经济研究, 2018, 53 (4): 63-76.

[101] 张嘉明. 货币政策、银行风险承担异质性与影子银行 [J]. 经济研究, 2022, 57 (5): 51-69.

[102] 张庆君, 方文杰, 李静. 银行数字化强化了货币政策传导效果吗？——基于交易成本的视角 [J]. 金融与经济, 2022 (9): 3-13, 29.

[103] 张淑芬, 尹振涛. 商业银行数字化转型的数据治理问题 [J]. 银行家, 2021 (2): 116-119.

[104] 张晓慧. 货币政策的发展、挑战与前瞻 [J]. 中国金融, 2015 (19): 28-30.

[105] 张晓燕, 郭莹, 武竞伟. 金融监管背景下中国金融效率及优化 [J]. 数量经济技术经济研究, 2022, 39 (4): 147-167.

[106] 张勋, 杨桐, 汪晨, 等. 数字金融发展与居民消费增长：理论与中国实践 [J]. 管理世界, 2020, 36 (11): 48-63.

[107] 张勇, 李政军. 中国货币体制的效率及其改革 [J]. 经济学家, 2015 (1): 56-63.

[108] 张云, 李俊青, 张四灿. 双重金融摩擦、企业目标转换与中国经济波动 [J]. 经济研究, 2020, 55 (1): 17-32.

[109] 赵青岩. 金融科技与支付清算融合创新 [J]. 中国金融, 2021 (9): 68-69.

[110] 赵润, 王佃凯. 国际大型银行数字化战略的实践 [J]. 银行家, 2017 (4): 90-92.

[111] 郑志来. 互联网金融对我国商业银行的影响路径——基于"互联网+"对零售业的影响视角 [J]. 财经科学, 2015 (5): 34-43.

[112] 周光友, 施怡波. 互联网金融发展、电子货币替代与预防性货币需求 [J]. 金融研究, 2015 (5): 67-82.

[113] 周雷, 王慧聪, 毛晓飞, 等. 金融科技背景下开放银行构建模式

与发展路径研究［J］. 新金融, 2021（12）: 21 - 25.

［114］周立, 马建. 垂直结构、歧视性信贷与货币政策传导有效性——兼论我国国有企业市场化改革［J］. 中央财经大学学报, 2023（1）: 39 - 57.

［115］周小川. 新世纪以来中国货币政策的主要特点［J］. 西部金融, 2013（3）: 4 - 10.

［116］周英章, 蒋振声. 货币渠道、信用渠道与货币政策有效性——中国 1993—2001 年的实证分析和政策含义［J］. 金融研究, 2002（9）: 34 - 43.

［117］朱军, 李建强, 陈昌兵. 金融供需摩擦、信贷结构与最优财政援助政策［J］. 经济研究, 2020, 55（9）: 58 - 73.

［118］朱新蓉, 刘银双. 金融科技赋能与结构性货币政策有效性——基于有调节的中介模型检验［J］. 经济体制改革, 2023（4）: 151 - 158.

［119］AGÉNOR P R, MONTIEL P J. Development Macroeconomics［M］. Princeton: Princeton University Press, 2015.

［120］ALI R, BARRDEAR J, CLEWS R, et al. The Economics Of Digital Currencies［J］. Bank of England Quarterly Bulletin, 2014（3）.

［121］ALMEIDA H, CAMPELLO M, LARANJEIRA B, et al. Corporate Debt Maturity and The Real Effects of the 2007 Credit Crisis［R］. National Bureau of Economic Research, 2009.

［122］ANDERSON, C. The Long Tail: Why the Future of Business is Selling Less of More［M］. London: Reed Elsevier, 2004.

［123］ANDREASEN M M, FERMAN M, ZABCZYK P. The Business Cycle Implications of Banks' Maturity Transformation［J］. Review of Economic Dynamics, 2013, 16（4）: 581 - 600.

［124］ARROW K J. Problems of Resource Allocation in United States Medical Care［M］//The Challenge of Life: Biomedical Progress and Human Values. Basel: Birkhäuser Basel, 1972: 392 - 410.

［125］BERGER A N, KLAPPER L F, TURK - ARISS R. Bank Competition and Financial Stability［J］. Journal of Financial Services Research, 2017, 35（2）: 99 - 118.

［126］BERNANKE B S, BLINDER A S. Credit, Money, and Aggregate Demand [J]. The American Economic Review, 1988, 78 (2): 435-439.

[127] BERNANKE B S, GERTLER M. Inside the Black Box: The Credit Channel of Monetary Policy Transmission [J]. Journal of Economic Perspectives, 1995, 9 (4): 27-48.

[128] BERNANKE B S, GERTLER M, GILCHRIST S. The Financial Accelerator in A Quantitative Business Cycle Framework [J]. Handbook of macroeconomics, 1999, 1: 1341-1393.

[129] BIKKER J A, SHAFFER S, SPIERDIJK L. Assessing Competition with The Panzar-Rosse Model: The Role of Scale, Costs, And Equilibrium [J]. Review of Economics and Statistics, 2012, 94 (4): 1025-1044.

[130] BORIO C, ZHU H. Capital Regulation, Risk-Taking and Monetary Policy: A Missing Link in The Transmission Mechanism? [J]. Journal of Financial Stability, 2012, 8 (4): 236-251.

[131] CALVO G A. Staggered Prices in A Utility-Maximizing Framework [J]. Journal of Monetary Economics, 1983, 12 (3): 383-398.

[132] CÉSPEDES L F, CHANG R, VELASCO A. Balance Sheets and Exchange Rate Policy [J]. American Economic Review, 2004, 94 (4): 1183-1193.

[133] CHANG C, LIU Z, SPIEGEL M M, et al. Reserve Requirements and Optimal Chinese Stabilization Policy [J]. Journal of Monetary Economics, 2019, 103: 33-51.

[134] CHAVA S, GANDURI R, PARADKAR N, et al. Impact of Marketplace Lending on Consumers' Future Borrowing Capacities and Borrowing Outcomes [J]. Journal of Financial Economics, 2021, 142 (3): 1186-1208.

[135] CHEN M A, WU Q, YANG B. How Valuable Is Fintech Innovation? [J]. The Review of Financial Studies, 2019, 32 (5): 2062-2106.

[136] CHENG M, QU Y. Does Bank Fintech Reduce Credit Risk? Evidence From China [J]. Pacific-Basin Finance Journal, 2020, 63: 101398.

[137] CHOI M, ROCHETEAU G. A Model of Retail Banking and The Deposits Channel of Monetary Policy [J]. Journal of Monetary Economics, 2023, 139:

127 – 147.

[138] CHRISTENSEN I, DIB A. The Financial Accelerator in An Estimated New Keynesian Model [J]. Review Of Economic Dynamics, 2008, 11 (1): 155 – 178.

[139] CHRISTIANO L J, EICHENBAUM M, EVANS C L. Nominal Rigidities and The Dynamic Effects of a Shock to Monetary Policy [J]. Journal Of Political Economy, 2005, 113 (1): 1 – 45.

[140] DI MAGGIO M, YAO V. Fintech Borrowers: Lax Screening or Cream – Skimming? [J]. The Review of Financial Studies, 2021, 34 (10): 4565 – 4618.

[141] FUNKE M, MIHAYLOVSKI P, ZHU H. Monetary Policy Transmission in China: A DSGE Model with Parallel Shadow Banking and Interest Rate Control. BOFIT Discussion Papers 9/2015, Bank of Finland [R]. Institute For Economies in Transition, 2015, 3 (9): 15.

[142] GERTLER M, KARADI P. A Model of Unconventional Monetary Policy [J]. Journal Of Monetary Economics, 2011, 58 (1): 17 – 34.

[143] BEAM H H. Reengineering the Corporation: A Manifesto for Business Revolution [J]. Business Horizons, 1993, 36 (5): 90 – 92.

[144] HUBER F, FISCHER M M. A Markov Switching Factor - Augmented VAR Model For Analyzing US Business Cycles And Monetary Policy [J]. Oxford Bulletin of Economics and Statistics, 2018, 80 (3): 575 – 604.

[145] IACOVIELLO M. House Prices, Borrowing Constraints, And Monetary Policy in The Business Cycle [J]. American Economic Review, 2005, 95 (3): 739 – 764.

[146] JAGTIANI J, LEMIEUX C. Do Fintech Lenders Penetrate Areas That Are Underserved by Traditional Banks? [J]. Journal of Economics and Business, 2018, 100: 43 – 54.

[147] KAMBER G, MOHANTY M S. Do Interest Rates Play a Major Role In Monetary Policy Transmission In China? [R]. BIS Working Paper, 2018.

[148] KOETTER M, KOLARI J W, SPIERDIJK L. Enjoying the Quiet Life Under Deregulation? Evidence From Adjusted Lerner Indices for US Banks [J].

Review Of Economics and Statistics, 2012, 94 (2): 462 – 480.

[149] LAEVEN L, LEVINE R. Bank Governance, Regulation and Risk Taking [J]. Journal Of Financial Economics, 2009, 93 (2): 259 – 275.

[150] LEE I, SHIN Y J. Fintech: Ecosystem, Business Models, Investment Decisions, And Challenges [J]. Business Horizons, 2018, 61 (1): 35 – 46.

[151] LUZ M A. Targets of Digitization in The Credit Process of Corporate Banking [D]. SIAM University, 2019.

[152] MISHRA P, MONTIEL P. How Effective Is Monetary Transmission in Low – Income Countries? A Survey of The Empirical Evidence [J]. Economic Systems, 2013, 37 (2): 187 – 216.

[153] OWEN A L, FOGELSTROM C. Monetary Policy Implications of Electronic Currency: An Empirical Analysis [J]. Applied Economics Letters, 2005, 12 (7): 419 – 423.

[154] RANNENBERG A. Bank Leverage Cycles and The External Finance Premium [J]. Journal Of Money, Credit and Banking, 2016, 48 (8): 1569 – 1612.

[155] SCHMITT – GROHÉ S, URIBE M. Optimal Simple and Implementable Monetary and Fiscal Rules [J]. Journal Of Monetary Economics, 2007, 54 (6): 1702 – 1725.

[156] TAYLOR J B. The Monetary Transmission Mechanism: An Empirical Framework [J]. Journal Of Economic Perspectives, 1995, 9 (4): 11 – 26.

[157] THAKOR A V. Fintech and Banking: What Do We Know? [J]. Journal Of Financial Intermediation, 2020, 41: 100833.

后　记

党的十九届五中全会和二十届三中全会提出健全宏观经济治理体系，全面提升宏观经济治理能力。货币政策作为宏观经济治理的主要手段之一，其有效性尤为关键。实践中，货币政策的有效性与金融结构密切相关，货币政策对实体经济的影响本质上是在特定金融结构中动态传播实现的。一方面，尽管近年来各种新型金融机构和新的融资形式发展迅速，但银行信贷仍是社会主要的融资方式。另一方面，2022年中国人民银行发布的《金融科技发展规划（2022—2025年）》指出，"以加快金融机构数字化转型、强化金融科技审慎监管为主线，将数字元素注入金融服务全流程，将数字思维贯穿业务运营全链条，注重金融创新的科技驱动和数据赋能"，标志着金融科技与银行数字化转型进入新的发展阶段。2023年10月，中央金融工作会议明确提出，金融机构要加快数字化转型，提高金融服务的便利性和竞争力。

本书围绕银行数字化转型与货币政策传导效率开展了理论分析与实证研究，旨在探究银行数字化转型对货币政策传导有效性影响的理论机制，在此基础上测算此影响的方向和力度，从而为新时期我国央行完善货币政策宏观治理以促进经济高质量发展提供学理支撑。

本书的成稿，要感谢王远卓、吴思芮、王美懿、张诺舟、赵宸宇等诸博士提供的无私帮助，以及尹振涛研究员、罗朝阳副研究员的中肯建议。作为一项阶段性成果，本书获得了中国社会科学院重大经济社会调查项目"中小微企业数字化转型调查"（项目编号：2024ZDDC002）的资助，在此特别表示感谢。同时，本书的出版得益于中国金融出版社黄海清老师的鼎力支持和编辑团队的辛勤付出，我在此一并表示衷心感谢。

本书聚焦于金融科技、银行数字化转型与货币政策传导机制等交叉领域的研究，以期为数字经济背景下货币政策传导问题提供一个分析思路。由于个人时间、水平有限，可能存在诸多不足和疏漏之处，欢迎广大读者批评指正。

汪勇

2025 年 1 月 5 日